politik.21

Politik und Wirtschaft

bearbeitet von:

Simone Bonacker
Jan Castner
Dörthe Hecht
Daniel Metzger
Ulla Oppenländer

2

C.C. Buchners Verlag

politik.21

Politik und Wirtschaft

Bearbeiter:
Simone Bonacker   (Kapitel 2)
Jan Castner   (Kapitel 3)
Dörthe Hecht   (Kapitel 5)
Daniel Metzger   (Kapitel 1)
Ulla Oppenländer   (Kapitel 4)

Redaktion: Meike Rademacher
Korrektorat: Kerstin Schulbert

Dieses Werk folgt der reformierten Rechtschreibung und Zeichensetzung. Ausnahmen bilden Texte, bei denen künstlerische, philologische oder lizenzrechtliche Gründe einer Änderung entgegenstehen.

1. Auflage   3 2 1 2013, 2012, 2011
Die letzte Zahl bedeutet das Jahr dieses Druckes.
Alle Drucke dieser Auflage sind, weil untereinander unverändert, nebeneinander einsetzbar.

© C.C. Buchners Verlag, Bamberg 2011

Das Werk und seine Teile sind urheberrechtlich geschützt. Jede Verwertung in anderen als den gesetzlich zugelassenen Fällen bedarf der vorherigen schriftlichen Einwilligung des Verlages. Dies gilt insbesondere auch für Vervielfältigungen, Übersetzungen und Mikroverfilmungen. Hinweis zu § 52 a UrhG: Weder das Werk noch seine Teile dürfen ohne eine solche Einwilligung gescannt und in ein Netzwerk eingestellt werden. Dies gilt auch für Intranets von Schulen und sonstigen Bildungseinrichtungen.

Gestaltung und Herstellung: Wildner+Designer, Fürth, www.wildner-designer.de
Umschlaggestaltung: Kathrin Hain, Wildner+Designer
Druck- und Bindearbeiten: Stürtz GmbH, Würzburg

www.ccbuchner.de

ISBN 978-3-7661-**8802**-1

**Liebe Schülerinnen und Schüler,
liebe Lehrerinnen und Lehrer,**

Politikunterricht ist langweilig, theoretisch und verstaubt? Das sehen die Autoren von politik.21 anders – und versuchen dem in Bild, Text und Gestaltung Ausdruck zu verleihen.
politik.21 ist ein vollständig neu erarbeitetes, lebensnahes Lern- und Arbeitsbuch für den kompetenzorientierten Politikunterricht im 21. Jahrhundert an Realschulen und verwandten Schularten. Um den Einsatz im Unterricht für Lehrer und Schüler einfach und ansprechend zu gestalten, folgt das Buch einem klaren Aufbau mit folgenden **Rubriken**:

Jedes Kapitel beginnt mit einer **Auftaktseite**. Die Vorschau auf den Kompetenzerwerb und ein aussagekräftiges Foto bilden einen möglichen Einstieg in die neue Unterrichtseinheit.

Besondere Aufmerksamkeit wurde dem **Einstiegsmaterial** jedes Unterkapitels gewidmet – damit gleich zu Beginn das Interesse für einen neuen Themenkomplex geweckt wird. Hier stehen jedes Mal bildliche, spielerische und vor allem aktivierende Materialien in Zusammenhang mit Aufgaben, mit denen die zentrale Fragestellung für das kommende Kapitel erarbeitet werden kann.

Es folgen unterschiedliche, aufbereitete **Materialien**, die die Inhalte des Kapitels darstellen: verständliche Texte, kurze Zeitungsausschnitte, Bilder, Grafiken, Karikaturen, Gesetzestexte...

Zu jedem Material gibt es **Aufgaben**. Diese zeichnen sich durch eine Binnendifferenzierung aus und ermöglichen den Unterricht für unterschiedliche Leistungsstände: Sie unterstützen die Unterrichtsvorbereitung, die Operatoren regen zum eigenständigen Arbeiten an. Vor allem wird in den Aufgaben detailliert und konkret der methodisch vielfältige und kompetenzorientierte Einsatz des Materials skizziert.

Die Aufgaben stehen in der Randspalte am Ende des Materials/der Materialien, auf die sie sich beziehen. Hier finden sich punktuell auch **Tipps** und **Links**, die Anregungen über den Unterricht hinaus geben.

Die Ausrichtung des Unterrichts auf das Erlernen und Anwenden von Kompetenzen steht im Mittelpunkt der Buchkonzeption: In jedem Unterkapitel ist eine **Kompetenzseite** ausgewiesen, die abwechselnd dem Erlernen von fachspezifischen *Arbeitsmethoden*, dem Einüben der *Analyse-* und *Urteilskompetenz* und der Anleitung zu faktischem bzw. simulativem *Handeln* gewidmet ist. Hierzu werden den Schülern Leitfäden an die Hand gegeben, auf die immer wieder zurückgegriffen werden kann. Häufig verknüpfen die Kompetenzseiten Inhalte des Kapitels (in Form von Material) mit Unterrichtsformen, die diese Kompetenzen besonders schulen und einüben.

Zunehmende Bedeutung im Rahmen unseres Faches bekommt die ökonomische Bildung. Dem Bedürfnis nach einer Verankerung der zentralen Inhalte und einer schrittweisen Vermittlung der wirtschaftlichen Grundlagen in schülergerechter Form widmet sich in jedem Kapitel ein **Fokus Wirtschaft**. Inhaltlich an das Kapitel angekoppelt, werden jeweils auf einer Doppelseite wirtschaftliche Grundfragen bearbeitet.

Das **Grundwissen** schließt jedes Unterkapitel ab und ist im Layout besonders hervorgehoben. Hier werden die wesentlichen Inhalte in schülergemäßer Sprache zusammengefasst. Es kann so sinnvoll zur Nacharbeit oder zur Vorbereitung einer Leistungsmessung eingesetzt werden.

Zu dem vorliegenden Schulbuch wird es ein begleitendes Lehrermaterial geben, in dem Aufgabenlösungen, Zusatzmaterialien und Informationen zur Unterrichtsgestaltung enthalten sein werden.

Aufgrund der besseren Lesbarkeit wird im Folgenden darauf verzichtet, immer beide Geschlechter anzusprechen („Schülerinnen und Schüler"), auch wenn selbstverständlich beide gemeint sind.

Inhaltsverzeichnis

Kapitel 1 — Die Grundlagen unserer Demokratie ... 7
- 1.1 Von der Entstehung des Staates zur Demokratie ... 8
- 1.2 Willensbildung und Parteien ... 12
- 1.3 Wahlen – gelebte Volkssouveränität ... 20
- 1.4 Regieren und Kontrollieren ... 32
- 1.5 Die Verfassungsorgane im Gesetzgebungsprozess ... 37
- 1.6 Deutschland: ein Staat mit sechzehn (Bundes-)Ländern ... 43
- 1.7 *Fokus Wirtschaft:* Kann und soll der Staat die Wirtschaft regeln? ... 51

Kapitel 2 — Jugend in der Gesellschaft ... 53
- 2.1 Generation @: Erwachsen werden – gar nicht so leicht! ... 54
- 2.2 *Fokus Wirtschaft:* Die Macht der Werbung ... 61
- 2.3 Jugendliche engagieren sich ... 63
- 2.4 Politik – nein danke? ... 68

Kapitel 3 — Medien – zwischen Konsum, Kommerz und Information ... 79
- 3.1 Leben mit Medien ... 80
- 3.2 Die Rolle der Medien – zwischen Information und Kommerz ... 86
- 3.3 *Fokus Wirtschaft:* Kommunikation, Information und Medien in der Arbeitswelt ... 93
- 3.4 Herausforderungen des Informationszeitalters ... 95
- 3.5 Die Bedeutung der Pressefreiheit ... 104

Kapitel 4 — Neue Arbeitswelten ... 111
- 4.1 Arbeit und Beruf im Wandel ... 112
- 4.2 Arbeitswelt – neue Anforderungen und neue Chancen ... 117
- 4.3 *Fokus Wirtschaft:* Eine Schülerfirma gründen ... 125
- 4.4 Chancen und Gefahren der Informations- und Wissensgesellschaft ... 127
- 4.5 Globalisierung und Welthandel ... 133

Kapitel 5 — Sozialstaat Deutschland ... 141
- 5.1 Gesellschaft im Wandel ... 142
- 5.2 Deutschland – ein moderner Sozialstaat? ... 148
- 5.3 *Fokus Wirtschaft:* Vom Brutto- zum Nettolohn ... 157
- 5.4 Das deutsche Sozialversicherungssystem unter Druck: (K)eine Chance für den Generationenvertrag? ... 158
- 5.5 Moderne Sozialpolitik in Deutschland ... 167

Leitfäden zu Methodenkompetenzen ... 175
Nützliche Internetadressen ... 179
Kleines Politiklexikon ... 180
Register ... 183
Bildnachweis ... 186

Kompetenzverzeichnis

1.1	Handeln: Inselspiel durchführen	8
1.2	Analyse: Konstruktives Feedback geben	18
1.3	Methode: Karikaturen interpretieren (Karika-Tour)	29
1.4	Handeln: Eine Rede halten	35
1.5	Urteilen: Gemeinsame Urteilsbildung mit „PLACEMAT"	40
1.6	Methode: Eine Collage gestalten	49
2.1	Urteilen: Ballonspiel zur Frage „Was ist mir wichtig?"	55
2.3	Handeln: Projekt Sozialpraktikum	64
2.4	Methode: Einen Fragebogen erstellen und auswerten	71
3.1	Urteilen: Bewertung von Internetseiten	84
3.2	Methode: Einen Videofilm drehen	90
3.4	Urteilen: Diskutieren im Konferenzspiel	100
3.5	Analyse: Rechtliche Vorgaben für Schülerzeitungen	108
4.1	Methode: Szenariotechnik II	114
4.2	Analyse: Prioritäten bei der Berufswahl	120
4.4	Urteilen: Sach- und Werturteil unterscheiden	131
4.5	Methode: Präsentationen gestalten	139
5.1	Handeln: Forschung vor Ort	146
5.2	Methode: Gruppenpuzzle durchführen	151
5.4	Urteilen: Eine politische Dokumentation zum Thema „Demografischer Wandel – Sozialstaat in der Krise?"	159
5.5	Handeln: In einer Simulation Gerechtigkeit erfahrbar machen	168

Kompetenzseiten

Die Ausrichtung des Unterrichts auf das Erlernen und Anwenden von Kompetenzen steht entsprechend der Vorgaben aus den neuen hessischen Kerncurricula im Mittelpunkt der Buchkonzeption: In jedem Unterkapitel sind Kompetenzseiten ausgewiesen, die abwechselnd dem Erlernen der verschiedenen Kompetenzen gewidmet sind. Auf diesen Seiten werden Inhalte des Kapitels (in Form von Material) mit Unterrichtsformen verknüpft, die diese Kompetenzen besonders schulen und einüben.
Hierzu werden den Schülern Leitfäden an die Hand gegeben, auf die immer wieder zurückgegriffen werden kann. Die gesammelten Leitfäden aus Band 1 von politik.21 finden Sie auf den hinteren Seiten dieses Bandes.

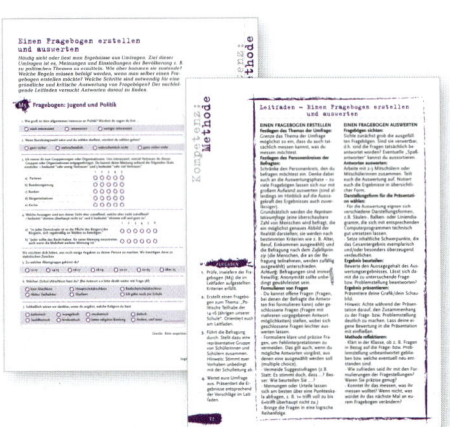

Fachspezifische Methodenkompetenz
Auf diesen Seiten wird die Arbeit mit fachspezifischen Medien und sozialwissenschaftlichen Methoden eingeübt, um sich selbstständig Informationen erarbeiten und Erkenntnisse gewinnen und präsentieren zu können.

Analysekompetenz
Die Kompetenz umfasst das problemorientierte Fragen anhand ausgewählter Kriterien (z. B. Ursachen, Folgen, Interessen etc.), um Zusammenhänge rekonstruieren, Textsorten einordnen und Akteursperspektiven und deren Interessen erkennen zu können, und zu einem Sachurteil gelangen. Diese Aspekte werden mit passenden Unterrichtsmethoden und Anleitungen auf den Seiten zur Analysekompetenz eingeübt.

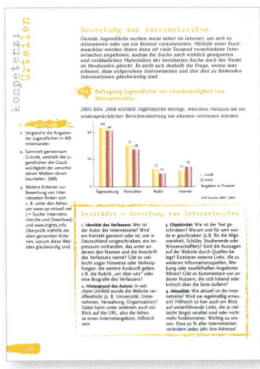

Urteilskompetenz
Argumentieren, reflektieren, bewerten und einen eigenen Standpunkt entwickeln können sind Grundfertigkeiten, um ein begründetes Urteil bilden zu können. Diese werden mithilfe von hierauf ausgerichteten Unterrichtsmethoden eingeübt. Insbesondere wird auch der Unterschied zwischen einem Sach- und einem Werturteil herausgearbeitet (Kapitel 4).

Handlungskompetenz
Eine Demokratie braucht mündige Bürger, die sich einbringen. Auch im ökonomischen Bereich will Partizipation und selbstständige Entscheidungsfindung eingeübt werden. Durch Vorschläge und Anleitungen auf diesen Seiten zu Aktivitäten in der eigenen Lebenswelt oder zu simulativem Handeln sollen die Schülerinnen und Schüler an diese Rolle herangeführt werden.

Die Grundlagen unserer Demokratie

Strenge Sicherheitskontrollen vor einem Wahllokal in Kabul, der Hauptstadt Afghanistans, am 20. August 2009. Im Vorfeld der zweiten freien Präsidentenwahlen nach dem Sturz der Taliban hatten die Aufständischen durch viele Anschläge mit Toten und Verletzten versucht, die Wahl zu behindern.

Kompetenzen: Am Ende des Kapitels kannst du unter anderem ...
- die Rolle von Parteien im politischen Leben beschreiben.
- kontroverse Positionen, Werthaltungen und Interessen zum Luftsicherheitsgesetz unterscheiden und beurteilen.
- demokratische Wahlen und den Gesetzgebungsprozess als Teil der politischen Ordnung beschreiben und überprüfen.
- Bundesstaatlichkeit als Strukturmerkmal der deutschen Demokratie bewerten.
- Möglichkeiten zur politischen Einflussnahme für Jugendliche formulieren und vertreten.
- eine Collage als Lernprodukt aufbereiten und präsentieren.

Kompetenz: Handeln

1.1 Von der Entstehung des Staates zur Demokratie

Inselspiel durchführen

Es passiert ein Schiffsunglück, die Passagiere können sich gerade noch auf eine Insel retten! Die Verunglückten kennen sich kaum. Und trotzdem müssen sie nun das Beste aus der schwierigen Situation machen und das Überleben gemeinsam organisieren. Mit dieser Simulation lässt sich im Kleinen durchspielen, wie in Gruppen Entscheidungen zustande kommen.

M1 Gestrandet auf einer Insel

Stellt euch vor, die ganze Klasse befindet sich nach einem Schiffsunglück auf einer unbekannten Insel. Die Strömung hat euch in verschiedenen Gruppen weit voneinander entfernt an Land gespült.

Nach einer ersten Erkundung stellt ihr fest, dass es auf dieser Insel Südfrüchte, Trinkwasser und fischreiche Gewässer gibt. Gefährliche Tiere habt ihr keine gesehen. Die Insel ist unbewohnt. Eure Mobiltelefone und Funkgeräte funktionieren leider nicht mehr, auf schnelle Hilfe könnt ihr also nicht hoffen.

AUFGABEN

1. Für welche Entscheidungsverfahren haben sich die verschiedenen Gruppen in der Klasse ausgesprochen? Überlegt gemeinsam, aus welchen anderen Gruppierungen ihr welche Entscheidungsverfahren kennt (Verein, Familie, Politik) und benennt Vor- und Nachteile.

2. Lassen sich eure Regeln/Inselgesetze im deutschen Grundgesetz wiederfinden? Vergleicht in kleinen Gruppen die entsprechenden Textstellen in euren Gesetzen und im Grundgesetz.

3. Welche Person(en) übernehmen auf eurer Insel welche Verantwortung? Wie und warum habt ihr euch auf die Personen geeinigt?

4. Angelerfolg! Endlich gelingt es dem Angler einen großen Fisch zu fangen. Doch wem gehört der Fang, und wie wird er verteilt? Wie regelt ihr die Verteilung von Gütern in eurer Gemeinschaft? (Beachtet dabei eure Inselgesetze.)

Leitfaden – Inselspiel durchführen

1. Bildet Gruppen. Diskutiert in eurer Gruppe erste Sofortmaßnahmen zur Sicherung des Überlebens auf der Insel. Haltet eure Ergebnisse schriftlich fest.

2. Versucht eine Regel zu formulieren, wie in eurer Gruppe zukünftig Entscheidungen getroffen werden sollen.

3. Sollen alle Entscheidungen mit dem gleichen Verfahren getroffen werden, oder kann bzw. soll es Unterschiede geben – zum Beispiel je nach dem Thema der Abstimmung? Überprüft, ob eure eine Regel aus Punkt 2 ausreicht, oder ihr ein weiteres Entscheidungsverfahren benötigt.

4. Formuliert vier weitere Inselgesetze, die für das Zusammenleben auf der Insel wichtig sind, vor allem wenn es um die Lösung von Konflikten geht.

5. Gestaltet ein Plakat mit euren Ergebnissen und stellt dieses den anderen Gruppen vor.

M2 Die Idee vom besten Staat

Schon seit vielen Jahrhunderten machen sich Philosophen und Staatstheoretiker Gedanken über das Zusammenleben der Menschen und den Aufbau des Staates. Sie haben unterschiedliche Vorstellungen vom Menschen und kommen zu verschiedenen Überzeugungen, wie Entscheidungen am besten getroffen werden sollen:

Mein Name ist **Platon**, geboren 427 v. Chr. in Athen. In meinem Staat soll Gerechtigkeit herrschen. Im Staat leisten alle Teile ihren Beitrag, je nach dem welche Fähigkeiten ihnen von Natur aus mitgegeben sind. Die besonders intelligenten Philosophen entscheiden über die Aufgabenverteilung. Ihr könnt euch den Idealstaat, die Politeia, am besten als großen Menschen vorstellen: Der Kopf steht für Vernunft und Weisheit (Philosophenkönige), der Oberkörper für Mut und Tapferkeit (Wächter) und der Unterleib für die arbeitenden Menschen: die Bauern, Handwerker. Damit es keinen Streit gibt und alle Kraft dem Gemeinwesen gewidmet wird, sollen die Philosophenkönige keinen Privatbesitz haben.

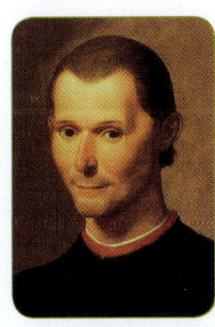

Mein Name ist **Niccolò Machiavelli** (geboren 1469). Ich bin Philosoph, Außen- und Verteidigungsminister des Stadtstaates Florenz. Durch die ständigen Kriege zwischen den verfeindeten Kleinstaaten Oberitaliens bin ich zu der Einsicht gekommen, dass die Menschen von Natur aus schlecht sind. Nur die Kraft eines starken Fürsten kann das Volk einen und das Land vor Eroberern schützen. Der Fürst darf jedoch nur grausam sein, um an die Macht zu kommen oder an der Macht zu bleiben. Wenn möglich aber soll er barmherzig sein und sich nicht am Besitz seiner Untertanen vergreifen.

Hallo, ich bin **Politikwissenschaftlerin** und wohne in Frankfurt. Für mich ist die Demokratie die beste Staatsform, weil ich von der Gleichheit und Freiheit aller Bürger überzeugt bin. Aus dem Griechischen abgeleitet bedeutet der Begriff „Herrschaft des Volkes", alle Macht wird also vom Willen des gesamten Volkes abgeleitet. In kleinen Gemeinschaften kann das Volk direkt Entscheidungen fällen. Häufig überträgt das Volk seine Stimme in einer Wahl an sogenannte Volksvertreter. Mit der nächsten Wahl können sie bestätigt oder abgewählt werden, ihre Macht wird damit kontrolliert. Wichtig ist, dass die Entscheidung der Mehrheit akzeptiert wird und gleichzeitig Minderheiten geschützt sind.

AUFGABEN

1. In M2 habt ihr exemplarisch drei unterschiedliche Staatsmodelle kennengelernt.
a) In welchem Modell erkennt ihr am besten eure Entscheidungsfindung im Inselstaat? (M1)
b) Stellt die zentralen Aussagen der drei Modelle gegenüber. Folgende Fragestellungen können euch dabei helfen:
Macht/Machtverteilung: Welche Person(en) besitzen die Macht im Staat?
Menschenbild: Mit welchen Eigenschaften werden die Menschen charakterisiert?
Entscheidungsfindung: Wer entscheidet? Wie kommen Entscheidungen zustande?

M3 Eine Krone für alle?

Uli Gleis, Landeszentrale für politische Bildung Baden-Württemberg

M4 Die Deutschen und ihre Demokratie

„Sind Sie mit der Demokratie in Deutschland eher zufrieden oder eher nicht zufrieden?"

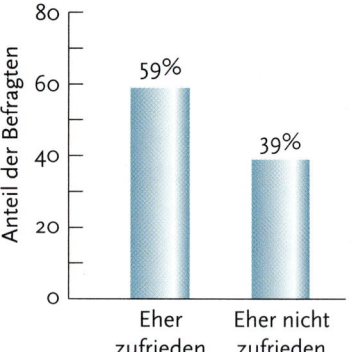

„Halten Sie die Demokratie für die beste Staatsform in Deutschland?"

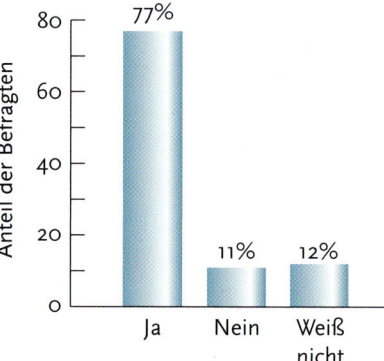

oben: Bundesverband Deutscher Banken 2009;
unten: Bertelsmann Stiftung 2009

AUFGABEN

1. a) Beschreibe die Abbildung M3 und interpretiere, was dargestellt werden soll.
   b) Welcher Staatsform würdest du die Abbildung M3 zuordnen?

2. Analysiere die Grafiken in M4.
   a) Wie zufrieden sind die Deutschen mit der Demokratie?
   b) Vergleiche die beiden Grafiken und formuliere in einem Satz die Kernaussage.

3. In M5 äußern sich Schüler über die Demokratie. Formuliere in 2-3 Sätzen, was du mit der Demokratie in Deutschland verbindest.

M5 Was verbinden Jugendliche mit Demokratie?

Finn K.: Ich finde es gut, dass es die Demokratie gibt. Obwohl manches natürlich besser sein könnte, z.B. mehr Unterstützung für Familien oder Schwächere in der Gesellschaft. Mir gefällt besonders, dass alle Menschen, die in unserer Demokratie leben, die gleichen Rechte besitzen.

Jasmin A.: Meine Großeltern sind vor vielen Jahren aus dem Iran geflohen, weil sie dort nicht ihre Meinung sagen durften. Sie dürfen seither nicht mehr in das Land einreisen. Ich bin hier geboren und kann es mir nicht anders vorstellen, aber ihre Erzählungen erinnern mich daran, wie wichtig das Recht ist.

Aurelia M.: Ich kenne es aus meiner SMV-Arbeit als Klassensprecherin, wie toll es ist, mitentscheiden zu können, zum Beispiel über eine Schülerdisko, die Ausgestaltung der Pausenhalle und die Hausaufgabenbetreuung. Ich finde es deshalb gut, dass es in unserer Demokratie auch so funktioniert, auch wenn alles viel weniger konkret ist.

Serdar L.: Mich stört es manchmal, dass in der Demokratie Entscheidungen nur sehr langsam auf den Weg gebracht werden. Ich möchte aber nicht, dass eine einzelne Person alles alleine entscheidet, denn was passiert, wenn diese die Macht missbraucht?

Grund-wissen

Wenn Menschen zusammenleben

Menschen leben in aller Regel nicht alleine und unabhängig von anderen, sondern in kleinen und großen Gruppen zusammen. In diesen Gruppen gilt es, das gemeinsame Leben zu organisieren, Aufgaben zu verteilen und Streitigkeiten zu lösen. Um diesen Prozess geordnet zu gestalten, geben sich diese Gruppen Regeln. In einem Staat nennt man die Regeln Gesetze.

Ideen vom besten Staat: Gibt es „den" besten Staat?

Im Laufe der Menschheitsgeschichte haben sich viele Wissenschaftler Gedanken darüber gemacht, wie der Staat am besten zu organisieren ist. Der griechische Philosoph Platon stellte sich einen Staat vor, in dem jeder eine Rolle einnimmt, die Klügsten (die sogenannten Philosophenkönige) aber die wichtigen Entscheidungen treffen können. So soll ein Höchstmaß an Gerechtigkeit verwirklicht werden.

Machiavelli, ein italienischer Politiker und Philosoph im 15. Jahrhundert, forderte hingegen die gesamte Macht für den Fürsten. Nur durch die starke Führung könne das Volk geeint und das Land stark gemacht werden.

Spätestens seit Anfang des 20. Jahrhunderts hat sich zumindest in Europa die Überzeugung durchgesetzt, dass die Demokratie die beste Staatsform ist. Der Staat leitet hier seine Macht vom Willen des Volkes ab und will allen Bürgern Freiheit und Gleichheit gewähren.

Aus den unterschiedlichen Ansätzen lassen sich also verschiedene Typen an Staatsformen ausmachen. Wir leben in Deutschland in einer Demokratie; ebenso sind alle anderen europäischen Staaten und zum Beispiel die USA Demokratien.

Die Deutschen und die Demokratie

Eine stabile Demokratie konnte sich in Deutschland erst nach 1945 entwickeln, in Ostdeutschland sogar erst nach dem Fall der Mauer 1989. Auch wenn es bei der Umsetzung immer Verbesserungsmöglichkeiten gibt, gibt es nach der derzeitigen Überzeugung keine bessere Alternative in der Organisation des Staates.

1.2 Willensbildung und Parteien

M1 Junge Menschen sind politisch aktiv

AUFGABEN

1. a) Arbeite die verschiedenen Möglichkeiten an politischem Engagement aus den Beispielen in M1 heraus.
   b) Worin unterscheiden sich die Formen des Engagements?

2. a) Könntest du dir vorstellen, dich in der Jugendorganisation einer Partei zu engagieren? Schreibe dazu eine kurze schriftliche Stellungnahme und tausche dich anschließend mit zwei weiteren Schülern aus.
   b) Was spricht aus deiner Sicht für und was gegen das Engagement in einer Partei? Liste deine Argumente in einer Tabelle auf.

Interview mit Thomas Bareiß (31), Mitglied der Jungen Union (JU)

Wie sind Sie selbst zur Politik gekommen und wieso macht es Spaß, sich bei der JU zu engagieren?

Das Diskutieren hat mir schon immer Spaß gemacht, zuerst in der Schule und dann in der Politik. [...] In der JU habe ich gelernt, meine eigenen Ideen direkt in die politische Arbeit einzubringen. In meiner Heimatstadt waren wir eine super Truppe. Es hat Spaß gemacht, sich mit Freunden zu engagieren, politische Ideen zu entwickeln und für ihre Durchsetzung zu streiten. Ich wollte meine Zukunft selbst in die Hand nehmen, weil ich lieber handle als behandelt zu werden. [...] Wir machen Seminare zu den unterschiedlichsten Themen, erarbeiten auf Sitzungen politische Forderungen und diskutieren leidenschaftlich. Zur JU gehört genauso das Fußballturnier, das Musikfestival, die Kinonacht oder die Studienreise.

Wie kann man sich bei der Jungen Union engagieren und ist man dann gleich auch Mitglied der „großen CDU"?

Mitglied der Jungen Union kann jeder im Alter zwischen 14 und 35 Jahren werden, der sich zu unseren Grundsätzen und Zielen bekennt. Wir sind zwar eine Vereinigung der jungen Generation der CDU, aber wir sind politisch und organisatorisch selbstständig. [...] Gerade vor Ort kann man einiges erreichen, in einem Ausschuss des Gemeinderats oder als Ratsmitglied. JU-Mitglieder bringen z.B. Ideen ein, wenn um das Kulturangebot oder um Sportstätten gestritten wird. Auch im Landtag wirken Freunde aus der JU mit. Gerade in der Schul- und Hochschulpolitik geht es um die Anliegen junger Leute.

Zitiert nach: Politik & Unterricht 2/3 2006, S. 29

Interview mit Iris Britta Weible (26), Mitglied bei der Grünen Jugend

Frau Weible, die grüne Jugend wirbt mit dem Slogan „jung – grün – stachelig". Warum stachelig?

Obwohl viele unserer Mitglieder auch Mitglieder bei den Grünen sind, sind wir immer kritisch gegenüber unserer Mutterpartei. Natürlich arbeiten wir zusammen, aber wir sparen nicht an Kritik, wenn es nötig ist. Deshalb nennen wir uns stachelig, weil wir selbstständig denken und die Politik hinterfragen. Wir haben unseren eigenen Kopf und zeigen dies auch. Zum Beispiel haben wir bei der Diskussion um Studiengebühren deutlich gemacht, dass wir anderer Meinung sind als die Mutterpartei. [...]

Was hat Sie dazu gebracht, sich politisch zu engagieren?

Ich engagiere mich persönlich, weil es um die Zukunft von uns jungen Menschen geht. Was heute entschieden wird, damit müssen wir morgen leben. Deshalb müssen wir jungen Menschen uns einmischen und mitentscheiden. Auch wenn es manchmal nicht so scheint, aber es lässt sich doch viel in der Politik bewegen, wenn man sich zusammenschließt. Es ist wichtig sich in einer Demokratie politisch zu engagieren, auch um rechtsextremen Bewegungen entgegenzutreten. Im Vordergrund steht für mich aber der Umweltschutz, weil die Natur unser wichtigstes Gut ist. Genauso wichtig ist die Gleichberechtigung zwischen den Geschlechtern. [...] Zeit für Partys, neue Leute kennenlernen, gute Unterhaltungen und auch mal einfach nur zusammen in die Kneipe – das gehört natürlich dazu. Und auch Bildungsfahrten lassen sich mit Spaß verbinden!

Zitiert nach: Politik & Unterricht 2/3 2006, S. 30

Die 16-jährige Münchener Schülerin Stephanie Braun war eine von zwei deutschen Schülerinnen, die 2007 bei den Vereinten Nationen an einer Tagung teilnahmen, um sich dort für die Rechte von Mädchen und Frauen stark zu machen. Vor der Abreise gab sie www.jetzt.de ein Interview:

Ich persönlich engagiere mich sehr stark auf diesem Gebiet und denke, dass ich meine Meinung gut und auch argumentativ stark rüberbringen kann. Der Großteil meiner Recherche zu dem Thema war Eigeninitiative. Zum Beispiel habe ich mich an die Gleichstellungsstelle der Stadt München gewandt. Ich war bestürzt zu hören, dass Gewalt in Deutschland gegenüber Mädchen und Frauen solch eine große Rolle spielt. Zum Beispiel erfährt beinahe jede dritte Frau Gewalt durch ihren Partner. [...] Ich stand in Austausch mit Schülervertretern anderer Schulen und habe mich in Arbeitsgruppen mit Mädchen unterhalten, um ihre Meinungen zu erfahren.

Das Interview führte Kristin Matousek, in: Süddeutsche Zeitung, 20.2.07

M2 Wozu brauchen wir Parteien?

Stellt man sich die deutsche Demokratie als Dampfmaschine vor, dann sind Parteien der Keilriemen: Sie sorgen dafür, dass Bewegung von einem Teil der Maschine in den anderen kommt – und zurück. Parteien werden deshalb oft auch als demokratisches Bindeglied zwischen Staat und Gesellschaft bezeichnet.

Es gibt kaum politische Entscheidungen in Deutschland, an denen sie nicht beteiligt sind. Fast alle Abgeordneten in den Parlamenten gehören einer Partei an – obwohl es die Möglichkeit gibt, direkt für ein Amt zu kandidieren. Die Bundesrepublik Deutschland wird daher häufig als Parteiendemokratie bezeichnet.

Parteien [sollen] der Demokratie beim Funktionieren helfen: Sie sollen dafür sorgen, dass die unterschiedlichen Interessen der Bevölkerung in politische Entscheidungen umgesetzt werden und dass umgekehrt die Ideen der Politiker bei den Bürgern ankommen. Damit spielen sie eine ganz zentrale Rolle bei der politischen Willensbildung in unserer Demokratie – in der ja alle Staatsgewalt vom Volke ausgeht.

Nach: Sebastian Gievert, Parteien für Einsteiger, auf: www.bpb.de vom 28.8.09

M3 Aufgaben der Parteien

Bereits im Grundgesetz ist die Rolle der Parteien festgelegt: „Die Parteien wirken bei der politischen Willensbildung des Volkes mit [...]." (Art. 21 I GG). Damit hebt das Grundgesetz die Parteien in den Rang verfassungsrechtlicher Institutionen und überträgt ihnen eine besondere Verantwortung.

Sie nehmen die Wünsche und Bedürfnisse sowie die Unterstützung der Bürger auf und übertragen sie in die Politik. Somit dienen sie als eine Art Sprachrohr in die Politik hinein.

Gleichzeitig vermitteln sie zwischen Einzelinteressen und formen so einen gemeinsamen politischen Willen. Parteien versuchen, die Vielfalt unterschiedlicher Ansichten und Vorstellungen zusammenzufügen.

Sie informieren die Bürger über Politik, formulieren Programme und zeigen politische Alternativen auf.

Schließlich sind Parteien bereit, politische Verantwortung zu übernehmen. Ihre Mitglieder stellen das politische Personal.

Nach: Julia Tzschätzsch, Florian Blank, Was sind Parteien? – Bedeutung und Funktionen, auf: www.bpb.de vom 28.8.09

AUFGABEN

1. Beschreibe mit dem Bild des Keilriemens (oder auch einer Fahrradkette) und einem konkreten Beispiel die Rolle der Parteien in der Demokratie. (M2)
2. Fasse die wichtigsten Funktionen politischer Parteien in einer Mindmap zusammen (M2, M3) und ergänze für jede Funktion dir bekannte Aktivitäten der Parteien.

M4 Weshalb gibt es eigentlich verschiedene Parteien?

Die Politik und dadurch das Parteiensystem werden durch langfristige Konflikte in einer Gesellschaft geprägt. Einer dieser klassischen Konflikte ist die Auseinandersetzung zwischen den Unternehmen und den Arbeitnehmern, den Arbeitern. Parteien repräsentieren jeweils die unterschiedlichen Interessen, die in diesen Konflikten vertreten sind.

Wenn eine neue wichtige Konfliktlinie entsteht, wie z. B. in den 1980er Jahren die ökologische Konfliktlinie, bildet sich evtl. eine neue Partei, hier z. B. Die Grünen. Das klassische Parteiensystem kann dann die Interessen, die hinter diesem zentralen gesellschaftlichen Konflikt stehen, nicht mehr bündeln. Deren Vertreter schließen sich zu einer neuen Partei zusammen. Ebenso lässt sich die Herausbildung der Partei Die Linke erklären.

M5 Parteien haben Probleme mit dem Nachwuchs

a) Exodus bei den Volksparteien

Mitgliederentwicklung der im aktuellen Bundestag vertretenen Parteien in 1000

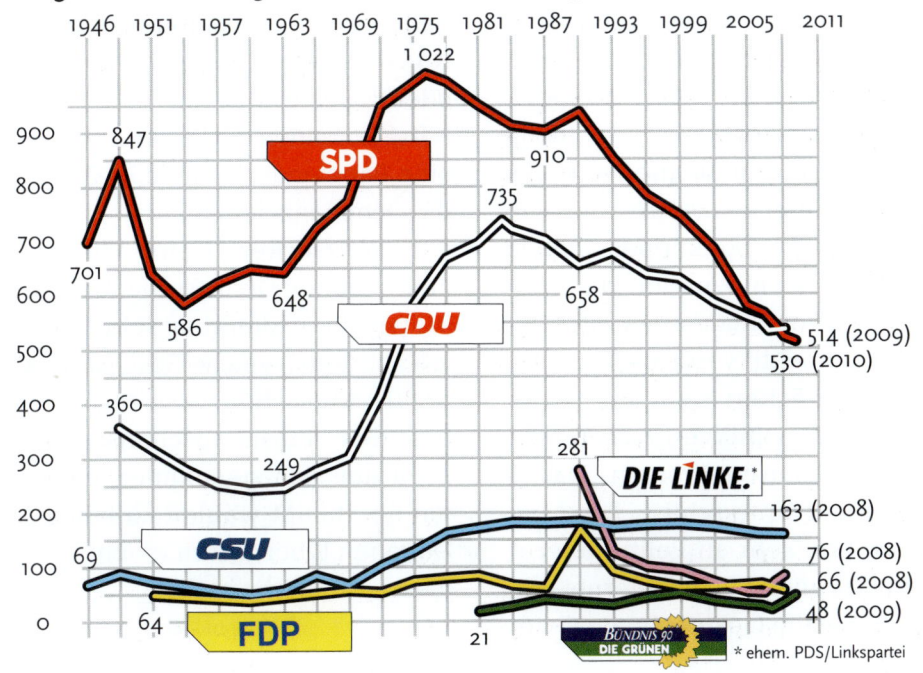

Bundeszentrale für politische Bildung, Niedermayer 2008, Parteien
Globus Grafik 2255 (aktualisiert)

AUFGABEN

1. a) Beschreibe, warum sich neue Parteien gründen und wann sie sich etablieren können. (M4)
   b) Erläutere an dir bekannten Beispielen (z. B. Die Linke, Piratenpartei...), welche Konfliktlagen oder neuen gesellschaftlichen Problemfelder zur Etablierung neuer Parteien führten. (M4, M5)

Die Grundlagen unserer Demokratie

AUFGABEN

1. Analysiere die Mitgliederentwicklung der beiden großen Parteien CDU und SPD und formuliere die zentralen Aussagen der beiden Schaubilder in eigenen Worten. (M5a+b)
2. Sammelt Vorschläge, wie die Parteien diesen Trend stoppen und wieder für junge Menschen interessant werden können. (M5)
3. Erkläre in eigenen Worten, weshalb Frau von Weizsäcker meint, die Bürgerinnen und Bürger seien nicht politikverdrossen. (M6)
4. Nenne Probleme, die Frau von Weizsäcker in Bezug auf die Funktionen anführt. (M6)
5. Trotz der extrem geringen Wahlbeteiligung bei der Bundestagswahl 2009 und dem Mitgliederschwund bei den großen Volksparteien bezeichnet von Weizsäcker unsere Demokratie als eine „gesunde Demokratie". Stell dir vor, du triffst Frau von Weizsäcker. Was möchtest du ihr sagen? Formuliere eine knappe Stellungnahme. (M5, M6)

b) **Parteimitglieder nach Alter in Prozent** (Stand: Ende 2007)

	bis 29 Jahre	30 – 60 Jahre	älter als 60 Jahre
CDU	5,1	46,5	48
CSU	5,5	51,8	42,7
SPD	5,8	47,5	46,7
FDP	10,7	54,4	34,9
Grüne	13,3	75,3	11,4
Linke	6,0	37,8	54

an 100 Prozent fehlende Werte: ohne Angaben

Oskar Niedermayer, Parteimitglieder in Deutschland (Arbeitshefte a. d. Otto-Stammer-Zentrum, Version 1/2009, Nr. 15), Freie Universität Berlin 2009

 „Wir sind eine gesunde Demokratie"

Auszug aus einem Interview der Zeitung „Neues Deutschland" mit Beatrice von Weizsäcker

ND: Wie erklären Sie sich die nach wie vor zu geringe Wahlbeteiligung und den Stimmenschwund der sogenannten Volksparteien?
von Weizsäcker: Dies ist die Folge davon, dass sich die großen Volksparteien über die Jahre vom Volk zunehmend abgekoppelt haben. Da ist es kein Wunder, dass sich das Volk von ihnen abwendet.
ND: Und politikverdrossen ist.
von Weizsäcker: Nein, die Bürger sind nicht politikverdrossen, sondern parteien-verdrossen. Das ist ein großer Unterschied. Die Menschen sind sehr an Politik interessiert. Schauen Sie ins Internet oder hören Sie die Gespräche im Café – wie oft wird da über Politik geredet, ja gestritten. Die Leute engagieren sich auch viel mehr, als man glaubt. Sie gründen Initiativen, helfen sich gegenseitig im kleinen Kreis, sammeln Unterschriften für oder gegen etwas. [...]
ND: Sie nennen die Bundesrepublik eine Parteiendemokratie, beklagen die Dominanz der Apparate. [...]
von Weizsäcker: Nein. Wir sind eine gesunde Demokratie. Und wir sollten dafür dankbar sein. Wenn ich überlege, welche Beschwernisse die Menschen in Afghanistan bei den Präsidentschaftswahlen 2009 auf sich genommen haben, um überhaupt wählen zu können: Dagegen leben wir in einem Paradies. [...]

Neues Deutschland, 8.9.09, S. 3

 Was wollen die Parteien?

Parteien diskutieren ihre politischen Inhalte im Vorfeld von Parteitagen und verabschieden anschließend ihre Programme zu aktuellen politischen Fragestellungen. Anders die Grundsatzprogramme: Diese enthalten eine langfristig gültige Standortbestimmung. Sie sind meistens allgemein formuliert und dienen vor allem der Abgrenzung vom politischen Gegner.

SPD — Die zentralen Werte der „Sozialdemokratischen Partei Deutschlands" sind Freiheit, Gerechtigkeit und Solidarität. Die Partei versteht sich als Garant von bürgerlichen Freiheitsrechten bei gleichzeitiger Gewährleistung umfassender sozialstaatlicher Sicherung. Der Gedanke der Solidarität soll das Handeln der Menschen prägen.
Uwe Jun, Universität Trier

CDU — Die CDU („Christlich Demokratische Union Deutschlands") ist eine bürgerliche Volkspartei, die 1945 aus einem Zusammenschluss von Katholiken und Protestanten neu entstand. Wirtschaftspolitisch bekennt sie sich zur sozialen Marktwirtschaft. Sozialpolitisch setzt sie auf eine stärkere Eigenverantwortung, wobei Familien unterstützt werden sollen.
Frank Bösch, Justus-Liebig-Universität Gießen

CSU — Die nur in Bayern antretende „Christlich Soziale Union" (CSU) sieht ihre programmatischen Wurzeln in christlicher Verantwortung, Frieden in Freiheit und sozialer Marktwirtschaft.
Heinrich Oberreuter, Universität Passau

Beide Parteien bilden auf Bundesebene eine gemeinsame Fraktion.

FDP — Die „Freie Demokratische Partei" (FDP) besteht seit 1948. Programmatisch hat sich die FDP als liberale Partei definiert. Im Zweifel stimmen Liberale für Freiheit vor Sicherheit und Gleichheit, für Markt statt Staat, für das Individuum anstelle der Gemeinschaft.
Hans Vorländer, Technische Universität Dresden

DIE LINKE. — „DIE LINKE." entstand im Juni 2007 als Zusammenschluss der Linkspartei mit der 2005 gegründeten Wahlalternative Arbeit und Soziale Gerechtigkeit (WASG). Die Linkspartei war aus der SED hervorgegangen und hieß bis 2005 „Partei des Demokratischen Sozialismus" (PDS). Etwa zwei Drittel der 76.000 Mitglieder (Stand: April 2009) stammen aus den neuen Bundesländern. Eine Umverteilung von oben nach unten wird angestrebt.
Eckhard Jesse, Technische Universität Chemnitz

BÜNDNIS 90/DIE GRÜNEN — Im Mittelpunkt der Politik der Grünen stehen seit ihrer Gründung (1980) Fragen der Ökologie, der Bürger- und Menschenrechte und der Demokratisierung der Gesellschaft. Die vier Grundsäulen ihrer Programmatik definierten die Grünen in ihrem ersten Grundsatzprogramm 1980 als ökologisch, sozial, basis-demokratisch und gewaltfrei. 1993, nach der deutschen Einheit, vereinigten sich die Grünen mit Teilen der ostdeutschen Bürgerbewegung zur gemeinsamen Partei „Bündnis 90/Die Grünen" (GRÜNE).
Lothar Probst, Universität Bremen

AUFGABEN

1. a) Überlegt in Gruppen, welche gesellschaftlichen Konflikte für Jugendliche zentral sind.
b) Erklärt auf der Grundlage von M4, weshalb sich Jugendliche möglicherweise nicht in Parteien engagieren. (M7)
c) Erläutert dann, weshalb entlang der unter a) genannten Konflikte (noch) keine Partei entstanden ist.

2. Überlegt gemeinsam, welche Folgen es hat, wenn Jugendliche von den Parteien nicht repräsentiert werden. (M5–M7)

3. Schaut euch die im Bundestag vertretenen Parteien an. Orientiert euch auf der Grundlage von M7 an zentralen Aussagen dieser Parteien: Entwerft in Gruppenarbeit einen Partei-Slogan für eine der fünf Parteien. Euer Ziel ist es, besonders die jungen Menschen anzusprechen.

Die Grundlagen unserer Demokratie

Kompetenz: Analyse

Konstruktives Feedback geben

Um sich weiterentwickeln und das eigene Arbeiten verbessern zu können, braucht man Rückmeldungen, sogenanntes Feedback – zum Beispiel nach der Präsentation eines Posters oder einem Referat. Dazu müssen die Mitschüler, später die Kollegen, die Leistung/ den Vortrag analysieren und kommentieren. Damit der Beurteilte die Rückmeldung aber nicht als belastende Kritik aufnimmt, sondern Anregungen zur Verbesserung mitnehmen kann, gibt es klare Regeln für das sogenannte konstruktive, also nutzbringende Feedback.

Leitfaden – Konstruktives Feedback

Feedback vorbereiten

Einigt euch vor der Feedback-Runde auf einige wesentliche Aspekte, auf die ihr (z.B. bei einer Präsentation, einem Referat oder bei der Gestaltung eines Posters etc.) achten möchtet. Nur wenn allen Beteiligten klar ist, nach welchen Kriterien beurteilt wird, macht Feedback einen Sinn.

Mögliche *Beobachtungsperspektiven bei einer Präsentation* könnten sein:
- Blickkontakt mit den Zuhörern halten,
- Tafel/Poster etc. nicht mit dem Körper verdecken,
- deutlich und klar sprechen,
- Präsentation strukturieren etc.

Aspekte einer Posterkritik:
- Ist das Poster ansprechend?
- Lässt sich eine „Botschaft" daraus ableiten?
- Spiegelt es den Arbeitsauftrag wider? etc.

Es ist sinnvoll, gemeinsam einen Beobachtungsbogen mit allen Perspektiven zu entwerfen und die Beobachtungen schriftlich festzuhalten.

Feedback durchführen

Achtet darauf, dass ihr euch an die zuvor festgelegten Kriterien haltet. Wenn ihr jemandem/einer Gruppe ein Feedback geben möchtet, sprecht diese Person/Gruppenmitglieder persönlich an. Damit vermeidet ihr, dass die Betroffenen den Eindruck bekommen, dass „über" sie statt mit ihnen geredet wird. Das Feedback darf nicht beleidigen.

Beginnt euer Feedback stets mit einer konkreten Beobachtung und einer positiven Rückmeldung. Bringt erst dann eure Hinweise ein, die ihr zur Verbesserung vorschlagt.

Achtet darauf, dass euer konstruktives Feedback Handlungsanweisungen enthält, die ganz konkret beschreiben, was man beim nächsten Mal besser machen kann. Kommentare wie z.B. „Das gefällt mir nicht" haben nichts mit einem konstruktiven Feedback zu tun, beleidigen eher und sollten deshalb unbedingt vermieden werden.

Achtung: Habt ihr den Eindruck, dass sich ein Teilnehmer/eine Teilnehmerin nicht an die Feedbackregeln hält, dürft ihr ihn/sie unterbrechen und auf die Regeln hinweisen.

Nützliche Wendungen

z.B. „Du/Ihr stellt auf eurem Plakat ... dar. Ich habe den Eindruck, dass ist eine gelungene Form der Darstellung. Aber ... überzeugt mich nicht wirklich, weil es mir zu allgemein formuliert/dargestellt ist. Vielleicht könntet ihr/könntest du beim nächsten Mal ein konkretes Beispiel geben ..." oder:

„Du hast an vielen Stellen versucht, Blickkontakt mit dem Publikum zu halten, aber versuche doch beim nächsten Mal, verschiedene Leute aus dem Publikum anzuschauen und nicht nur in eine Richtung zu blicken ..."

AUFGABEN

1. Untersucht in kleinen Gruppen eine parteinahe Jugendorganisation. Konzentriert euch dabei auf folgende Fragestellungen: Was sind die zentralen Themen, denen sich die Organisation widmet? Sucht euch zwei Themen davon aus und arbeitet die inhaltlichen Forderungen heraus (z.B. Bildung, Umwelt, Datenschutz...).

2. Gestaltet aus euren Ergebnissen ein Plakat, das ihr in der Klasse präsentiert.
Führt zu jedem Plakat eine Feedback-Runde durch. Beachtet den Leitfaden zum konstruktiven Feedback.

LINKS

Junge Union:
www.junge-union.de
(CDU-nah)
Junge Sozialisten:
www.jusos.de (SPD-nah)
Grüne Jugend:
www.gruene-jugend.de
(Grünen-nah)
Junge Liberale:
www.julis.de (FDP-nah)
Linksjugend:
www.linksjugend-solid.de
(Linke-nah)

Grundwissen

Politische Willensbildung in Deutschland

In einer Demokratie geht alle Staatsgewalt vom Volk aus – so heißt es in der Theorie. Aber wie bildet sich in einem so großen Staat wie Deutschland mit mehr als 80 Millionen Bürgern eine Meinung heraus? Jeder Einzelne kann sich äußern und seine Meinung kund tun. Gehör finden und Einfluss ausüben ist aber einfacher, wenn man sich organisiert. In Deutschland gibt es viele verschiedene Parteien, Interessengruppen, Bürgerinitiativen und sonstige Organisationen, die „Politik machen", indem sie Meinungen formulieren, diskutieren, vortragen und in den politischen Entscheidungsprozess einbringen. In einer Demokratie sind die Wahlen ein wichtiger Akt der politischen Willensbildung (siehe Kapitel 1.3).

Die Rolle der Parteien

Die Bundesrepublik Deutschland ist eine sogenannte Parteiendemokratie. In Artikel 21 des Grundgesetzes heißt es: „Die Parteien wirken bei der politischen Willensbildung des Volkes mit." Sie sind ein „verfassungsrechtlich notwendiger Bestandteil der freiheitlichen demokratischen Grundordnung", so formuliert es §1 des Parteiengesetzes.

Ihre Aufgaben bestehen darin, unterschiedliche Interessen in der Bevölkerung zu bündeln und in Politik umzusetzen. Dabei übernehmen die Parteien eine Mittlerfunktion zwischen Bevölkerung und Regierung und bieten den Bürgern bei Wahlen eine Auswahl zwischen Parteien und Personen.

Parteiensystem und Parteienverdrossenheit

In Deutschland wurden lange Zeit in der Regel drei (CDU/CSU, SPD und FDP), später vier (Die Grünen) Parteien in die Parlamente gewählt. Seit einigen Jahren scheint sich (mit der Partei „Die Linke") ein Fünf-Parteien-System zu stabilisieren. Neue Parteien haben besonders dann Erfolg, wenn sie große Konflikte oder Probleme der Gesellschaft ansprechen, die von den bestehenden Parteien nicht vertreten werden.

Insgesamt lässt sich beobachten, dass insbesondere die großen Parteien an Zuspruch und Mitgliedern verlieren. Wenn Jugendliche sich politisch engagieren, dann tun sie dies häufig in anderen Organisationen oder kurzfristig. Die Parteien haben den Auftrag, sich verstärkt um Themen für Jugendliche zu kümmern, um deren Teilhabe an der Parteiendemokratie zu sichern.

1.3 Wahlen – gelebte Volkssouveränität

M1 „Wenn ich König von Deutschland wär'..."

AUFGABEN

1. a) Stelle dein persönliches „Regierungsprogramm" mit fünf inhaltlichen Schwerpunkten auf. (M1)
   b) Bereite eine knappe Rede vor, in der du für dein Programm wirbst. (In Kapitel 1.4 kommt hierzu eine Kompetenzseite.)
   c) Haltet die Reden in 5er-Gruppen.
   d) Entscheidet euch innerhalb der Gruppe für einen „König" und sein Programm.

2. *Hinweis: Deine Gruppe möchte mit ihrem König/ Kanzler an die Macht, behalte dieses Ziel bei den folgenden Aufgaben stets im Hinterkopf.*
   a) Stellt innerhalb eurer Gruppe ein System auf, nach welchem die Gesellschaft (die Klasse) ihren Kanzler wählen könnte.
   b) Skizziert den Wahlvorgang auf einem Plakat.
   c) Euer König/Kanzler präsentiert sein Programm, die übrige Gruppe euer Wahlsystem.
   d) Führt in der Klasse eine Abstimmung durch, welches Regierungsprogramm mit welchem Wahlsystem ihr favorisiert. Ihr dürft nicht für eure eigene Gruppe stimmen.
   e) Diskutiert euer Ergebnis. Seid ihr (weniger) zufrieden?

Wer hat nicht schon mal gedacht, er könne alles besser als „die da oben"? Und selber würde man natürlich alles anders machen — aber wie denn?
Rio Reiser würde in seinem Lied „König von Deutschland" erst mal ein sehr angenehmes Leben führen: jeden Tag Vivaldi hören, zweimal am Tag baden, zweihundert Schlösser besitzen und jeden Tag Geburtstag haben.

Mein Programm:
1.
2.
3.
4.
5.

Doch damit nicht genug. Er würde auch politische Themen in Angriff nehmen wie Umweltpolitik (Autos dürften bei ihm nicht mehr stinken) und aus der Bundeswehr eine Hitparade machen. Und was würdest du machen?

M2 Demokratisch? Wahlen auf dem Prüfstand

Fall 1
Der Chef der YUKA-Milch&Co KG unterhält sich mit seinen Auszubildenden über die bevorstehende Bundestagswahl. Anschließend ärgert er sich über deren Meinung und kommt zu dem Schluss, dass ihm, im Vergleich zu gering qualifizierten Mitarbeitern, aufgrund seiner umfassenden Erfahrung in Wirtschaftsfragen ein höheres Stimmengewicht zustehen sollte. Er schlägt ein Stimmenverhältnis von 2:1 vor, denn er sorge ja für Arbeitsplätze und trage das Risiko.

Fall 2
Abernico Bhebe deutet auf die frische Narbe am Kopf. Dort hat ihn eine Axt getroffen. „Wir waren auf Wahlkampftour in Nkayi, meinem Wahlkreis", erzählt der Parlamentsabgeordnete, als am helllichten Tage Geheimpolizisten, Soldaten, Polizisten und Schläger der Regierungspartei Zanu über sie herfielen. Auch Bhebes Rücken und seine Beine sind übersät mit Wunden von unzähligen Schlägen. [...] Als Oppositionspolitiker in Simbabwe ist er Freiwild für die Gehilfen des Präsidenten Mugabe.

www.focus.de

Fall 3

Tanja ist gerade 18 Jahre alt geworden und möchte im Herbst zum ersten Mal zur Wahl gehen. Ihr Vater hat bereits für die gesamte Familie die Briefwahlunterlagen angefordert. Er ist der Meinung, dass seine Tochter noch zu wenig Erfahrung habe und hat vor, ihren Wahlzettel an ihrer Stelle auszufüllen.

Fall 4

Auch in der ehemaligen DDR konnten die Bürger wählen gehen. Die Parteien und Massenorganisationen vereinten ihre Vorschläge zur gemeinsamen Liste der Nationalen Front. Diese Einheitsliste enthielt schon eine Gewichtung in Bezug auf die Anteile der einzelnen Parteien. Der eigentliche Wahlvorgang bestand in der Bestätigung der Liste durch falten und abgeben. Im Volksmund wurde dies oft „falten gehen" genannt.

 **Wählen – aber wie? Wahlrechtsgrundsätze**

Laut Artikel 38 GG werden die Abgeordneten des Deutschen Bundestages in „allgemeiner, unmittelbarer, freier, gleicher und geheimer Wahl gewählt".

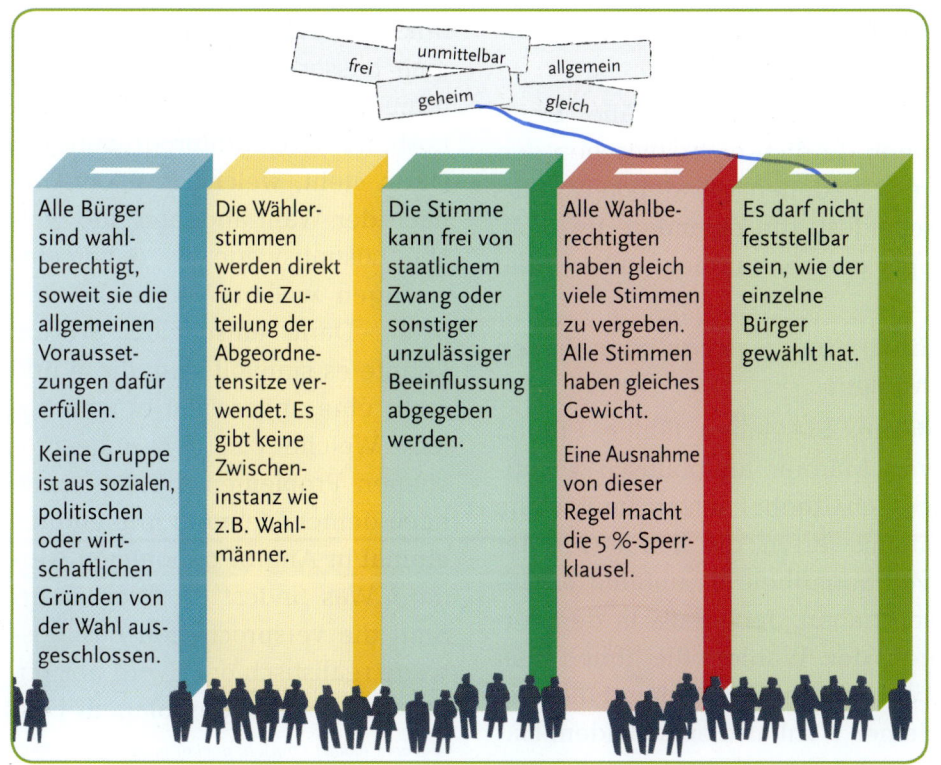

nach: Bergmoser + Höller Verlag AG, Zahlenbilder 086030

AUFGABEN

1. „Eine Wahl ist dann demokratisch, wenn..." Führt zu der Frage in der Klasse ein Blitzlicht durch.

2. Beschreibt, wie ihr in eurer Klasse euren Klassensprecher wählt.

3. Entscheidet für die Fälle in M2, ob es sich um demokratische Wahlen handelt. Begründet eure Meinung.

4. Die Wahlrechtsgrundsätze und ihre Beschreibung sind durcheinander geraten. (M3) Übertrage sie richtig zugeordnet in dein Heft.

5. Schaut euch die Fälle aus M2 noch einmal an. Beschreibt, inwiefern die bei uns gültigen Wahlrechtsgrundsätze in den einzelnen Beispielen eingehalten bzw. verletzt werden.

6. Wählt einen der Wahlrechtsgrundsätze aus und erklärt an einem selbst gewählten, konkreten Beispiel die Bedeutung des Wahlrechtgrundsatzes für unsere Demokratie.

Die Grundlagen unserer Demokratie

M4 Wählen – aber was und wen?

Im Internetchat unterhält sich die Erstwählerin Sibel mit Bernd. Er engagiert sich bei der Aktion „Wählen jetzt".

Sibel: Stimmt es, dass man bei manchen Wahlen schon ab 16 wählen darf?

Bernd: Das ist richtig. Von deinem 18. Geburtstag an kannst du an der Wahl zum Europaparlament, zum Bundestag und zum Landtag deines Bundeslandes teilnehmen. Du kannst Abgeordnete wählen (aktives Wahlrecht) und auch selbst gewählt werden (passives Wahlrecht). In einer Reihe von Bundesländern kannst du bei der Wahl von Gemeinde-, Kreis- oder Stadtparlamenten sogar schon mit 16 Jahren wählen gehen.

Sibel: OK – aber lohnt es sich überhaupt zu wählen?

Bernd: Das auf alle Fälle. Denn wenn du dich nicht zwischen den verschiedenen Angeboten entscheidest, tun es andere für dich. Späteres Schimpfen hilft dann nicht.

Sibel: Und welchen Sinn haben Wahlen?

Bernd: Sie sollen fähige Frauen und Männer an politisch wichtige Schalthebel setzen und solche hinauswerfen, die sich dort in der Vergangenheit als unfähig erwiesen haben. Jedenfalls in den Augen der Wähler, die ihnen den Laufpass geben. Du musst dich bei deiner Wahl also entscheiden: Haben diejenigen, die bisher in Parlament und Regierung den Ton angaben, ihre Sache alles in allem gut gemacht? Wenn ja, dann kannst du sie ruhig wieder wählen. Wenn nein, dann solltest du andere wählen, denen du mehr zutraust. […]

Sibel: Aber wie erfahre ich denn, wie die Parteien die Zukunft gestalten wollen?

Bernd: Hierbei solltest du nicht einfach den Wahlplakaten glauben, die dir manchmal das Blaue vom Himmel versprechen. Sie sind von Werbeagenturen entworfen, die sonst Gummibärchen oder Waschmittel und diesmal eben Politik verkaufen wollen. […] Lass dich besser von den Parteien informieren. Sie schicken dir gerne kostenlos ihre Wahlprogramme zu. Darin steht, welche Probleme sie nach der Wahl angehen und welche Lösungswege sie dabei einschlagen wollen. Vergleiche und prüfe. Dann entscheide: Warum könnte es sinnvoll sein, diese und nicht eine andere Partei zu wählen? Welche von den angesprochenen Problemen müssten auch nach deiner Meinung nun endlich einmal in Angriff genommen werden? Was findest du überflüssig? Sind die versprochenen Lösungswege realistisch oder wird nur politischer Schaum geschlagen? […]

Nach: Eckart Thurich, pocket politik, Bonn 2006, S. 116 f.

AUFGABEN

1. Erkläre auf der Grundlage von M4 die Funktion von Wahlen.
2. Unterscheide aktives und passives Wahlrecht. (M4)
3. Arbeite aus dem Interview den Unterschied zwischen Wahlplakaten und Wahlprogrammen heraus.
4. Recherchiert nach Wahlplakaten aus den letzten Bundestagswahlkämpfen (z.B. auf www.bpb.de). Vergleicht die Kampagnen, inwieweit sie euch als Jugendliche ansprechen.

Die Spitzenkandidaten im Wahlkampf-Endspurt: ein Korrespondenten-Tagebuch

Welche Themen stellen die Kandidaten heraus, wie funktionieren die Wahlkampf-Maschinerien der Parteien...? [...]

Dienstag, 22.9.09: Guido Westerwelle in Magdeburg, also im Osten. Der FDP-Spitzenkandidat ist unterwegs, um die eigene Klientel in dieser Region Sachsen-Anhalts zu stärken. Wer jubelt Westerwelle zu? Wie wirkt der Gegner von Mindestlohn und Hartz-IV-Anpassung in Magdeburg?

Mittwoch, 23.9.09: Endspurt im Wahlkampf – auch für Jürgen Trittin, den männlichen Part der grünen Doppelspitze. Der Spitzenkandidat reiste klimapolitisch korrekt mit dem Zug nach Leipzig, dann mit dem Fahrrad vom Bahnhof zum Veranstaltungsort [...].

Donnerstag, 24.9.09: Gregor Gysi (Die Linke) reist auf der Zielgeraden des Wahlkampfes nach Duisburg – der kleine Mann aus dem Osten tief im Westen. Die Linke sucht und findet ihre Anhängerschaft dort, wo die wirtschaftlichen und sozialen Verhältnisse besonders schwierig sind – zum Beispiel in Duisburg, wo hohe Arbeitslosigkeit und viel Politikverdrossenheit vorherrschen. [...]

Jens Borchers, auf www.hr-online.de vom 18.9.09

Angela Merkel auf der Abschlussveranstaltung der CDU im Bundestagswahlkampf 2009 mit jubelnden Anhängern und Parteifreunden.

Der Kanzlerkandidat der SPD, Steinmeier, stellt im Wahlkampf 2009 vor der versammelten Presse sein „Kompetenzteam" vor, mit dem er die Regierung übernehmen möchte.

Der Bundesvorsitzende der FDP hält bei einer Wahlkampfveranstaltung in Magdeburg eine Rede.

Die Spitzenkandidatin der Grünen, Renate Künast, spricht während einer Wahlveranstaltung in der Hildesheimer Fußgängerzone.

AUFGABEN

1. Beschreibt mithilfe der Tagebucheinträge und der Bilder, welches Image die jeweiligen Spitzenkandidaten von sich geben wollten. (M5)

2. Diskutiert die Funktion von Wahlkampfreden vor dem Hintergrund eurer eigenen Erfahrungen aus M1.

M6 www.wahlkampf

Online first — so heißt die Losung der Parteistrategen in Berlin, wenn es um andere und neue Kommunikation mit dem Wahlvolk geht, vor allem mit der jüngeren Generation. Kein Wunder, dass sich die Politiker schon zu Hunderten bei YouTube oder Twitter tummeln. „Jeder halbwegs motivierte Bundestagskandidat", glaubt Markus Beckedahl, Betreiber und Autor des Weblogs netzpolitik.org, „wird in diesem Wahljahr (2009) einen Facebook-Account haben." Angela Merkel (CDU) und Frank-Walter Steinmeier (SPD) sind dort natürlich vertreten, ebenso bei StudiVZ, einer jugendlichen Plattform mit 14 Millionen Mitgliedern. Zwei Drittel davon dürfen im Herbst wählen.

Der prominente Internet-Aktivist Sascha Lobo, der seit 2007 im Online-Beirat der SPD sitzt, hält die Netz-Offensive der Parteien für vernünftig: „Politiker müssen dahin, wo die Menschen sind, und sie dann mit den richtigen Inhalten abholen." Der Durchschnittsdeutsche verbringt mehr und mehr Zeit im Internet, den Wettbewerbern bleibt gar keine andere Wahl, als ihren elektronischen Auftritt zu verstärken. Andererseits, warnt Lobo, dürften Politiker in diesem Medium nicht mit Juristendeutsch oder Parteifloskeln operieren: „Es ist ihre Pflicht, die Sprache der jungen Menschen zu sprechen und sich auf deren Ebene zu bewegen." Das allerdings ist ein Problem — authentisch zu sein und dennoch Zugang zur vernetzten Welt der Surfer und Infojunkies zu finden. Spricht man die Zielgruppe unprofessionell oder falsch an, sagt Medienwissenschaftler Manuel Merz, kann man im Internet-Wahlkampf mehr verlieren als gewinnen. [...]

Gunther Hartwig, SÜDWEST PRESSE, 5.6.09

M7 Einflüsse auf die Wahlentscheidung

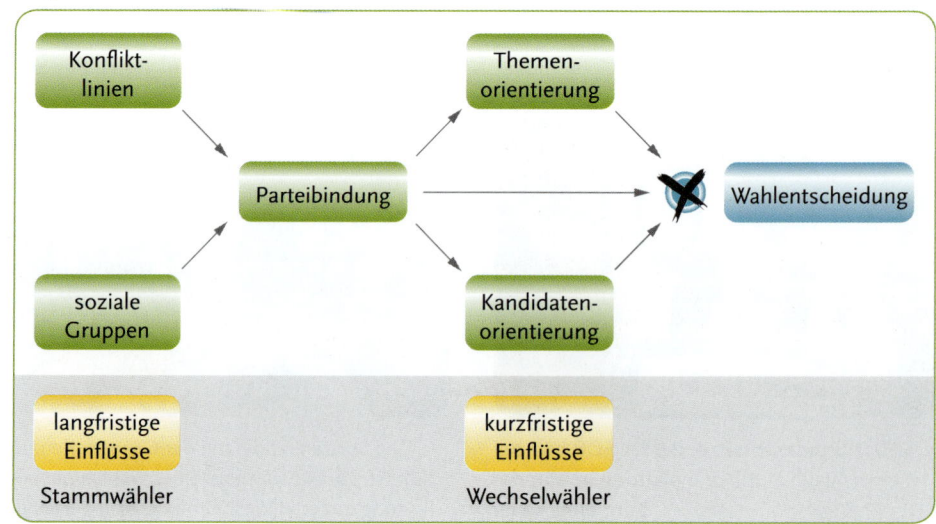

AUFGABEN

1. Formuliere in wenigen Sätzen eine Definition von Wahlkampf. (M5, M6)
2. Nenne Gründe, weshalb die Parteien versuchen, sogenannte Neue Medien, wie z.B. das Internet, für ihren Wahlkampf zu nutzen. (M6)
3. Stelle die Gefahren eines falsch geführten Internet-Wahlkampfes dar. (M6)
4. Recherchiere auf den Seiten der im Bundestag vertretenen Parteien. Stelle Unterschiede und Gemeinsamkeiten der Web-Strategien insbesondere im Hinblick auf die Zielgruppe der Jung- bzw. Erstwähler gegenüber.
5. Beschreibe die verschiedenen Einflüsse auf das Wahlverhalten. (M7)
6. Überprüfe, inwiefern sich das in M7 charakterisierte Wahlverhalten im Verhalten der Spitzenkandidaten vor der Bundestagswahl 2009 widerspiegelt. (M5)

M8 Stammwähler ade?

FOCUS: Stirbt die Spezies des Stammwählers aus?
Falter: Nein, aber es gibt immer weniger, weil die Parteibindungen langsam, aber deutlich zurückgehen. Bei SPD und Union sank der Anteil der Stammwähler von früher 75 auf heute 60 Prozent. Im Osten sind es nur je 50 Prozent.
FOCUS: Warum ist das so?
Falter: Die sozialen Milieus verlieren an Bedeutung. Das katholisch-ländliche spielt ebenso wenig eine Rolle wie das gewerkschaftliche Arbeitermilieu um Hütte und Bergwerk.
FOCUS: Weshalb steigt die Zahl der Wechselwähler?
Falter: Die Wähler sind gebildeter und finden sich im politischen Raum besser zurecht. Sie brauchen keine feste Parteibindung mehr. Zudem ist es leichter geworden, sich politisch zu informieren.
FOCUS: Ist der Wähler mündiger geworden?
Falter: Potenziell ja. Er reagiert stärker auf kürzerfristige Angebote und Informationen. [...] Die Wähler reagieren stark auf Kandidaten und deren Image.
FOCUS: Wer ist der typische Wechselwähler?
Falter: Jüngere eher als Ältere. Höher gebildete Wähler neigen zum Wechseln, auch zum Stimmen-Splitting. Männer und Frauen sind gleich flexibel. Stammwähler wechseln eher selten, sie enthalten sich lieber ihrer Stimme.

FOCUS Nr. 7/2003 vom 10.2.03

M9 Erfolgreiche Wahlbeteiligung?

„Dank der erfolreichen Wahlbeteiligung von 0,001% konnte die Regierung in ihrem Amt bestätigt werden ..."

Roger Schmidt

M10 Wahlbeteiligung bei Bundestagswahlen

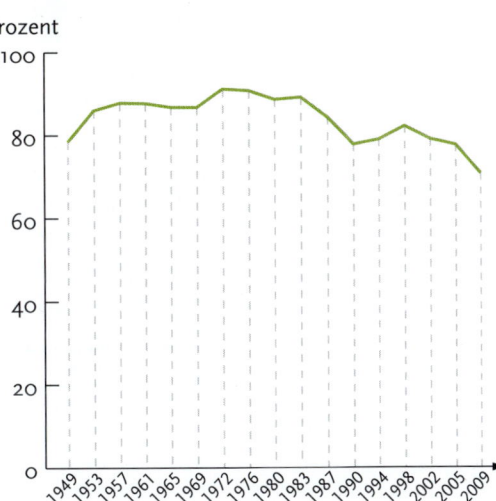

Zahlen: Bundeswahlleiter

AUFGABEN

1. Erkläre, was der Parteienforscher Falter unter den Begriffen „Wechselwähler" und „Stammwähler" versteht. (M8)

2. Stelle dar, weshalb laut Falter die Anzahl der Wechselwähler auch zukünftig zunehmen wird. (M8)

3. Auf Grundlage der Wahlergebnisse lässt sich feststellen, dass die Zahl der Stammwähler offensichtlich abnimmt und die der Nichtwähler zunimmt. Beschreibe einen möglichen Zusammenhang. (Kap. 1.2; M8)

4. a) Arbeite die Aussage der Karikatur heraus. (M9)
   b) Überprüfe mithilfe der Grafik die Richtigkeit der Aussage der Karikatur. (M10)

5. a) Arbeite mit einem Partner. Versucht mögliche Gründe für die sinkende Wahlbeteiligung zu finden. Notiert eure Ergebnisse. (M10)
   b) Tauscht eure Ergebnisse in der Klasse aus.

6. Überprüfe vor dem Hintergrund der Wahlergebnisse (Kap. 1.4) die Aussage „Nichtwähler sind die stärkste Partei".

Die Grundlagen unserer Demokratie

M11 U18: Eine Wahl für Kinder und Jugendliche

LINK

Vor Wahlen gibt es unter www.bpb.de den **„Wahl-O-Mat"**. Gib deine Antworten zu den verschiedenen Fragen ein – der Wahl-O-Mat vergleicht diese mit den Programmen der Parteien und zeigt dir, mit welchen Parteien du die größten inhaltlichen Übereinstimmungen bzw. Unterschiede hast.

AUFGABEN

1. Besonders junge Wähler gehen selten zur Wahl, obwohl gerade über ihre Zukunft Entscheidungen gefällt werden. Gestalte für einen Bundestagskandidaten eine Homepage-Skizze in DIN A4, die dich als potenziellen Erstwähler anspricht und zur Wahl motivieren würde.
2. Stelle die Ziele des Projekts U18 dar. Informiere dich dazu im Internet unter www.u18.org.
3. Ist die U18-Wahl ein geeignetes Mittel gegen die niedrige Wahlbeteiligung bei jungen Wählern? Begründe deine Meinung.

M12 Das Wahlrecht der Bundesrepublik Deutschland

Bergmoser + Höller Verlag AG

M13 Harte Arbeit: Kampf um die Erststimme

Der Münchener Axel Berg war einer der wenigen bayerischen Sozialdemokraten im Bundestag mit Talent zum Erfolg. Er war unkonventionell, engagiert und verzichtete auf Mätzchen. [...]
Zur Bundestagswahl wird Deutschland in 299 Stimmkreise eingeteilt. In jedem wählen die Bürger mit ihrer Erststimme einen Kandidaten direkt ins Parlament. In jedem Wahlkreis gibt es also einen Sieger und mehrere Verlierer. [...]
Im Wahlkreis München-Nord waren Axel Berg und Johannes Singhammer von der CSU zum vierten Mal bei einer Bundestagswahl gegeneinander angetreten – wie zwei Boxer, die sich wieder und wieder begegnen. Dreimal hatte Berg gewonnen, und zweimal davon hatte er als einziger Sozialdemokrat in ganz Bayern seinen Wahlkreis hier in München-Nord direkt geholt. Wenn sie im Fernsehen kurz nach Mitternacht das amtliche Endergebnis bekanntgaben und farbig unterlegte Landkarten ins Bild schoben, dann war Bayern immer schwarz, bis auf diesen einen winzigen Punkt: München-Nord, Wahlkreis 218 – eine rote Boje im schwarzen Meer.
Axel Berg hat derweil seinen Dauerwahlkampf gemacht. Er ist immer mit einem VW-Transporter unterwegs gewesen, dem „Berg-Bus". Zweimal die Woche stellte er ihn irgendwo auf. [...] Er hat stundenlang mit denen geredet, die am Bus standen, und abends hat er die Gespräche am Computer fortgesetzt. 5.000 E-Mails im Jahr

hat er beantwortet. Wenn er am Café Schwabing vorbeikam morgens auf dem Weg ins Bürgerbüro, grüßten ihn die Leute.
Die Niederlage von Axel Berg ist eine besondere, weil sie nicht mal von der Konkurrenz gewünscht war. Judith Greif, Direktkandidatin der Grünen im Münchener Norden, hatte vor der Wahl für Berg geworben [...] Sabine Leutheusser-Schnarrenberger, die bayerische Landesvorsitzende der FDP, sagte: „Ich finde, dass der Axel Berg das seit Jahren toll macht. Die Basisarbeit mit dem Berg-Bus ist für mich wirklich nachhaltig."
Axel Berg hat nicht gewonnen, er hat sich auf die Sympathie der anderen verlassen können, aber nicht auf die Solidarität der eigenen Partei, die sein Talent, wenn sie es erkannt haben sollte, nicht gefördert hat. Er war immer ein Außenseiter in der SPD. Deshalb wird

AUFGABEN

1. Arbeite aus der Grafik jeweils die Funktion von Erst- und Zweitstimme bei der Bundestagswahl heraus. (M12)

2. Ordne die folgenden Beispiele der Erst- bzw. Zweitstimme zu:
a) Herr Joachims geht zur Wahl. Er möchte mit seiner Stimme die Kandidatin Luise Roth von der Partei „Die Linke" wählen, da er sie persönlich für kompetent hält.
b) Herr Joachims möchte mit seiner Stimme die FPD unterstützen.
c) Welche Bedingungen müssen erfüllt sein, damit Herr Joachim Frau Roth (a) überhaupt wählen kann?

3. Wieso wirbt Axel Berg auf seinem Plakat explizit um die Erststimme? Erläutere an dem Beispiel, welche Rolle Erst- und Zweitstimme bei der Bundestagswahl spielen. (M13)

Die Grundlagen unserer Demokratie

Axel Berg auch über die Landesliste nicht in den Bundestag kommen. Seine Partei hat ihm Platz 17 zugeteilt, nach dem Wahlergebnis dürfen aber nur 16 Kandidaten aus Bayerns SPD ins Berliner Parlament. Alle Regionen müssen berücksichtigt, verdiente Abgeordnete belohnt, Gewerkschaftsfunktionäre geadelt werden. Die Aufstellung dieser SPD-Landesliste ist ein ziemlicher Akt, die Wähler würden sagen: Sie ist ein einziges Geschacher. [...] Axel Berg hat nun vier Wochen Zeit, um sein Büro in Berlin zu räumen […].

Holger Gertz, in: Süddeutsche Zeitung, 29.9.09, S. 3

M14 Kinder an die Wahlurnen?

Es ist Wahlsonntag. Ein Mann geht mit einem Blatt Papier durch die Turnhalle eines Wahllokals. Er will den Zettel gerade in die Wahlurne werfen, als er ein Zupfen am Hosenbein spürt: „Onkel, kannst du mich hochheben, ich kann meinen Zettel nicht einwerfen. Der Kasten ist viel zu hoch!"

Wenige Minuten später taucht ein Herr mittleren Alters auf. „Neun so Zettel krieg' ich", sagt er zu dem Wahlhelfer. „Acht für meine Frau und die Gören, einer für mich."

Beide Szenarien sind extreme Varianten einer Idee, die schon seit einiger Zeit durch die Republik geistert: das Kinderwahlrecht. […]

Warum werden Kinder und Jugendliche nur aufgrund ihres Alters aus der Demokratie ausgeschlossen? Von politischen Entscheidungen sind sie ebenso betroffen wie Erwachsene, vielleicht sogar viel stärker. Sie haben schließlich die längste Zeit ihres Lebens in

Deutschland noch vor sich. […] Warum andererseits, fragen die Kritiker, sollten Eltern mehr politisches Gewicht haben als beispielsweise kinderlose Paare? Was macht sie zu Superdemokraten?

Nach: Carsten Lißmann, Münte beim Kindergeburtstag, auf: www.zeit.de (04/2007)

AUFGABEN

1. Beende den Satz: Die Einführung eines Kinderwahlrechts finde ich..., weil...
(Tipp: Auch hier lässt sich mittels der Blitzlicht-Methode schnell ein Meinungsbild darstellen, was eure Klasse zu dieser Problematik denkt.)

2. Führt eine Mini-Umfrage in eurer Heimatgemeinde durch. Ihr könnt mit einer Spontanfrage wie z. B. „Was halten Sie von einem Kinderwahlrecht?" einen ersten Eindruck über die Auffassung der Menschen bekommen.

3. Überprüft, ob der Vorschlag, ein Kinderwahlrecht einzuführen, mit den Wahlrechtsgrundsätzen (M3) vereinbar ist?

Karikaturen interpretieren (Karika-Tour)

Eine Karikatur ist eine zeichnerische Darstellungsform, mit der der Karikaturist einen Sachverhalt aus Politik, Wirtschaft oder Gesellschaft in einer überspitzten Art und Weise zum Ausdruck bringt und interpretiert. Man findet Karikaturen sehr oft in Tages- oder Wochenzeitungen. Mithilfe der Methode der Karika-Tour könnt ihr euch über ein Thema (hier z. B. Wahlen) einen Überblick verschaffen, indem ihr verschiedene Karikaturen hierzu anschaut und interpretiert.

Kompetenz: Methode

Leitfaden – Karikaturen interpretieren (Karika-Tour)

Die Karika-Tour vorbereiten
- Sammelt Karikaturen zu einem Thema, z.B. zum Thema Wahlen.
- Zur Durchführung der Karika-Tour benötigt ihr mindestens eine Karikatur pro Kleingruppe.
- Hängt eure Karikaturen im Klassenzimmer auf. Dazu eignen sich Stellwände, aber auch die Wandseiten eures Klassenzimmers.
- Bildet Kleingruppen mit ca. 4-5 Schülern.

Die Karika-Tour durchführen
- Wandert in Kleingruppen im Uhrzeigersinn von einer Karikatur zur nächsten.
- Pro Karikatur habt ihr 2-3 Minuten Zeit. Fragt euren Lehrer, ob er für euch die Zeit im Blick behält.
- Betrachtet die Karikaturen und macht euch Notizen zu den Darstellungen. Folgende Leitfragen können euch bei der Herausarbeitung der Aussagen der Karikatur helfen, z.B.: Auf welches Problem macht der Karikaturist aufmerksam? Was möchte er den Betrachtern mitteilen?
- Wenn ihr alle Karikaturen angeschaut und euch Notizen gemacht habt, ist eure Karika-Tour abgeschlossen.

Nach der Karika-Tour
- Hängt die Karikaturen ab.
- Zieht pro Gruppe jeweils eine Karikatur.
- Erarbeitet nun gründlich die Aussage „eurer" Karikatur. Arbeitet entlang des Leitfadens zur Interpretation einer Karikatur (→ politik.21, Band 1, Kap. 3.2)

> 1. **Karikatur beschreiben**
> (Personen, Orte, Symbole, Besonderheiten/Hervorhebungen)
> 2. **Karikatur deuten**
> (Thema benennen, Symbole deuten, Meinung des Zeichners)
> 3. **Karikatur beurteilen**
> (eigene Meinung formulieren, Stellungnahme zum Zeichner, weitere Fragen)

Die Karika-Tour vertiefen
- Präsentiert eure Karikaturen in der Klasse.
- Versucht vielleicht sogar, die Karikaturen in eine inhaltlich logische Reihenfolge zu bringen.
- Diskutiert mögliche inhaltliche Zusammenhänge zwischen den Karikaturen.

AUFGABE

1. Führt eine Karika-Tour zum Thema Wahlen durch. (M15)

Die Grundlagen unserer Demokratie

Kompetenz: Methode

Karika-Tour zum Thema „Wahlen"

E. Hotz

Sepp Buchegger

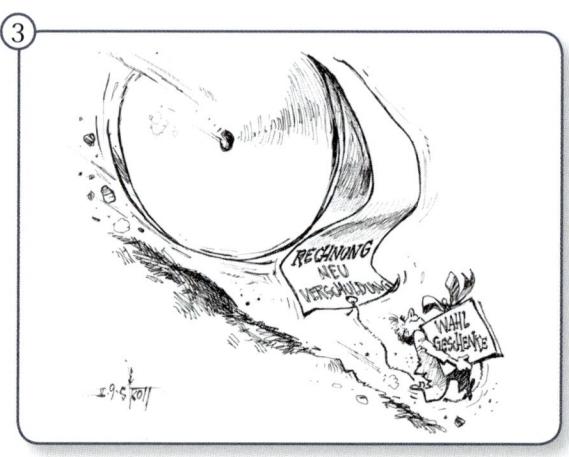

A. Skott

Horst Haitzinger

Gerhard Mester / Baaske Cartoons

Gerhard Mester / Baaske Cartoons

Grund-wissen

Wahlen und Wahlrechtsgrundsätze

In repräsentativen Demokratien sind Wahlen der entscheidende Akt, mit dem die wahlberechtigten Bürger für eine bestimmte Zeitspanne (die Legislaturperiode) Kandidaten und Parteien ihr Vertrauen aussprechen. Diese kümmern sich im Folgenden um die öffentlichen Angelegenheiten, zum Beispiel indem sie Gesetze ausarbeiten und verabschieden.

In Deutschland ist jeder Deutsche wahlberechtigt, der das 18. Lebensjahr vollendet hat. Man unterscheidet in das aktive (wählen gehen dürfen) und das passive (kandidieren und gewählt werden dürfen) Wahlrecht. In Artikel 38 des Grundgesetzes ist mit den sogenannten Wahlrechtsgrundsätzen festgelegt, dass die Vertretung des Volkes aus allgemeinen, unmittelbaren, freien, gleichen und geheimen Wahlen hervorgehen muss.

Wahlkampf und Wählerverhalten

Im Vorfeld der Wahlen werben die Kandidaten und Parteien mit ihren Programmen um die Stimmen und das Vertrauen der Wähler. Früher haben sich die Wähler bei ihrer Entscheidung in der Regel an Traditionen und sozialen Schichten orientiert (Arbeitnehmer – Arbeitgeber, Katholiken, Bürgerliche...). Heute entscheiden sie oft kurzfristig und abhängig von den Spitzenkandidaten. Problematisch ist, dass immer mehr Wahlberechtigte überhaupt nicht wählen gehen und damit auch ihre Verantwortung bei der Gestaltung des Gemeinwesens nicht wahrnehmen. Um den Wähler möglichst direkt anzusprechen, setzen die Parteien zunehmend auf die Ansprache über die Neuen Medien, z.B. das TV-Duell der Spitzenkandidaten, Twitter-Meldungen oder Videobotschaften.

Bundestagswahl – eine Wahl mit zwei Stimmen

Bei der Bundestagswahl haben die Wahlberechtigten insgesamt zwei Stimmen. Mit ihnen entscheiden sie über 598 Bundestagsmandate.
Mit der Erststimme wird aus 299 Wahlkreisen jeweils der Kandidat/die Kandidatin direkt in den Bundestag gewählt, der/die die meisten Stimmen erhält. Mit der Zweitstimme wählt man die Landesliste einer Partei. Der Anteil der Stimmgewinne bei der Zweitstimme ist zentral, da er über die Mehrheitsverhältnisse entscheidet, d.h. darüber, wie stark die einzelnen Parteien im Bundestag vertreten sind. Der Wähler kann die Erststimme auch für einen Kandidaten abgeben, der nicht der Partei angehört, die er mit der Zweitstimme wählt (sogenanntes Stimmensplitting).
Erreicht eine Partei weniger als 5% der Zweitstimmen oder keine drei Direktmandate, so findet das Zweitstimmenergebnis keine Berücksichtigung.

1.4 Regieren und Kontrollieren

M1 Die Exekutive, das Kabinett oder: Wie mächtig ist eigentlich ein Bundeskanzler[1]?

Ich habe in den letzten Wochen mal unter meinen Freunden so rumgefragt – „Was ist das eigentlich, das Kabinett?" –, und die Antworten waren sehr komisch, alle verschieden, und keine war richtig. „Kabinett?", sagte mein Freund Otto, „oh, da denke ich an einen besonders guten, leckeren Weißwein, einen Riesling Kabinett." […] Ich dachte an meinen Großvater, der immer dann, wenn er aufs Klo musste, vermeintlich vornehm sagte: „So, nun geh ich mal aufs Kabinett." Führt uns das alles weiter, wenn wir wissen wollen, was das Kabinett im Zusammenhang mit der Regierung bedeutet? Ein bisschen schon.

Es ist, wie auch Kabinettweine […], etwas Besonderes, und es ist […] ein besonderer Raum, in den man sich zurückzieht, aber es ist natürlich kein Klo. […] Hier trifft sich das Kabinett, also die Minister einer Regierung, die zusammen mit dem Bundeskanzler alle wichtigen politischen Entscheidungen besprechen und beschließen. Ein Kabinett kann sich selbstständig verändern, zum Beispiel immer dann, wenn wieder mal ein Minister zurücktritt, weil er einen Fehler gemacht hat, sich mit den anderen nicht einigen kann oder mag, auch, weil er krank wird oder vielleicht andere Berufspläne hat. […] Hier im Kabinett sitzen sie nun alle zusammen, der Kanzler und seine Minister […]. Der Bundeskanzler ist so was wie der Chef im Kabinett. […] Wenn nun alle Minister in so einem Kabinett zusammensitzen, dann geht es da sicher manchmal ganz schön heftig zu. […] Aber genau dafür ist das Kabinett ja da: dass man schwierige Fragen unter sich, hinter verschlossenen Türen diskutiert, das heißt, man beleuchtet die Sache von allen Seiten, zankt sich vielleicht auch tüchtig dabei, und schließlich einigt man sich auf eine gemeinsame Lösung. Wenn das ganz schwierig ist, kommt dem Bundeskanzler so etwas wie eine Schiedsrichterrolle zu, und wenn sich die Tür dann wieder öffnet und man rausgeht, um weiter zu regieren, dann sollten alle Kabinettsmitglieder hinter den einmal gefassten Beschlüssen auch wirklich stehen und sie, wenn es zu Abstimmungen oder Diskussionen im Bundestag kommt, mit tragen.

Das Kabinett fungiert (also hat die Aufgabe) als politisches Entscheidungszentrum. Und wenn es einmal entschieden hat, dann kommen diese Gesetzesentwürfe vor den Bundestag und/oder den Bundesrat, um beraten und dann erst verabschiedet zu werden.

Elke Heidenreich, in: Doris Schröder-Köpf/Ingke Brodersen (Hg.), Der Kanzler wohnt im Swimmingpool oder Wie Politik gemacht wird. Frankfurt/Main 2001, S. 77ff.

AUFGABEN

1. Vervollständige den Satz „Ein Kabinett ist ..." im Heft. (M1)
2. Arbeite aus dem Text die Aufgaben eines Bundeskanzlers heraus. (M1)

1 Bezieht sich der Begriff auf das Amt, wird im Folgenden die männliche Form verwendet; bezieht sich der Begriff auf die aktuelle Besetzung des Amtes durch Angela Merkel, wird die weibliche Form verwendet.

M2 Nach der Wahl: eine klare Regierungsmehrheit?

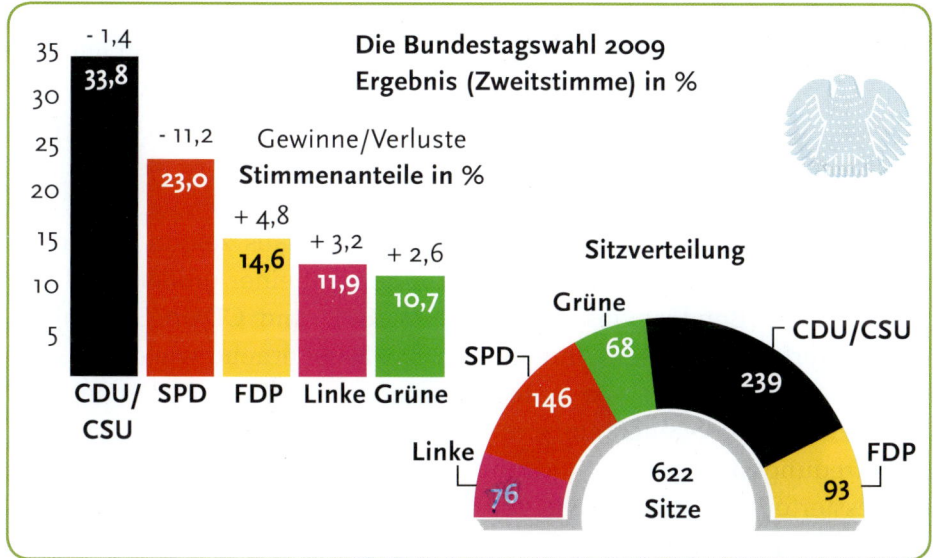

Nach: dpa-Infografik 11447

LINK

Wie hätte die Jugend gewählt? Unter www.u18.org könnt ihr das Wahlergebnis der U18 recherchieren und vergleichen.

AUFGABEN

1. Nach der Bundestagswahl 2009 sprach der Politikwissenschaftler Korte davon, dass die Parteienlandschaft bunt geworden sei. Erkläre anhand von M2, was er gemeint haben könnte.

2. Arbeite aus der Grafik (M2) heraus, ob man nach der Bundestagswahl 2009 trotz der neuen „Buntheit" von einer klaren Regierungsmehrheit sprechen kann.

3. Arbeite die Aufgaben des Bundestages aus M3 heraus. Notiere Stichpunkte im Heft.

4. a) Bildet Gruppen.
b) Stellt mithilfe der Grundgesetzartikel das Gefüge der Verfassungsorgane der Bundesrepublik Deutschland in einem Schaubild dar. (M3)
c) Präsentiert eure Schaubilder in der Klasse.

5. Erkläre auf der Grundlage des Textes knapp die folgenden Begriffe: Kanzlerprinzip, Kollegialprinzip. (M3)

6. Bildet Gruppen. Gestaltet jeweils ein Infoblatt zu einem Kanzler der Bundesrepublik Deutschland. Informationen erhaltet ihr z.B. unter www.bundeskanzlerin.de.

M3 Regierung und Parlament im Grundgesetz

Artikel 62
Die Bundesregierung besteht aus dem Bundeskanzler und aus den Bundesministern.

Artikel 65
Der Bundeskanzler bestimmt die Richtlinien der Politik und trägt dafür die Verantwortung. Innerhalb dieser Richtlinien leitet jeder Bundesminister seinen Geschäftsbereich selbstständig und unter eigener Verantwortung. Über Meinungsverschiedenheiten zwischen den Bundesministern entscheidet die Bundesregierung. Der Bundeskanzler leitet ihre Geschäfte nach einer von der Bundesregierung beschlossenen und vom Bundespräsidenten genehmigten Geschäftsordnung.

Artikel 67
(1) Der Bundestag kann dem Bundeskanzler das Misstrauen nur dadurch aussprechen, dass er mit der Mehrheit seiner Mitglieder einen Nachfolger wählt und den Bundespräsidenten ersucht, den Bundeskanzler zu entlassen. Der Bundespräsident muss dem Ersuchen entsprechen und den Gewählten ernennen. [...]

Artikel 68
(1) Findet ein Antrag des Bundeskanzlers, ihm das Vertrauen auszusprechen, nicht die Zustimmung der Mehrheit der Mitglieder des Bundestages, so kann der Bundespräsident auf Vorschlag des Bundeskanzlers binnen einundzwanzig Tagen den Bundestag auflösen. Das Recht zur Auflösung erlischt, sobald der Bundestag mit der Mehrheit seiner Mitglieder einen anderen Bundeskanzler wählt.

Grundgesetz für die Bundesrepublik Deutschland

Die Grundlagen unserer Demokratie

M4 Machtverschiebung vom Parlament zur Regierung?

Der Bundestagspräsident hat über den Jahreswechsel den Brief einer Lehrerin erhalten, in dem diese die Fragen und Eindrücke schildert, die ihre Schüler nach dem Besuch einer Plenarsitzung des Deutschen Bundestages hatten. Unser Präsident hat den Brief allen Abgeordneten des Bundestages in Kopie zur Verfügung gestellt, um uns bei der Formulierung von guten Vorsätzen für das neue Jahr einige Anregungen zu geben. […] Den interessierten Besuchern fällt vor allem auf, dass wir uns gegenseitig nicht zuhören, dass alle möglichen Dinge erledigt werden, vom Zeitung lesen über angeregte Unterhaltungen mit Kollegen bis hin zu intensiven Telefonaten in den ersten beiden Reihen, nur die stattfindende Parlamentsdebatte erregt im Saal praktisch keine Aufmerksamkeit, sie scheint rein dekorativen Charakter zu haben.

Eine politische Meinungsbildung kann weder ein Besucher noch ein Fernsehzuschauer erkennen. Dürfen wir uns über den voranschreitenden Ansehensverlust des Parlaments und der Abgeordneten da wirklich wundern? Aber vielleicht verhalten wir uns so, weil wir wissen, dass unser Einfluss auf das, was politisch in diesem Land passiert, viel geringer ist als wir zugeben. […]

Darüber hinaus zeigen die Erfahrungen mit einer großen Koalition [von SPD und CDU/CSU, zuletzt 2005-2009] erneut, wie die Machtbalance zwischen Parlament und Regierung einseitig zugunsten der Regierung verschoben wird. Wenn die Regierung eine Zweidrittelmehrheit im Parlament hat, dann kommt es auf den Einzelnen nicht mehr an. Und wenn gleichzeitig rund ein Drittel der Abgeordneten Mitglieder der Regierung sind oder in regierungsnahen Parlamentsfunktionen und ein weiteres Drittel der Abgeordneten möglichst schnell genau dahin will, dann darf sich niemand darüber wundern, dass die Abgeordneten das notwendige Selbstbewusstsein gegenüber der Regierung nicht mehr aufbringen. […] Bei uns hat die „Gewaltenverschränkung", wie das Verfassungsgericht sie nennt, dagegen ein Ausmaß angenommen, das dem Parlament in seiner ureigenen Funktion, nämlich die Regierung zu kontrollieren und die Verantwortung vor den Wählern zu tragen, schweren Schaden zufügt. Ein solches Parlament kann objektiv seine Kernaufgabe nicht mehr wahrnehmen. […]

Friedrich Merz, Ein Fazit, in: Cicero, März 2009

AUFGABEN

1. Arbeite heraus, wie die Abgeordneten im Bundestag wahrgenommen wurden. (M4)
2. Stelle dar, weshalb Merz behauptet, die Machtbalance zwischen Parlament und Regierung habe sich einseitig zugunsten der Regierung verschoben. (M4)
3. Erkläre auf der Grundlage von M4, weshalb das Parlament seine Kernaufgabe, nämlich die Regierung zu kontrollieren, nur bedingt wahrnehmen kann.

Eine Rede halten

Ob frisch gewählt als Schulsprecher oder als Abgeordneter im Bundestag, Reden schreiben und halten gehört bei vielen Tätigkeiten dazu. Trotzdem haben viele Bauchkribbeln ...

M5 Die erste Rede im Bundestag

Jens Spahn, damals 22 Jahre alt, war gerade ein halbes Jahr lang Abgeordneter, als er im Bundestag sprechen musste. [...]
Die erste Bundestagsrede ist immer etwas Besonderes [...]. Normalerweise spreche ich gern frei, weil das lebendiger klingt. Für diese Rede aber schrieb ich ein komplettes Manuskript, Wort für Wort. Als ich fertig war, veranstaltete ich eine Generalprobe in meinem Büro. [...]
Es kommt in einer Bundestagsrede nicht nur darauf an, was man sagt, sondern auch darauf, wie man es sagt. Jemandem, der mit gesenktem Kopf und im Nuschelton seinen Text herunterleiert, hört niemand zu. Ich bemühe mich daher, alle Parlamentarier anzuschauen, wenn ich spreche, auch die der anderen Fraktionen. Deshalb bin ich immer in Bewegung, schaue nach rechts, dann in die Mitte, dann nach links. [...]
Der damalige Vizepräsident des Bundestags, Hermann Otto Solms, sagte: „Der Kollege Jens Spahn von der CDU/CSU-Fraktion wird das Wort erhalten. Er hält seine erste Rede im Deutschen Bundestag. Ich bitte um Aufmerksamkeit."[...] Ich umfasste das Pult an beiden Seiten und fing an. „Herr Präsident! Meine Damen und Herren!"[...]

Auf: www.zeit.de/campus vom 18.2.09

Leitfaden – Eine Rede halten

REDE VORBEREITEN
- Checkliste erstellen:
  1. Warum halte ich diese Rede? (Ziel)
  2. Zu wem rede ich? (Adressaten)
  3. Worüber möchte ich sprechen? (Inhalt)
  4. Wie möchte ich mein Anliegen „rüberbringen"? (Formulierungen, Körpersprache)
- Entscheide dich für einen inhaltlichen Schwerpunkt deiner Rede und recherchiere gründlich.
- Informationen logisch gliedern
- Formuliere deine Rede aus. Die Anrede richtet sich nach deinem Publikum. Wichtig ist v.a. der Einstieg (denkbare „Aufhänger" sind Fragen, Zitate, Provokation...).
- Notiere dir Stichpunkte (auch Zahlen/Fakten, die man leicht vergisst) aus deiner ausformulierten Rede auf Karteikarten.
- Übe deine Rede am besten vor einer dir vertrauten Person. Achte v.a. auf die Redezeit!

REDE HALTEN
- Warte ab, bis dein Publikum nicht mehr redet, und begrüße es angemessen.
- Halte Blickkontakt und sprich frei, Ablesen ist ein absolutes Tabu!
- Sprich nicht zu schnell, klar und deutlich, mit Pausen.
- Kontrolliere deine Gestik.
- Präzisiere deinen Gedankengang am Ende der Rede noch einmal.
- Bedanke dich bei deinem Publikum für die Aufmerksamkeit.

Kompetenz: Handeln

AUFGABEN

1. a) Arbeite aus M5 die Aspekte heraus, die Jens Spahn im Zusammenhang mit seiner ersten Rede vor dem Deutschen Bundestag als besonders wichtig erlebt hat. Unterscheide dabei die beiden Phasen: „Rede vorbereiten" und „Rede halten". Notiere Stichpunkte ins Heft.
   b) Vergleiche deine Ergebnisse mit dem Leitfaden. In welchen Punkten stimmt der Leitfaden mit den Erfahrungen von Jens Spahn überein, wo muss er ergänzt werden?

2. Stell dir vor, du bist ein junger Abgeordneter/eine junge Abgeordnete und musst eine Rede vor dem Bundestag halten. Entscheide dich für 1-2 inhaltliche Schwerpunkte, zu denen du reden möchtest. *Achtung*: Deine Redezeit ist begrenzt. Du hast genau zwei Minuten (nicht mehr und nicht weniger!), um die anderen Abgeordneten zu überzeugen.

Die Grundlagen unserer Demokratie

Grund-
wissen

Koalitionen und Kanzlerwahl

Die Parteien, die eine Regierungskoalition mit einer Mehrheit im Bundestag bilden wollen, führen Koalitionsverhandlungen und schließen einen Koalitionsvertrag. Darin werden die wichtigsten Vorhaben für die kommende Legislaturperiode beschrieben. Anschließend tritt der Deutsche Bundestag zusammen, um den Bundeskanzler zu wählen.

Wie mächtig ist der Kanzler?

Die Bundesrepublik Deutschland wird als Kanzlerdemokratie bezeichnet, denn der Bundeskanzler besitzt eine herausgehobene Stellung. Als Chef der Regierung gibt er die großen Linien der Politik vor (Richtlinienkompetenz) und kann wichtige Themen jederzeit zur Chefsache machen. Im Kabinett sitzen die Minister, die Staatssekretäre und der Kanzler zusammen, beraten und entscheiden. Bei Meinungsverschiedenheiten zwischen den Ministerien entscheidet die Mehrheit des Kabinetts.

Aufgaben des Parlaments

Die Aufgaben der Abgeordneten im Deutschen Bundestag sind vielfältig. Sie wählen u.a. den Bundeskanzler (Wahlfunktion) und verabschieden Gesetze (Gesetzgebungsfunktion). Sie kontrollieren die Arbeit der Regierung (Kontrollfunktion), indem sie schriftliche und mündliche Anfragen und eigene Gesetzesentwürfe formulieren. In den Debatten tragen die Abgeordneten ihre Position dem Parlament vor. Die Sitzungen sind für jeden Bürger zugänglich. Dies fördert die Meinungs- und Willensbildung in der Bevölkerung (Willensbildungsfunktion). Ein Großteil der Arbeit findet in den parlamentarischen Ausschüssen statt, die sich mit bestimmten Themen vertieft beschäftigen. Dort treffen sich die Experten der verschiedenen Fraktionen (das ist in der Regel der Zusammenschluss der Abgeordneten einer Partei, die in das Parlament gewählt wurden) im kleineren Kreis, beraten und bereiten Gesetzesvorlagen vor.

Gewaltenverschränkung

Da die Parteien, die die Regierung (Exekutive) bilden, auch im Parlament (Legislative) die Mehrheit innehaben, spricht man in Bezug auf die Gewaltenteilung für Deutschland von einer „Gewaltenverschränkung". Wenn die beiden großen Parteien zusammen eine Koalition bilden (Große Koalition), wird die Kontrollfunktion durch das Parlament umso wichtiger, in der Ausübung aber umso schwieriger.

1.5 Die Verfassungsorgane im Gesetzgebungsprozess

M1 Größtmöglicher Interessenkonflikt

Terroranschlag auf das World Trade Center in New York am 11. September 2001: Terroristen entführten vier Flugzeuge, zwei flogen in das World Trade Center, eines ins Pentagon und ein weiteres stürzte ab.

Der geistig verwirrte S. drohte damit, mit einem Motorsegler in ein Frankfurter Bankenhochhaus zu fliegen. Der Staat reagierte mit Abfangjägern, es hätte aber die gesetzliche Grundlage für einen Abschuss gefehlt. S. drehte ab.

M2 Was darf der Staat und was nicht?

Wie weit darf der Staat gehen, um seine Bürger zu schützen? Darf er gezielt unschuldige Menschen töten, um das Leben anderer zu retten? [...] Es ist nur ein Szenario, spätestens nach den Angriffen vom 11. September 2001 aber keine völlig absurde Vorstellung: Eine von Terroristen gekaperte, voll besetzte Passagiermaschine steuert auf ein Atomkraftwerk zu – oder auf den Reichstag, in dem die Mitglieder des Bundestags tagen. Darf die Bundeswehr ein Flugzeug in einem solchen Extremfall abschießen und unschuldige Menschen töten, um einen Anschlag zu verhindern, dem noch mehr Menschen zum Opfer fallen könnten? [...] Mit dem auf Initiative des damaligen Bundesinnenministers Otto Schily (SPD) eingebrachten Gesetz reagierte die damalige Bundesregierung auf die Terrorangriffe vom 11. September 2001 auf die Vereinigten Staaten und den glimpflich beendeten Irrflug eines geistig verwirrten Mannes, der im Januar 2003 mit einem Motorsegler stundenlang über Frankfurt am Main gekreist war und mit einem gezielten Flug in das Hochhaus der Europäischen Zentralbank gedroht hatte. Eine „unmittelbare Einwirkung mit Waffengewalt" sei nur dann zulässig, „wenn nach den Umständen davon auszugehen ist, dass das Luftfahrzeug gegen das Leben von Menschen eingesetzt werden soll und sie das einzige Mittel zur Abwehr dieser gegenwärtigen Gefahr ist", heißt es in Paragraf 14, Absatz 3 des Luftsicherheitsgesetzes.

Nach: Björn Hengst, Leben gegen Leben auf: www.spiegel.de vom 15.2.06

AUFGABEN

1. Beschreibe den Interessenkonflikt aus M1.
2. Welche konkurrierenden Rechte liegen diesem Konflikt zugrunde? Belege deine Antwort mit Artikeln aus dem Grundgesetz. (M1, M2)

M3 Der Weg eines Gesetzes

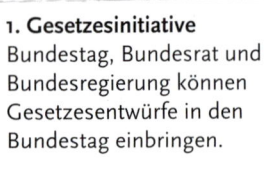

1. Gesetzesinitiative
Bundestag, Bundesrat und Bundesregierung können Gesetzesentwürfe in den Bundestag einbringen.

2. Beratung
Im Bundestag wird über die Gesetzesentwürfe beraten.

3. Beschlussfassung
Zu den Gesetzesentwürfen finden im Bundestag drei Lesungen statt.
Der Beschluss der dritten Lesung wird dem Bunderat mitgeteilt.

Stimmen Bundesrat und Bundestag überein, kommt das Gesetz zustande.

Stimmen Bundesrat und Bundestag nicht überein, kann der Vermittlungsausschuss angerufen werden. Welchen Einfluss der Bundesrat hat, hängt davon ab, ob es sich um ein Zustimmungsgesetz (links) oder ein Einspruchsgesetz (rechts) handelt.

4. Unterzeichnung und Veröffentlichung
Stimmen Bundesrat und Bundestag überein, wird das Gesetz von der Bundesregierung gegengezeichnet, vom Bundespräsidenten unterschrieben und im Bundesgesetzblatt verkündet. Im Gesetz steht, ab wann es gilt.

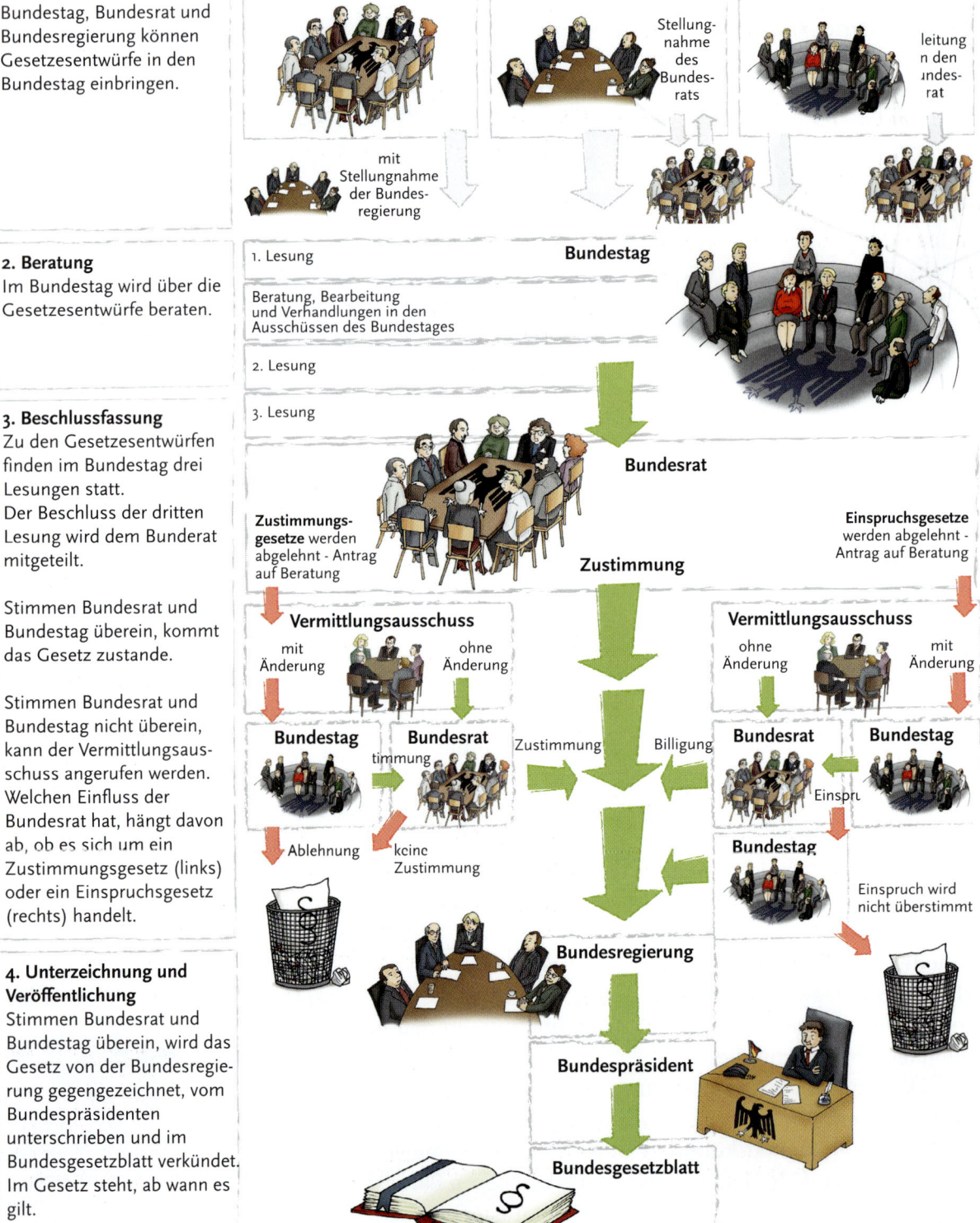

Bundesrat — mit Stellungnahme der Bundesregierung
Bundesregierung — Stellungnahme des Bundesrats
Bundestag — leitung an den Bundesrat

1. Lesung
Beratung, Bearbeitung und Verhandlungen in den Ausschüssen des Bundestages
2. Lesung
3. Lesung

Bundestag

Bundesrat — Zustimmung

Zustimmungsgesetze werden abgelehnt - Antrag auf Beratung

Einspruchsgesetze werden abgelehnt - Antrag auf Beratung

Vermittlungsausschuss — mit Änderung / ohne Änderung
Vermittlungsausschuss — ohne Änderung / mit Änderung

Bundestag / Bundesrat — Zustimmung / Billigung — Bundesrat / Bundestag

Ablehnung / keine Zustimmung

Einspruch wird nicht überstimmt

Bundesregierung

Bundespräsident

Bundesgesetzblatt

Nach Idee: Klaus Schubert, Martina Klein, in: Gerd Schneider, Christiane Toyka-Seid, Politik-Lexikon für Kinder, Bonn 2006, S. 114

M4 Etappen des Luftsicherheitsgesetzes

Stellungnahme
Der Bundesrat hat in seiner 795. Sitzung am 19. Dezember 2003 beschlossen, zu dem Gesetz wie folgt Stellung zu nehmen ...

Luftsicherheitsgesetz vorgestellt
Innenminister Schily stellt dem Bundestag den Gesetzentwurf zur Neuregelung von Luftsicherheitsaufgaben vor.

Auf der Tagesordnung
In dieser Sitzungswoche beraten verschiedene Fachausschüsse über die Einzelheiten des Luftsicherheitsgesetzes.

Das Gesetz wird im Bundesgesetzblatt veröffentlicht.

Der Bundespräsident unterzeichnet das Luftsicherheitsgesetz, meldet aber Bedenken an.

Klage eingereicht!
Die FDP-Abgeordneten Baum und Hirsch klagen gegen das Luftsicherheitsgesetz vor dem Bundesverfassungsgericht.

Gegen den Ausschussbericht gibt es kurz vor der Abstimmung erneut Widerstand einiger Abgeordneter.

M5 Das Bundesverfassungsgericht – Hüter der Verfassung

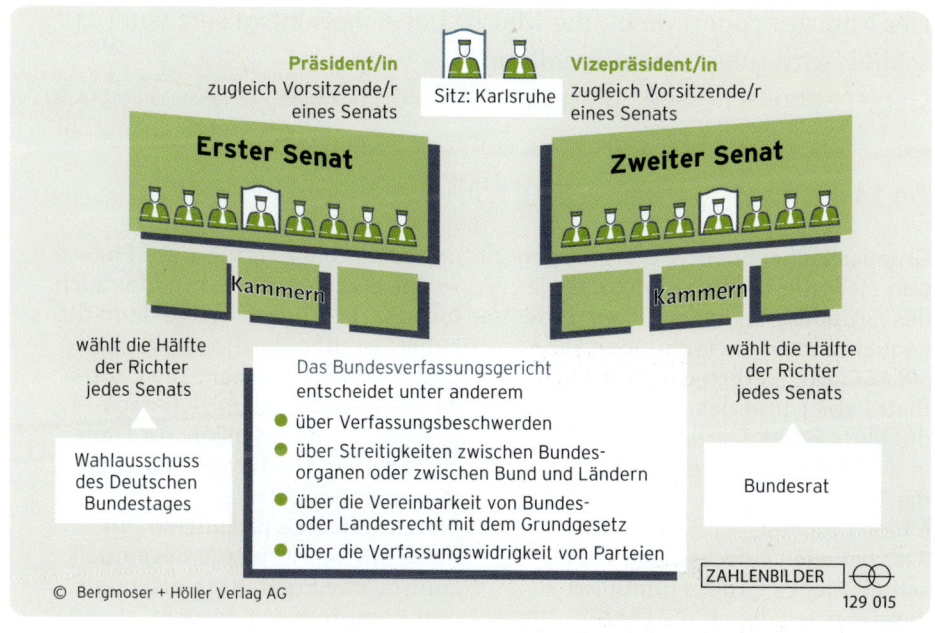

Präsident/in zugleich Vorsitzende/r eines Senats
Sitz: Karlsruhe
Vizepräsident/in zugleich Vorsitzende/r eines Senats

Erster Senat — Kammern
Zweiter Senat — Kammern

wählt die Hälfte der Richter jedes Senats
Wahlausschuss des Deutschen Bundestages

wählt die Hälfte der Richter jedes Senats
Bundesrat

Das Bundesverfassungsgericht entscheidet unter anderem
- über Verfassungsbeschwerden
- über Streitigkeiten zwischen Bundesorganen oder zwischen Bund und Ländern
- über die Vereinbarkeit von Bundes- oder Landesrecht mit dem Grundgesetz
- über die Verfassungswidrigkeit von Parteien

© Bergmoser + Höller Verlag AG
ZAHLENBILDER 129 015

AUFGABEN

1. Wie reagierte die damalige Bundesregierung auf die neue Bedrohungslage? (M1, M2)

2. Während die Politiker das Gesetz Schritt für Schritt auf den Weg bringen, berichtet die Presse über die einzelnen Phasen. Ordnet die Pressemeldungen (M4) den vier zentralen Schritten im Ablaufschema (M3) zu.

3. Bildet das Schaubild (M3) alle wichtigen Schritte im Gesetzgebungsprozess ab? Gleiche die Pressemeldungen (M4) mit dem Schaubild ab und ergänze das Bild, wenn nötig. Übertrage es dazu skizzenhaft in dein Heft.

4. Erläutere anhand des Schaubildes, in welchen Aufgabenbereich des Bundesverfassungsgerichts die Klage gegen das Luftsicherheitsgesetz fällt. (M1-M5)

Kompetenz: Urteilen

Gemeinsame Urteilsbildung mit „PLACEMAT"

Um bei komplexen Fragestellungen und unterschiedlichen Meinungen zu einem ausgewogenen Urteil zu kommen, muss die Fragestellung aus verschiedenen Perspektiven betrachtet werden.

M6 Sollen Flugzeuge abgeschossen werden dürfen?

Man muss sich etwa vorstellen, dass ein Flugzeug mit Passagieren gekidnappt wird, die Maschine Kurs auf Berlin nimmt und dort zum Absturz gebracht werden soll. Unten sitzt der Bundesverteidigungsminister und gibt den Streitkräften der Bundeswehr den Befehl, das Flugzeug abzudrängen, erfolglos. Der Minister schreckt vor weiterer Eskalation zurück. Die zur Bombe umfunktionierte Maschine stürzt ins Zentrum und tötet Tausende von Menschen. […] Hätte der verantwortliche Minister Maschine und Passagiere über Wäldern abschießen lassen, wären dann nicht zumindest die anderen am Leben geblieben? Oder anders herum: Der Minister zögert nicht, die Maschine wird über unbesiedeltem Gebiet abgeschossen. Passagiere und Besatzungsmitglieder werden durch den Staat getötet. Aber wäre die Maschine überhaupt gezielt zum Absturz gebracht worden? Vielleicht hätten Passagiere die Entführer überwältigt.
Für die sechs Männer, die gegen das Luftsicherheitsgesetz Verfassungsbeschwerde eingelegt haben, steht fest: Leben darf niemals gegen Leben abgewogen werden. Aber rettet nicht auch der Katastrophenschutz zunächst die Vielen, bevor er sich um die Wenigen kümmern kann? [...] Bei einer Naturkatastrophe hat der Staat jedoch nicht selbst Hand angelegt und Menschen getötet. Das behält er sich – als letztes Mittel – beim Luftsicherheitsgesetz vor. [...]

Nach: Ursula Knapp, Grausige Szenarien, Frankfurter Rundschau online, 9.11.05

AUFGABEN

1. a) Arbeite aus M6 Pro- und Kontra-Argumente heraus zur Frage, ob in Zukunft Flugzeuge zur Not abgeschossen werden sollen, die als Tatwaffe gegen das Leben von Menschen eingesetzt werden sollen.
   b) Ergänze die Liste um eigene Argumente.

2. Beantwortet die Frage, ob in Zukunft Flugzeuge zur Not abgeschossen werden sollen, die als Tatwaffe gegen das Leben von Menschen eingesetzt werden sollen. Wendet zur Urteilsfindung in der Kleingruppe die „PLACEMAT"-Methode an.

Leitfaden – „PLACEMAT"

Gruppentische: Bildet Vierergruppen und stellt die Tische so um, dass jedes Gruppenmitglied an einer Seite bequem sitzen und schreiben kann.

„PLACEMAT" vorbereiten: Legt ein Blatt Papier (mindestens A3) in die Mitte eures Tisches. Schreibt in die Mitte die Fragestellung bzw. die These, zu der ihr euch ein Urteil bilden möchtet.

Assoziationen aufschreiben: Nun schreibt jedes Gruppenmitglied in seinen Teil der „PLACEMAT" die Gedanken auf, die ihm/ihr zur Fragestellung einfallen. Stichpunkte genügen. *Achtung*: Legt vorher unbedingt die Zeit für diese Phase der Einzelarbeit fest (in der auch nicht geredet, geschweige denn diskutiert werden darf!).

Gedanken austauschen: Die Gruppenmitglieder stellen sich nacheinander ihre Gedanken zur Fragestellung vor. Nachfragen ist erlaubt, diskutieren nicht.

Einzelergebnisse diskutieren: Im nächsten Schritt werden eventuell kontroverse Ergebnisse diskutiert und Kompromisse gesucht.

Gruppenergebnis und Fazit formulieren: Schreibt zentrale Aspekte als Ergebnis eurer Gruppenarbeit in die Mitte.

M7 Karlsruhe verbietet Abschuss entführter Flugzeuge

Aufgrund einer Verfassungsbeschwerde hat sich das Bundesverfassungsgericht mit dem Luftsicherheitsgesetz befasst und am 15.02.2006 folgendes Urteil gesprochen (Auszüge):

§ 14 Abs. 3 Luftsicherheitsgesetz (LuftSiG), der die Streitkräfte ermächtigt, Luftfahrzeuge, die als Tatwaffe gegen das Leben von Menschen eingesetzt werden sollen, abzuschießen, ist mit dem Grundgesetz unvereinbar und nichtig. Dies entschied der Erste Senat des Gerichts. [...]

§14 Abs. 3 LuftSiG sei mit dem Grundrecht auf Leben und mit der Menschenwürdegarantie des Grundgesetzes nicht vereinbar, soweit von dem Einsatz der Waffengewalt tatunbeteiligte Menschen an Bord des Luftfahrzeugs betroffen werden. Diese würden dadurch, dass der Staat ihre Tötung als Mittel zur Rettung anderer benutzt, als bloße Objekte behandelt.

M8 Wo wird eigentlich Politik gemacht, in Karlsruhe oder in Berlin?

30.7.2008
Richter kippen Rauchverbot
Das Rauchverbot in kleinen Kneipen und Diskotheken in Berlin und Baden-Württemberg ist vorerst aufgehoben. Beide Länder müssen ihre Nichtraucherschutzgesetze überarbeiten, entschied das Bundesverfassungsgericht.
www.focus.de

20.8.2009
Blitzer-Urteil, Verfassungsrichter beschränken Raserjagd per Video
Videogestützte Geschwindigkeitskontrollen sind nicht jederzeit erlaubt. Filmen Polizisten heimlich alle vorbeifahrenden Autos, verletzen sie Grundrechte der Fahrer.
www.zeit.de

20.10.2009
Karlsruher Richter zweifeln Hartz-IV-Sätze an
„Sind die Zahlen wirklich valide?": Im Verfahren um die Hartz-IV-Sätze hat Karlsruhe die Berechnungsmethode der Bundesregierung in Frage gestellt. Das Verfassungsgericht kündigte an, erstmals grundsätzlich über ein menschenwürdiges Existenzminimum entscheiden zu wollen.
www.stern.de

AUFGABEN

1. Nenne die Argumente, mit denen das Bundesverfassungsgericht die Ablehnung des Luftsicherheitsgesetzes begründet. (M7)

2. Nimm Stellung zum Urteil des Bundesverfassungsgerichts. Beende dazu den folgenden Satz: „Ich kann das Urteil (nicht) nachvollziehen, weil..."

3. a) Arbeite aus M8 heraus, womit sich das Bundesverfassungsgericht in den einzelnen Fällen beschäftigt hat.
b) Nenne mithilfe des Grundgesetzes die Grundrechte, die die Karlsruher Richter möglicherweise als gefährdet angesehen haben, und begründe.

4. Die Entscheidungen des Bundesverfassungsgerichts binden alle Verfassungsorgane Deutschlands, also die des Bundes und der Länder sowie alle Gerichte und Behörden. Wo wird also tatsächlich Politik gemacht – in Berlin oder Karlsruhe?
a) Recherchiere auf den Internetseiten des Bundesverfassungsgerichts nach aktuellen Urteilen.
b) Wo werden die zentralen politischen Entscheidungen gefällt? Begründe deine Antwort. Beziehe Überlegungen zu der Frage mit ein, ob die Richter zuviel Macht haben.

Die Grundlagen unserer Demokratie

Grund-wissen

Der Weg der Gesetzgebung

Der erste Schritt auf dem formellen Weg zu einem neuen Gesetz ist die Gesetzesinitiative. Bundestag, Bundesregierung oder Bundesrat können Gesetzesinitiativen einbringen. Es folgen drei Lesungen im Parlament, die durch intensive Beratungen in den entsprechenden parlamentarischen Ausschüssen begleitet werden und mit der Beschlussfassung im Bundestag enden. Zustimmungspflichtige Gesetze müssen zudem im Bundesrat mit einer Mehrheit beschlossen werden, können aber bei Widerspruch im Vermittlungsausschuss noch einmal überarbeitet werden. Bei anderen Gesetzen hat der Bundesrat nur ein Einspruchsrecht. Abschließend unterzeichnen der Bundeskanzler, der zuständige Fachminister und der Bundespräsident das Gesetz.

Die Rolle des Bundespräsidenten

Der Bundespräsident ist das Staatsoberhaupt der Bundesrepublik Deutschland. Seine Aufgabe im Gesetzgebungsprozess, die Gesetze zu unterschreiben, ist in der Regel ein formaler Akt. Der Bundespräsident führt seine Amtsgeschäfte überparteilich, repräsentiert die Bundesrepublik im In- und Ausland und ernennt und entlässt Bundeskanzler, Bundesrichter, Bundesbeamte und Offiziere. Er wird von der Bundesversammlung, die sich zur einen Hälfte aus den Mitgliedern des Bundestages und zur anderen Hälfte aus Vertretern der Länder zusammensetzt, für fünf Jahre gewählt.

Hüter der Verfassung: das Bundesverfassungsgericht

Das Bundesverfassungsgericht wird auch als Hüter der Verfassung bezeichnet. Es entscheidet bei Kompetenzstreitigkeiten zwischen den Verfassungsorganen, und nach einer Klage (Verfassungsbeschwerde) überprüft es die Verfassungsmäßigkeit von Gesetzen. Das Bundesverfassungsgericht kann Gesetze aufheben, wenn diese verfassungswidrig sind. Dabei wirkt es als letzte Entscheidungsinstanz, d.h. seine Entscheidungen stehen oftmals am Ende eines langen Rechtsstreits. Außerdem entscheidet das Bundesverfassungsgericht über das Verbot von Parteien.

1.6 Deutschland: ein Staat mit sechzehn (Bundes-)Ländern

M1 Von Bundesland zu Bundesland...

WAS SOLL NUR MAL AUS MIR WERDEN?!

WELCHES BUNDESLAND?

Thomas Plaßmann / Baaske Cartoons

M2 Wer soll regeln...

- ob in eurer Stadt eine neue Sporthalle gebaut werden soll?
- welche Lehrpläne z.B. in Hessen gelten sollen.
- ob das Wahlalter von 18 auf 16 Jahre herabgesetzt wird?
- wie die Müllabfuhr in Köln organisiert ist?
- ob der Schulbus alle 5 oder doch nur alle 15 Minuten fährt?
- ob das Jugendstrafrecht verschärft werden soll?
- ob die Bundeswehr in Afghanistan bleiben soll?
- ob die Steuern erhöht werden sollen?

AUFGABEN

1. Interpretiere die Karikatur M1.
2. Habt ihr in der Klasse Schüler oder kennt ihr welche, die im Laufe ihrer Schulzeit das Bundesland gewechselt haben? Befragt sie nach ihren Erfahrungen beim Schulwechsel.
3. Beantwortet kurz begründet die Fragen in M2. Überlegt zuvor (am besten gemeinsam), welche Entscheidungsinstanzen infrage kommen.

Die Grundlagen unserer Demokratie

M3 Sechzehnmal Deutschland

Deutschland ist eine „Bundesrepublik", was heißt: das Land „Deutschland" ist ein Bund (eine Gemeinschaft) verschiedener Deutschländer. Denn Deutschland ist ja unterteilt in insgesamt 16 Bundesländer, zum Beispiel Bayern, Nordrhein-Westfalen, Hessen, Sachsen usw. Drei Bundesländer sind sogenannte „Stadtstaaten", weil sie nur aus je einer Stadt bestehen: Berlin, Hamburg und Bremen. Jedes Bundesland darf und soll möglichst viel selbst regeln und beschließen. Dafür gibt es eine Landesregierung (Chef ist der jeweilige Ministerpräsident, in Stadtstaaten der Erste Bürgermeister) und Landesparlamente. Alle Bundesländer sind wiederum in weitere kleinere Einheiten geteilt: Bezirke, Kreise, Gemeinden. Da Probleme, wenn möglich, vor Ort gelöst werden sollen, gibt es dort sozusagen Mini-Parlamente. [...]

Wenn es nicht nur eine zentrale Regierung gibt, sondern Bundesländer mit einer eigenen Verwaltung, nennt man das Föderalismus. Im Gemeinderat, Kreistag oder Landtag haben zudem Nachwuchspolitiker die Möglichkeit zu zeigen, was sie können. Wichtig daran ist, dass im Grunde alles erst mal auf der niedrigsten möglichen Ebene behandelt werden soll. Denn warum sollte man in Berlin wissen, was gut für Köln ist? [...] Dass der Föderalismus eingeführt wurde, als 1949 die Bundesrepublik gegründet wurde, hat [...] historische Gründe. Man wollte nach den Erfahrungen mit Adolf Hitler sichergehen, dass nie wieder soviel Macht in einer Hand konzentriert sein kann. Viele Bundesländer mit eigenen Landesregierungen und Landtagswahlen schienen ideal, um die demokratische Kontrolle innerhalb Deutschlands zu garantieren. [...] Der Bundestag soll kontinuierlich und ausdauernd vor sich hin arbeiten, der Bundesrat hat eine Kontrollfunktion. Diese ist im Grundgesetz durch die sogenannte „Ewigkeitsklausel" vor einer Abschaffung geschützt. [...] Bundespolitik ist das, was Kanzler machen. Landespolitik wird in Deutschland von Ministerpräsidenten gemacht. [...] In der „Kommunalpolitik" geht es um die Kommune, das ist die Stadt oder Gemeinde, in der man wohnt.

Marietta Slomka, Kanzler lieben Gummistiefel, München 2009, S. 64 f.

M4 Wozu gibt es überhaupt einen Bundesrat?

Der Bundesrat besteht aus Vertretern der Bundesländer (also der Landesregierungen). [...] Die Landesregierungen sollen sich doch um ihre Länder kümmern, was haben sie überhaupt in Berlin zu suchen? Das liegt daran, dass es nicht nur Aufgaben gibt, die die Länder alleine erledigen, sondern auch solche, die Bund und Länder gemeinsam machen. Solche Gemeinschaftsaufgaben sind zum Beispiel der Bau von Universitäten. Außerdem teilen sich Bund und Länder die Einnahmen bestimmter Steuern (zum Beispiel der Einkommensteuer). Und deshalb haben die Länder dann auch in Berlin ein Mitspracherecht und der Bund darf den Ländern reinreden. Wenn nicht nur der Bund, sondern auch die Länder von einem Gesetz betroffen sind, genügt es deshalb auch nicht, dass der Bundestag „Ja" sagt, auch die Ländervertreter im Bundesrat müssen zustimmen.[1] [...] Da meist alle paar Monate irgendwo Landtagswahlen stattfinden, ändern sich die Mehrheiten im Bundesrat ständig. Deshalb gibt es auch zunehmend Kritik am Föderalismus. Bund und Länder würden sich oft gegenseitig behindern und lähmen. Außerdem sei es wahnsinnig teuer, dass so viele Sachen abgestimmt werden müssen und vieles doppelt oder dreifach gemacht wird.

Marietta Slomka, Kanzler lieben Gummistiefel, München 2009, S. 67

[1] Nach der Föderalismusreform von 2006 wurde der Anteil der zustimmungspflichtigen Gesetze von über 50% auf ca. 40% gesenkt. Alle anderen Gesetzesentwürfe müssen auch durch den Bundesrat; ein möglicher Einspruch kann aber durch eine Mehrheit im Bundestag überstimmt werden.

M5 Föderalismus = Machtbegrenzung

James Madison hat in einem der berühmten „Federalist Papers" gesagt, dass der Sinn und Vorteil eines föderalen Staatsaufbaus schlicht und einfach in der „public happiness", also im Glück der Gemeinschaft, liege. [...]
Der Föderalismus – und das ist, glaube ich, schon wichtig – stärkt das Gefühl von Orientierung und Zugehörigkeit bei den Menschen. Und so trägt er zu einer höheren Funktionsfähigkeit und Stabilität politischer Systeme bei. Gerade in Zeiten, in denen wir nicht nur vielfältige Herausforderungen und Probleme haben, sondern in denen sich alles viel schneller ändert und wir die Grenzenlosigkeit der Globalisierung [...] erleben, wächst das Bedürfnis nach Nähe und Vertrautheit. Das richtig zu balancieren, das geht besser mit [...] Föderalismus.
Föderalismus fördert die politische Partizipation: Die Bürger haben durch die verschiedenen Wahlen auf Bundes-, Landes- und kommunaler Ebene mehr Möglichkeiten, sich politisch zu beteiligen und ihre Interessen durchzusetzen. Sie können sich auch besser mit dem politischen System identifizieren. Die Menschen bringen sich auch dort eher ein, wo sie sich unmittelbar angesprochen

AUFGABEN

1. Erkläre, weshalb unser föderaler Staatsaufbau als Ergebnis der deutschen Geschichte verstanden werden muss. (M3)

2. Erläutere, was gemeint ist mit „Bund und Länder würden sich oft gegenseitig behindern und lähmen". (M3, M4)

3. Entwirf ein Schaubild, das die föderale Struktur der Bundesrepublik widerspiegelt.

4. Recherchiere im Internet: a) Vergleiche die aktuellen Mehrheiten in Bundestag und Bundesrat. b) Beschreibe die aktuelle Machtverteilung in deinem Bundesland. Gibt es Gemeinsamkeiten oder Unterschiede zur Machtverteilung im Bundestag? Was bedeutet das konkret für den Einfluss deiner Landesregierung bei Abstimmungen im Bundesrat?

und betroffen fühlen.

Der Bundesstaat trägt regionalen Unterschieden Rechnung. Damit ist er effizienter als der Einheitsstaat, der mit gleichförmigen Regelungen nach dem Rasenmäher- oder Gießkannenprinzip eingreift. […]

Ein föderales System wirkt der Machtkonzentration entgegen. Und um an die Entstehungsgründe unseres Grundgesetzes zu erinnern: Ein ausgewogenes System von „checks and balances" war eine der Lehren aus den Erfahrungen der Nazi-Diktatur. Der Föderalismus ist also auf das Engste mit unserem Rechts- und Verfassungsstaat verwoben.

Lassen Sie mich an dieser Stelle gleich eine unziemliche Bemerkung hinzufügen: Es wird oft geklagt, dass alles so schwerfällig sei mit unserem politischen System. Die Kritiker verkennen, dass das gewollt ist. Denn die Verfassungsgeschichte des Abendlandes, der europäischen Tradition ist eher auf Machtbegrenzung als auf die Stärkung von Machteffizienz ausgerichtet. Mit der Übertreibung von Machteffizienz haben wir nicht die besten Erfahrungen gemacht. Die Ergebnisse bei politisch entscheidungsfähigeren Systemen in Deutschland waren desaströs – in der DDR, aber noch schlimmer zu Zeiten der Nazi-Diktatur.

Aus einer Rede vom Bundesminister Wolfgang Schäuble anlässlich der Konferenz „Wettbewerb versus Kooperation" der Konrad-Adenauer-Stiftung am 19.10.06 in Berlin, auf: www.bmi.bund.de

AUFGABEN

1. Arbeite aus M5 die von Schäuble im Text genannten Funktionen von Föderalismus heraus.
2. Erkläre,
   a) was James Madison im Zusammenhang mit einem föderalistischen Staatsaufbau wohl unter „public happiness" gemeint haben könnte.
   b) inwiefern Wolfgang Schäuble diese Position teilt. (M5)
3. Beschreibe den Aufbau des Landes Hessen, wie er in der Verfassung des Landes festgelegt und im Schaubild dargestellt ist. (M6)
4. Zeichne entsprechend dem Aufbau der hessischen Verfassung ein Schaubild für den Bund. (M6, Kap. 1.3 - 1.5)

M6 Die Verfassung des Landes Hessen im Überblick

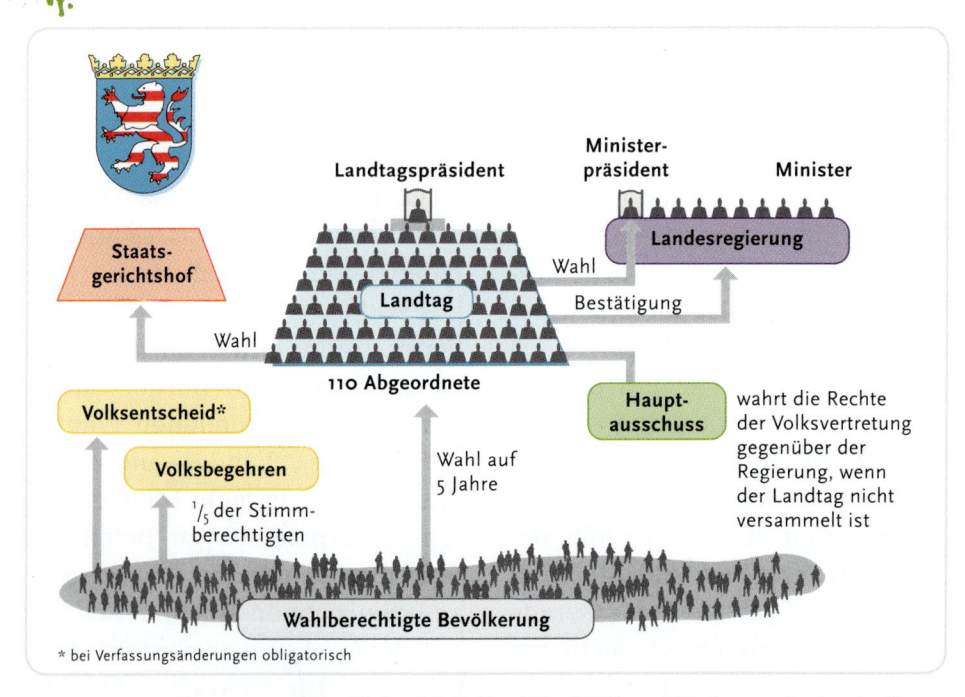

Bergmoser + Höller Verlag AG, Zahlenbilder 71020, nach Verfassung des Landes Hessen

Das Volk übt die Staatsgewalt unmittelbar durch Wahlen sowie durch Volksbegehren und Volksentscheid aus und mittelbar durch die verfassungsmäßig bestellten Organe. Der Landtag ist das gesetzgebende Organ und wird von den wahlberechtigten Bürgern auf fünf Jahre gewählt.

Die Regierung kann ihre Geschäfte erst aufnehmen, nachdem ihr der Landtag das Vertrauen ausgesprochen hat; sie muss zurücktreten, wenn ihr durch die Mehrheit der Mitglieder des Landtags das Vertrauen entzogen wird. Über die Verfassungsmäßigkeit der Gesetze, die Verletzung der Grundrechte, Verfassungsstreitigkeiten usw. entscheidet der vom Landtag gewählte, aus elf Mitgliedern bestehende Staatsgerichtshof.

M7 Die Gründung des Freistaates Thüringen 1990/93

Zu den zentralen Zielen der friedlichen Revolution vom Herbst 1989 in der DDR gehörte neben Demokratisierung, Meinungsfreiheit, Umweltschutz, Reisefreiheit usw. sehr früh die Wiedergründung der 1952 faktisch aufgelösten Länder Mecklenburg, Brandenburg, Sachsen-Anhalt, Sachsen und Thüringen. Das regionale Sonderbewusstsein der DDR-Bürger hatte sich gehalten, während die 15 Bezirke [in die die DDR zur Verwaltung eingeteilt war] nie eine tiefere identitätsstiftende Kraft entfalten konnten. Als künstliche Konstrukte des SED-Staates galten sie zudem als abgewertet. [...] Am 3. Oktober 1990 schlug die Geburtsstunde des Bundeslandes Thüringen. Mit dem Beitritt der auf dem Territorium der DDR entstandenen Länder zum Geltungsbereich des Grundgesetzes wurde die Wiedervereinigung Deutschlands vollzogen. Das aus den drei DDR-Bezirken zusammengefügte Thüringen war jetzt ein gleichberechtigter Teil der föderalen Bundesrepublik. [...]

Die erste Landtagswahl fand am 14. Oktober 1990 statt. [...] Dem ersten Landtag kam laut Ländereinführungsgesetz auch die Aufgabe der Verabschiedung einer Landesverfassung zu. Ein Verfassungsausschuss bereitete die Gesetzesvorlage vor. In der Zwischenzeit regelte eine vorläufige Landessatzung die Arbeit von Parlament und Regierung. Die Verfassungsentwürfe der fünf Landtagsfraktionen wurden vom Ausschuss zu einem Entwurf zusammengefasst und ab April 1993 Experten und der Öffentlichkeit zur Diskussion vorgelegt. Am 25. Oktober 1993 verabschiedete der Thüringer Landtag feierlich auf der Wartburg mit Zweidrittelmehrheit der „Verfassungskoalition" aus CDU, SPD und FDP die „Verfassung des Freistaats Thüringen". [...] Endgültig in Kraft trat die Verfassung mit der Volksabstimmung (70,1% für die Verfassung) parallel zur zweiten Landtagswahl am 16. Oktober 1994. Thüringen, wo 1816 im Großherzogtum Sachsen-Weimar-Eisenach die erste Verfassung im Deutschen Bund und 1919 in Weimar die Verfassung der ersten deutschen Republik gegeben worden waren, bekam damit nach einem besonders intensiven Prozess als letztes „neues" Bundesland eine Verfassung.

Steffen Raßloff, Der Freistaat Thüringen 1990/93, in: Thüringen Blätter zur Landeskunde, Landeszentrale für politische Bildung 2010

M8 Die Verfassung des Freistaates Thüringen

Der zweite Teil der Verfassung regelt die Ausübung der vom Volk ausgehenden Staatsgewalt durch die verfassungsgemäß bestellten Organe. Der Landtag als oberstes Organ der demokratischen Willensbildung und gesetzgebende Körperschaft wird von den Bürgern für fünf Jahre gewählt. Jeweils die Hälfte der Abgeordneten gelangt durch Direktwahl in den Wahlkreisen und über die Listen der Parteien in den Landtag. Der Landtag beschließt über die Landesgesetze, wählt den Ministerpräsidenten, kontrolliert Regierung und Verwaltung und debattiert über die öffentlichen Angelegenheiten des Landes. Er hat das Recht, sich selbst aufzulösen. An der Spitze der Landesregierung steht der Ministerpräsident. Er ernennt und entlässt die Minister und gibt die Richtlinien der Regierungspolitik vor, für die er dem Landtag gegenüber die Verantwortung trägt. Aus seinem Amt kann er nur durch ein konstruktives Misstrauensvotum vorzeitig abgelöst werden. Über verfassungsrechtliche Streitfragen befindet der Verfassungsgerichtshof des Landes, dessen Richter vom Landtag mit Zweidrittelmehrheit gewählt werden. Als Elemente direkter Demokratie sieht die Verfassung den Bürgerantrag, das Volksbegehren und den Volksentscheid vor.

Bergmoser + Höller Verlag AG, 072760

AUFGABEN

1. Beschreibe die Entwicklungen, die von 1989 an zur Gründung des Freistaates Thüringen und zur Verfassungsgebung führten. (M7)

2. Skizziere die Verfassung des Freistaates Thüringen in einem Schaubild. (M8)

3. a) Arbeite Gemeinsamkeiten und Unterschiede der hessischen und der thüringischen Landesverfassung heraus. (M6, M7, M8)
   b) Überlege, warum es recht viele Gemeinsamkeiten gibt.

Eine Collage gestalten

Föderalismus hat etwas mit Nähe und Vertrautheit zu tun, haben wir in diesem Kapitel gehört. Bundesländer entwickeln sogar Imagekampagnen, um die Identifikation der Mitbürger zum Ausdruck zu bringen und zu steigern: „Wir können alles – außer Hochdeutsch" oder „Sie kennen unsere Pferde. Erleben Sie unsere Stärken" sind zwei Beispiele aus dem Süden bzw. dem Norden der Republik. Wie siehst du dein Land und wie würdest du es vorstellen – zum Beispiel durch eine (Bild-)Collage?

Kompetenz: Methode

M9 Bilder aus Hessen und Thüringen

AUFGABEN

1. Erstellt in Kleingruppen eine Collage zum Thema „Unser Bundesland".
2. Präsentiert eure Ergebnisse vor der Klasse und schmückt damit eine Wand in eurem Klassenzimmer oder Schulgebäude.

Leitfaden – Eine Collage gestalten

1. Bildet Kleingruppen und sammelt Ideen. [Hier: Was fällt euch zu eurem Bundesland ein? Denkt an verschiedene Bereiche und konzentriert euch dann auf einen oder wenige (Wirtschaft, Geschichte, Natur, Tourismus, Kultur, Freizeit...).] Welche Aspekte fallen euch als erste ein, welche sind euch besonders wichtig? Welche Besonderheiten lassen sich gut darstellen oder ausdrücken? Welche Gestaltung passt am besten zu den ausgewählten Inhalten?

2. Für das Erstellen einer Collage benötigt ihr verschiedene Materialien: große Papierbögen (Plakatkarton), Scheren, Klebstoff, Farb- oder Plakatstifte, Textmarker, farbiges Papier zum Hervorheben...

3. Sammelt aus Zeitungen, Illustrierten, Prospekten... möglichst viele verschiedene Bilder und Texte.

4. Eine Collage ist Kunst. Seid kreativ und gebt eurer Collage einen besonderen Ausdruck.

Die Grundlagen unserer Demokratie

Grund-wissen

Die Teilung der Staatsgewalt

Die Teilung der Staatsgewalt ist ein wichtiges Merkmal der Demokratie. Die Macht des Staates wird dabei auf politische Organe verteilt. Auf der Bundesebene unterscheidet man drei Gewalten: die legislative, also gesetzgebende Gewalt (das Parlament), die exekutive, also ausführende Gewalt (Regierung, Verwaltung, Polizei) und die judikative, also rechtsprechende Gewalt (Gerichte). In der Vergangenheit hat sich gezeigt, dass bei einer Konzentration der Gewalten auf eine Person oder Gruppe die Gefahr des Missbrauchs sehr groß ist. Neben der beschriebenen horizontalen Gewaltenteilung ist der Föderalismus ein Teil der vertikalen Gewaltenteilung.

Deutschland, ein Bundesstaat

Einen Staat, der sich wie Deutschland aus mehreren Ländern zusammensetzt, nennt man föderalistisch oder Bundesstaat. Das heutige Gebiet Deutschlands wurde früher von vielen Fürsten und Grafen beherrscht, die Verteilung der Macht auf Regionen hat also historische Ursprünge.
Mit der Formulierung „Die Bundesrepublik Deutschland ist ein demokratischer und sozialer Bundesstaat" (Art. 20 Abs. 1 GG) wird die Bundesstaatlichkeit als verfassungsrechtliches Struktur- und Organisationsprinzip festgelegt. Als einige der wenigen Rahmenbedingungen ist dieses Prinzip unveränderbar (Art. 79 Abs. 3 GG). Geschützt ist damit der Bestand der Bundesländer (allerdings können Ländergrenzen verändert werden). Heute ist die Bundesrepublik Deutschland in 16 Bundesländer aufgeteilt. Auch die finanzielle Selbstständigkeit ist zu garantieren.

Mitwirkung und Subsidiarität

Außerdem muss eine Mitwirkung der Länder an der Gesetzgebung sichergestellt sein. Die Zuständigkeit der verschiedenen Ebenen ergibt sich aus dem Subsidiaritätsprinzip: Erst wenn die kleinere Einheit (Gemeinde, Kreis, Land...) die Aufgabe nicht mehr erfüllen kann, tritt die nächsthöhere Ebene auf den Plan.
Die Mitwirkung der Länder an der Bundesgesetzgebung ist in Deutschland über die Landtage und den Bundesrat, die Vertretung der Länder auf Bundesebene, geregelt. Bei einem Großteil der Bundesgesetze muss der Bundesrat zustimmen, damit diese in Kraft treten.
In der Kritik steht dieses Verfahren immer wieder, da es viel Zeit und Geld kostet. Allerdings sind dadurch die Machtbegrenzung des Gesetzgebers und der Schutz vor Machtmissbrauch gewährleistet.

1.7 Kann und soll der Staat die Wirtschaft regeln?

M1 Ein vernünftiges Gesetz?

„Endlich mal ein vernünftiges Gesetz..."

Kai Felmy

M2 Meine Vorstellungen von einer „guten" Wirtschaftsordnung

Wer soll was regeln?

a. Wem sollen die Unternehmen gehören?

b. Wer soll die Preise für Güter und Dienstleistungen bestimmen? (Sollen Grundnahrungsmittel einen einheitlichen Preis haben?)

c. Wie hoch sollen die Löhne sein? Wer handelt die Lohnhöhe aus?

d. Wer soll entscheiden, was in welchen Mengen produziert bzw. welche Dienstleistung angeboten wird?

e. Welche Regeln soll der Staat vorgeben? Soll er sich überhaupt einmischen?

Fokus: Wirtschaft

AUFGABEN

1. Könnte der deutsche Gesetzgeber ein solches Gesetz verabschieden? Interpretiere die Karikatur mithilfe deiner Kenntnisse über das deutsche Wirtschaftssystem. (M1)

2. a) Überlege, wie du dir eine „gute" Wirtschaftsordnung vorstellst. Beantworte die Fragen a-e stichpunktartig in deinem Heft. (M2)
b) Tausche deine Antworten mit einem Partner aus. Wo und weshalb gibt es Gemeinsamkeiten, wo Unterschiede?
c) Diskutiert eure Ergebnisse anschließend in der Klasse.

M3 Zentrale Elemente einer Wirtschaftsordnung im Überblick

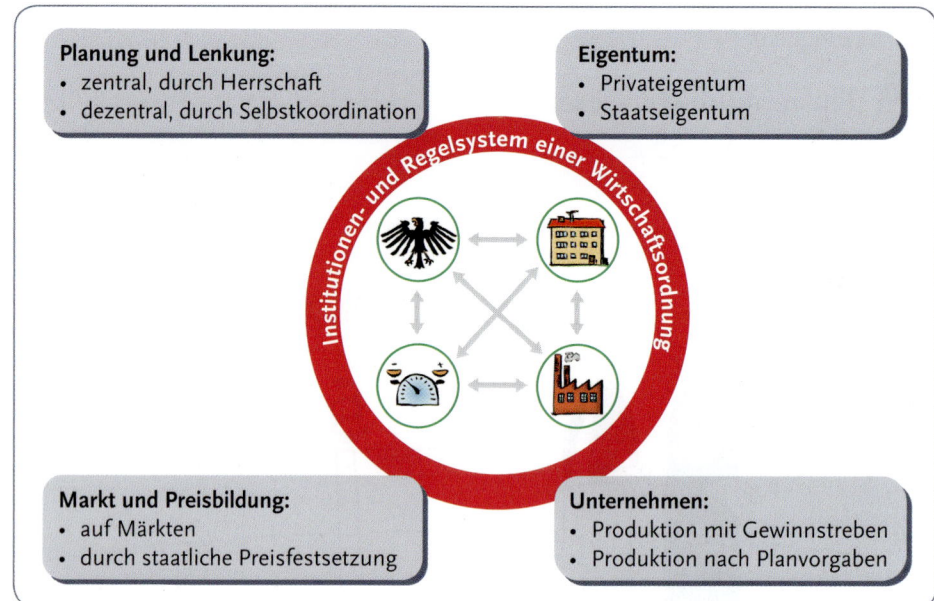

Planung und Lenkung:
- zentral, durch Herrschaft
- dezentral, durch Selbstkoordination

Eigentum:
- Privateigentum
- Staatseigentum

Institutionen- und Regelsystem einer Wirtschaftsordnung

Markt und Preisbildung:
- auf Märkten
- durch staatliche Preisfestsetzung

Unternehmen:
- Produktion mit Gewinnstreben
- Produktion nach Planvorgaben

AUFGABEN

1. Welche Entscheidungen muss eine Wirtschaftsordnung treffen? Beschreibe das Schaubild M3.
2. Ordne deine Antworten aus M2 in das Schaubild M3 ein.
3. Wiederhole: Wie funktioniert der Markt? Erläutere den Mechanismus von Angebot und Nachfrage mit deinen Kenntnissen aus Klasse 7.
4. Wie ist die Wirtschaftsordnung in Deutschland organisiert? Beschreibe die Soziale Marktwirtschaft anhand der zentralen Elemente von Wirtschaftsordnungen und ergänze, wenn nötig. (M3, M4)

M4 Die Soziale Marktwirtschaft in Deutschland

Ein Staat regelt das gesellschaftliche Zusammenleben seiner Bürgerinnen und Bürger. Doch soll er sich auch in das Wirtschaftsgeschehen einmischen? Diese Frage berührt die grundsätzlichen Prinzipien der Aufgabenverteilung zwischen Markt und Staat. Sie wird je nach politischer und/oder ökonomischer Überzeugung verschieden, teilweise sogar gegensätzlich beantwortet.

In der Bundesrepublik Deutschland hat sich das Modell der Sozialen Marktwirtschaft durchgesetzt. Da der Markt allein häufig nicht in der Lage ist, Probleme wie z. B. hohe Arbeitslosigkeit oder extreme Einkommensunterschiede zu lösen bzw. auszugleichen, wird in der Sozialen Marktwirtschaft das Prinzip des freien Marktes verbunden mit dem des sozialen Ausgleichs, um soziale Gerechtigkeit zu gewährleisten.

In unserer Wirtschaftsordnung schafft der Staat also den (ordnungspolitischen) Rahmen für eine funktionierende Wirtschaft, d. h. für einen funktionierenden Wettbewerb aller Marktteilnehmer. Zugleich muss er durch seine Sozialgesetzgebung für sozialen Ausgleich sorgen.

Das Grundgesetz selbst legt zwar keine konkrete Wirtschaftsordnung fest, durch Artikel 20 ist der Staat allerdings zu sozialem Ausgleich verpflichtet.

2 Jugend in der Gesellschaft

Ich bin reif – *FÜR DIE NÄCHSTE GESELLSCHAFT* steht auf dem Plakat dieser jungen Demonstrantin. Sie engagiert sich beim europäischen Aktionstag für Arbeit und soziale Gerechtigkeit im Mai 2009 vor dem Kanzleramt in Berlin. Machst du dir auch Gedanken über die Gesellschaft, in der du später leben willst, und weißt, wofür du dich einsetzen möchtest? Oder beschäftigen dich gerade andere Themen?

Kompetenzen: Am Ende des Kapitels kannst du unter anderem ...

- die Lebenssituation von Jugendlichen beschreiben und einordnen.
- den Einfluss von Peergroup und Werbung kritisch hinterfragen.
- die Bedeutung politischer Teilhabe überprüfen und Schlussfolgerungen für das eigene Entscheiden ziehen.
- Möglichkeiten der Beteiligung in sozialen Organisationen erkunden und erproben.
- undemokratisches Verhalten erkennen und sich mit den Möglichkeiten des Engagements dagegen auseinandersetzen.
- in politischen Auseinandersetzungen auch gegen Widerstände einen an demokratischen Grundrechten orientierten Standpunkt einnehmen und Zivilcourage zeigen.
- einen Fragebogen methodisch erstellen und auswerten.

2.1 Generation @: Erwachsen werden – gar nicht so leicht!

M1 Was mich bewegt

Timo, 16 Jahre: Ich mache mir schon Gedanken darüber, wie meine Zukunft aussehen kann. Zunächst möchte ich einen ordentlichen Schulabschluss machen, damit ich meine Ausbildung zum Industriemechaniker beginnen kann. Ich habe zum Glück schon eine Ausbildungsstelle. Viele meiner Freunde haben nur Absagen erhalten.

Anna, 15 Jahre: Die berufliche Zukunft interessiert mich noch gar nicht, ich will ja weiter in die Schule gehen und vielleicht mein Abitur machen. Viel mehr beschäftigt mich, was mit unserer Clique wird. Einige werden wegziehen, weil sie eine Ausbildung machen, andere arbeiten und werden wenig Zeit haben.

Sina, 16 Jahre: Meine Mama ist nun schon lange arbeitslos und in der Firma von meinem Vater wird Kurzarbeit gemacht. Wir haben gerade also besonders wenig Geld. Wenn ich mir was leisten will, muss ich nebenher arbeiten gehen. Ich trage Zeitungen aus und gebe Nachhilfe. Sonst hätte ich noch nicht einmal ein Handy.

Sascha, 15 Jahre: Ich würde gerne irgendwas mit Computern machen. Mit dem Spielen hat mein Interesse angefangen. Ich habe für meinen Freundeskreis eine eigene kleine Website programmiert. Und in meiner Familie fragen mich alle, wenn sie Computerprobleme haben – daran zu tüfteln macht mir Spaß.

Milena, 17 Jahre: Das wichtigste in meinem Leben ist im Moment mein Freund Elias. Er geht zur Berufsschule und macht eine Ausbildung zum Modellbauer. Ich hoffe, ich bekomme hier in der Nähe eine Lehrstelle und kann bei ihm bleiben.

Semir, 16 Jahre: Ich engagiere mich im Umweltschutz. Wenn man ein bisschen liest oder Nachrichten schaut, muss doch jedem klar sein, dass es so nicht weitergehen kann. Ich verstehe nicht, wie viele Leute, egal ob jung oder alt, so unverantwortlich mit der Natur umgehen können. Es geht dabei doch immer um unsere Zukunft?!

AUFGABEN

1. Überlege, was dich bewegt, wenn du an die Zukunft denkst. Worauf freust du dich? Was macht dir Sorgen? Notiere deine Gedanken im Heft.

2. a) Spaziert im Klassenzimmer herum und vergleicht eure Notizen. Gibt es Gleichgesinnte?
b) Diskutiert mögliche Gründe für Gemeinsamkeiten und Unterschiede.

Ballonspiel zur Frage „Was ist mir wichtig?"

Häufig gibt es auf eine Fragestellung viele mögliche Antworten und es fällt schwer, sich zu entscheiden. Um unter vielen verschiedenen Aspekten einen oder einige wenige herauszufinden, die einem selbst am wichtigsten bzw. weniger wichtig sind, empfiehlt sich ein Ranking. Das Ballonspiel zwingt dich zur Entscheidung!

M2 Was ist dir wichtig?

Vergib Punkte für jeden Aspekt:
10 Punkte = am wichtigsten; 1 Punkt = am wenigsten wichtig

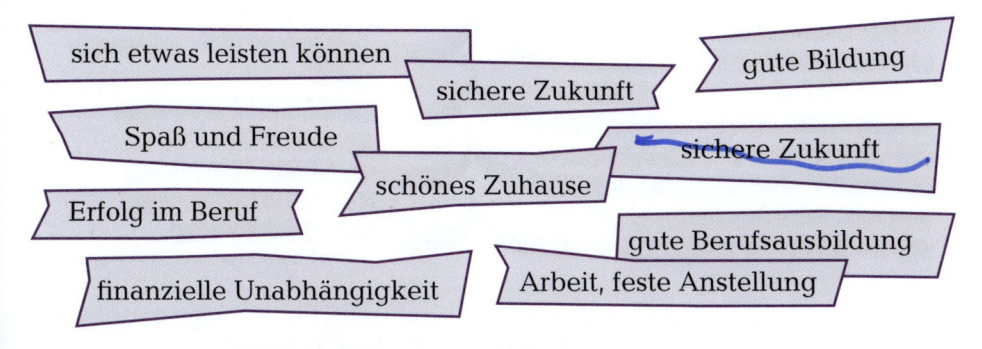

- sich etwas leisten können
- sichere Zukunft
- gute Bildung
- Spaß und Freude
- schönes Zuhause
- sichere Zukunft
- Erfolg im Beruf
- gute Berufsausbildung
- finanzielle Unabhängigkeit
- Arbeit, feste Anstellung

Aspekte	Punkte
...	
...	
...	

Leitfaden – Ballonspiel

Das Ballonspiel vorbereiten:
- Tragt eine Liste mit den Aspekten, zwischen denen ihr euch entscheiden müsst, in euer Heft.
- Bereitet außerdem für die Auswertung die folgende Tabelle (möglichst auf Folie oder Poster) vor:

Aspekte	Namen
...	
...	
...	

Stellt euch nun folgende **Situation** vor: Jeder von euch sitzt allein in einem Heißluftballon. An Bord befindet sich auch eine Truhe mit den Aspekten, die im Leben wichtig sein können. Jeder Aspekt wiegt ca. 3 kg. Plötzlich verliert der Ballon an Höhe. Um nicht noch weiter zu sinken, muss ein Aspekt über Bord geworfen werden. Und schon steigt der Ballon wieder... Doch dann plötzlich verliert er wieder an Höhe. Damit er leichter wird, muss wieder ein Aspekt abgeworfen werden.

Ranking erstellen:
Trage in deine Tabelle hinter die einzelnen Aspekte jeweils eine Zahl ein. Was du zuerst über Bord geworfen hast, bekommt eine 1, das nächste eine 2 usw. ... bis zum letzten Aspekt, der übrig bleibt und die 10 bekommt.

Ranking-Ergebnisse auswerten (Auswertungsfolie oder -poster):
Was ist passiert, wie habt ihr euch entschieden? Schreibt euren Namen neben den Aspekt, der euch am wichtigsten ist. Es ergibt sich ein übersichtliches Meinungsbild, dessen Ergebnis ihr im nachfolgenden Schritt diskutieren könnt.

Ergebnisse diskutieren:
Trefft euch im Plenum. Begründet jeweils eure Entscheidung.

Kompetenz: urteilen

AUFGABEN

1. Führt das Ballonspiel durch. Orientiert euch am Leitfaden.
2. Erstellt ein Klassenranking.

Jugend in der Gesellschaft

M3 Was wichtig ist im Leben

Ergebnis einer Umfrage unter der deutschsprachigen Bevölkerung ab 14 Jahren

Kategorie	%
Familie, Partnerschaft	94 %
sichere Zukunft	94
finanzielle Unabhängigkeit	94
Spaß und Freude	92
schönes Zuhause	90
gute (Berufs-)Ausbildung	87
gute Bildung	87
Arbeit, feste Anstellung	86
sich etwas leisten können	86
Erfolg im Beruf	81

Quelle: VA 2008 © Globus 2497

AUFGABEN

1. Interpretiere die Aussage der Grafik. (M3)
2. Vergleiche die Aussage der Grafik
   a) mit deinem eigenen Ranking.
   b) mit eurem „Klassenranking".

M4 Jugendkultur – dem Coolness-Gebot folgen?

	Idee	Kleidung	Musik
„EMOs"	seit Mitte der 1980er Jahre Absplitterung der Hardcore-Punk-Szene, zu Beginn mit emotional politischer Haltung, seit Mitte der 1990er v. a. Musikrichtung	schwarze Kleidung, enge Jeans, Nietengürtel, schwarz-weiß gestreift oder gepunktete T-Shirts, Buttons, geschminkte Augen und asymmetrische Playmobilfrisur, auch bei den Männern/Jungen	Mitte der 1990er: Indierock, ab 2000: Übergang zu Pop, u. a. Panic! At The Disco; My Chemical Romance
„Funsports"	seit den 1980er Jahren Motto: Spaß, Bewegung und Naturerlebnis, Sport als Lebensgefühl, häufig an öffentlichen Plätzen (im Gegensatz zum leistungsorientierten Sport), verschiedene Ausprägungen (Skater, Snowboarden …)	je nach Sport-/Stilrichtung unterschiedliche Marken und Stile, z. B. bei Skatern: lange und weite T-Shirts, Hosen, deren Bund weit unterhalb der Hüfte hängt (sogenannte Baggy Pants) und Freizeitturnschuhe	je nach Sport-/Stilrichtung unterschiedlich, z. B. häufig Hip-Hop bei Skatern, Alternative Rock / Crossover bei Snowboardern …

M5 Generation @

Die Generation der 15- bis 25-Jährigen ist heute zersplittert in eine fast unüberschaubare Zahl von Stämmen, die sich durch Lebensstil, Kleidung, Musik und Jargon streng unterscheiden. Der Stern nannte die Jugendlichen „Generation Y". Douglas Copland nannte die Jugendlichen in seinem Buch „Generation X". Auch das war nur ein flüchtiger Versuch, das Phänomen Jugendliche in den Griff zu bekommen. Prof. Horst W. Opaschowski, Freizeitexperte und Erziehungswissenschaftler in Hamburg, widmete in seiner Bestandsaufnahme „Jugend und Freizeit" der modernen Jugenderziehung seine Aufmerksamkeit. [...] Folgerichtig erschien 1999 seine Studie unter dem Titel „Generation @". [...]

Das Zusammensein und die gemeinsamen Unternehmungen mit Freunden zählen – neben dem Medienkonsum – zu den attraktivsten Freizeitbeschäftigungen von Jugendlichen. Der Freundeskreis wird zu einer Art zweiten Familie. Die Freizeitclique wird zum Mittelpunkt des Lebens. [...] G. Wöltje, Geschäftsführer der Münchener Agentur Start Advertising, weist nach: „1962 gehörten rund 16 Prozent der Kids einer Clique an. Heute sind es 70 Prozent – vier Mal so viele! Nur, welchem Coolness-Gebot die jeweilige Clique gerade folgt, weiß keiner. [...]" Cliquen sind heute für die Jugendlichen sehr wichtig, die meisten sind entsprechend eingebunden. [...]

Die Jugendlichen leben bewusst gegenwartsbezogen, denn man weiß heute eben noch nicht, was morgen kommt. Ein gegenwartsbezogener Lebensstil ist gerade im Jugendalter mit der Gestaltung der Freizeit gleichzusetzen. Die Ergebnisse der Freizeitforschung belegen: Die heutige Jugend definiert sich mehr denn je über den Freizeitkonsum. Doch der hohe Stellenwert von kostspieligen Freizeitbeschäftigungen hat seinen Preis. Viele können sich den Konsumzwängen nicht mehr entziehen. Mehr als die Hälfte der Jugendlichen gibt in Befragungen zu, dass sie in der Freizeit zu viel Geld ausgeben. [...] Der Druck zum Kauf geht oft von der Clique aus: Wer dazugehören will, muss sich den anderen anpassen. [...] Durch einen entsprechenden Konsum in der Freizeit können die Jugendlichen ihre Gruppenzugehörigkeit ausdrücken. Dabei wird es aber immer schwieriger, sich aus dem Kreislauf des Konsums zu befreien. Denn allzu schnell wird man dann als Außenseiter gebrandmarkt. [...] „Als meine Eltern mir keine „Puma-Sportschuhe" kaufen wollten, musste ich mit Aldi-Turnschuhen zur Schule. Da bist du nichts wert. Mein Vater sagt immer, ich sei scharf auf Marken. Das stimmt so nicht. Ich bin nur nicht erpicht darauf, fertig gemacht zu werden!", sagt Jana, 14.

Nach: Axel Scheftschik, Freizeitpark Deutschland – Jugendliche unter Konsumdruck, in: BAG-SB INFORMATIONEN Heft 1/2006, S. 46 f.

AUFGABEN

1. a) Beschreibe, wodurch sich aus deiner Sicht Jugendkulturen unterscheiden. Fertige dazu eine Tabelle an: Benenne Oberbegriffe (z.B. Kleidung...).
b) Fülle die Tabelle aus.
c) Bist du selbst Teil einer Jugendkultur? Beschreibe sie.

2. Vergleiche deine Beschreibung mit der Tabelle M4.

3. Diskutiert, ob es gegenwärtig eine dominierende Jugendkultur gibt. Beschreibt sie.

4. Nenne mögliche Ursachen, weshalb sich Jugendliche mit einer ganz speziellen Jugendkultur identifizieren.

5. a) Generation X, Y oder @? Arbeite aus M5 Gründe heraus, die Wissenschaftler dazu veranlassen, „Label" zur Bezeichnung von Generationen (Menschen des gleichen Alters) zu finden.
b) Fällt dir eine passende Bezeichnung für deine Generation ein? Notiere sie im Heft.
c) Diskutiert eure Bezeichnungen in der Klasse.

M6 Wie mächtig ist die Peergroup?

Vielleicht muss man das einfach mal probiert haben, um eine Ahnung zu bekommen, was Busenfreundschaft heißt, wenn man 15 ist:

Zwei bis drei Stunden nonstop telefonieren wäre – zumindest für Mädchen – eine Art Grunddisziplin. Jessi kann das locker. Sie kann mit dem Hörer am Ohr ihre Hausaufgaben machen, mit Anna in der Leitung einen Tee kochen und über Jungs/Eltern/Filme/Blödsinn oder was auch immer klönen und (das vor allem) kichern. Sie schafft es spielend, mit Valeska am Handy Zähne zu putzen, das Schlafshirt anzuziehen, den Eltern „Gute Nacht" zu sagen, um schließlich im Bett weiterzuquasseln, bis irgendwann das „Schluss jetzt!"-Kommando der Mutter ertönt. Vier bis fünf Stunden Kommunikation – chatten, simsen, mailen und sich treffen mitgerechnet –, das sei der normale nachmittägliche Durchschnitt, versichern die Freundinnen Jessica, 15, Anna und Valeska, beide 14. Dabei ist es nicht so, dass sie sich vormittags nicht sehen: [...] „Wenn wir die Schulzeit dazunehmen, kommen wir schon mal auf acht Stunden Reden pro Tag", fasst Jessica zusammen. [...]

Möglicherweise muss man erlebt haben, wer wirklich zu einem hält, wenn es eng wird und die anderen vermeintlichen Freunde plötzlich weg sind, wie Julius, 14, der seinen Kicker-Kumpel Thilo, 13, neu entdeckte, nachdem in seiner vormaligen Münchener Clique auf einmal Rauchen und Trinken angesagt waren – und Julius eher nicht mehr. „Thilo kann ich auch ganz Intimes erzählen", sagt Julius [...]. Und: „Gemeinsam haben wir ein großes Gehirn, uns fällt immer was ein." Partys geben, Fußball, Computer spielen, Musik hören, schräge Videos drehen. „Ohne Thilo", sagt Julius, „wüsste ich gar nicht weiter." [...]

„Unter Freunden gilt die eigene Sicht mehr als im Umgang mit den ewigschlauen Erzeugern. Die Beziehungen sind gleichrangig – das macht den Unterschied", sagt Christian Alt, der beim Deutschen Jugendinstitut zum Thema Kinderfreundschaften forschte. Auch die Rolle und Funktion der Freunde ändert sich mit dem Alter. „Je älter die Kinder sind, desto intensiver und stabiler werden die Freundschaften", so Alt. [...]

Sind „falsche" Freunde gefährlich? An manchen Tagen weiß Bettina Herfurth, die in einer schwäbischen Kleinstadt einen Kunsthandwerkladen führt, nicht, welche der beiden Welten sie gerade anstrengender findet – die reale oder die Parallelwelt des Internet. Während ihr 16-jähriger Sohn seine Abenteuer fast nur noch in Web-Spielen sucht und seine Freunde im wahren Leben vernachlässigt, probt die 14-jährige Tochter Emily ganz wirklichkeitsnah den Grenzgang. Nach einem dank Übernachtungsalibis eingefädelten nächtlichen Wodka-Picknick mit drei Freundinnen landete die Gymnasiastin kürzlich mit 1,6 Promille in der Notaufnahme des

AUFGABEN

1. Wie mächtig ist die Peergroup (Gruppe der Gleichaltrigen)? Beantworte diese Frage aufgrund deiner eigenen Erfahrungen.

2. Beschreibe auf der Grundlage von M6 die Bedeutung der Peergroup an einem Beispiel.

3. a) Arbeite aus M6 heraus, inwiefern der Einfluss einer Peergroup gefährlich sein kann.
b) Lassen sich Taten wie z. B. Diebstahl oder Körperverletzung auf den Druck der Peergroup zurückführen? Begründe deine Ansicht.
c) Diskutiert weitere Gefahren, die von der Peergroup ausgehen können.

Krankenhauses. Die Mutter fiel aus allen Wolken. „Ich habe Emily bisher grenzenlos vertraut. Aber seit Neuestem begibt sie sich bewusst in Gefahr." Mitschuld trage eine neue Gefährtin der Tochter, die diese „auf blöde Gedanken" bringe. „Ich trau der nicht. Wenn die da ist, habe ich das Gefühl, ich muss den Geldbeutel kontrollieren." Emily habe sich sehr verändert. [...]

Barbara Esser, in: FOCUS-SCHULE Nr. 1, 2008

M7 Einheitslook statt Laufsteg. Schuluniformen gegen Gruppendruck?

Rund 60 Prozent der Bundesbürger sind gegen die Einführung von Einheitskleidung an Schulen, besagt eine Umfrage aus dem Mai 2005. Jan und Sophie illustrieren das Pro und Kontra der Debatte um die Einführung von Schuluniform auf idealtypische Weise.

Er, Sohn einer finanzschwachen Familie mit sieben Kindern, musste inmitten einer zum Teil verhaltensauffälligen Klasse die billigen Discount-Schuhe seiner Brüder auftragen. [...] Im Jahr 2000 war er also noch ein „Aldi-Kind". Ein Schulkind, das „nicht dazugehört", weil es die absurde Konkurrenz um Designer-Jeans und Edel-Sneakers, die aus Klassenzimmern Laufstege machen, nicht bestehen kann. Jan war auch deshalb einer der ersten Schüler in der 5B, der sich für die Idee der simplen Einheitspullover begeisterte. Die anderen zogen nach, der Pulli wurde beschlossen – und allmählich gehörte Jan „dazu". Eine Mitschülerin, später: „Die Klassengemeinschaft ist anders geworden. Wir verstehen uns besser." [...]
Sophie hat, das war im Jahr 2003, für die Dauer der elften Klasse ein irisches Internat besucht: das 1669 begründete „The King's Hospital" in Dublin. Schon die Homepage dieses angesehenen Instituts kommt einem in kariertem Tweed und Krawatte entgegen. Sophie bekam außerdem schwarze Collegeschuhe, dunkelblaue Kniestrümpfe, eine weiße Bluse, die immer zugeknöpft sein muss, und einen Pullover mit dem Emblem der Schule. Sie fand das erst ganz schrecklich, dann ganz toll – und erzählte nach ihrer Rückkehr, wie sie das Geschick entwickelte, durch eine raffinierte Frisur oder mithilfe einer neuen Uhr der Uniform etwas Extravaganz abzugewinnen. Das sei, so Sophie, extrem wichtig gewesen, „denn trotz Uniform war immer klar, wer dazugehört und wer nicht." [...]
Die Hackordnungen an den Schulen sind immer seltener Analogien [= Entsprechungen] zu den Kleiderordnungen. Handy, Gameboy und iPod: Das sind die neuen Statussymbole, die selbst durch strenge Schuluniformen (geschweige denn durch die locker gehandhabten Schulkleider) nicht in den Griff zu bekommen sind.

Nach: Gerhard Matzig, in: Süddeutsche Zeitung, 27.10.07

AUFGABEN

1. a) Arbeitet aus M7 die Vor- und Nachteile von Schuluniformen heraus. Legt dazu am besten eine zweispaltige Tabelle im Heft an.
b) Ergänzt eigene Argumente.
c) Führt in der Klasse eine Pro-/Kontra-Diskussion durch zur Frage „Schuluniformen gegen Gruppendruck?".
d) Formuliere deine eigene Position im Heft.

2. a) Entwerft konkrete Maßnahmen für eure Schule, die dem Gruppendruck entgegenwirken könnten.
b) Präsentiert eure Ideen in der Klasse.

TIPP

Selbstversuch: Probiert es doch einfach mal aus! Verabredet euch, an einem bestimmten Tag z. B. alle in einem schwarzen T-Shirt und einer blauen Jeans zu kommen.
- Fällt es den anderen Klassen und euren Lehrern auf?
- Was ist anders an einem Tag, an dem alle ähnlich aussehen?
- Wie fühlt ihr euch damit?

Grund-
wissen

Veränderungen und Zukunft Im Alter von 15, 16 oder 17 Jahren stehen für Jugendliche viele große Veränderungen im Leben an. In der Schule ist der Realschulabschluss nicht mehr weit entfernt und die Berufswahl steht bevor. Gegenüber den Eltern wird man zunehmend selbstständiger, entscheidet über mehr Dinge und geht eigene Wege. Vielleicht spielt die erste feste Freundschaft eine besondere Rolle. Häufig stellen sich die großen Fragen: Was ist mir wichtig? Wie will ich später leben? Welche Ziele möchte ich verwirklichen? Viele Entscheidungen haben langfristige Auswirkungen – zum Beispiel wofür man Arbeit investieren muss, um später seine Ziele verwirklichen zu können.

Peergroup und Gruppendruck Besonders wichtig ist für viele Jugendliche die Gruppe der Gleichaltrigen, die sogenannte Peergroup. Gleiche oder ähnliche Interessen und Sorgen geben Orientierung und Unterstützung. Auf der anderen Seite kann die Gruppe auch einen Druck ausüben, dem man sich nur schwer entziehen kann. Gerade wenn Konsum und Markenware über die Zugehörigkeit zu einer Gruppe entscheiden, haben es Jugendliche mit weniger Geld schwer. In einigen Schulen wird durch Schuluniformen versucht, den Druck zu verringern und das Gemeinschaftsgefühl zu stärken.

Jugendkulturen und -generationen Auch Wissenschaftler beschäftigen sich mit der Bedeutung von Cliquen für Jugendliche und betonen deren hohen Stellenwert. Sie untersuchen ebenso, welches Erscheinungsbild die verschiedenen Trends in der Kultur von Jugendlichen annehmen – die sich natürlich ständig ändern. Für die Wissenschaftler sind die vielen neuen und unterschiedlichen Möglichkeiten der Kommunikation und Vernetzung, vor allem über das Internet und mobile Geräte, das prägende Neue an der jüngsten Generation einer Jugendkultur. Die ständige Verbindung miteinander, das indirekte Kommunizieren über Plattformen und in digitalen öffentlichen Räumen und die Selbstdarstellung in Foren unterscheiden die Möglichkeiten und Herausforderungen heutiger Jugendlicher besonders stark von früheren Jugendgenerationen.

2.2 Die Macht der Werbung

M1 *my brands* – Jugendliche und Marken

Bauer Media KG, BRAVO Faktor Jugend 10, November 2009

M2 Die Faustformel der Werbung: AIDA

		Werbung soll:
A	attention	die Aufmerksamkeit des möglichen Kunden erregen
I	interest	sein Interesse an dem Produkt wecken
D	desire	zu einem Kaufwunsch führen
A	action	eine Kaufhandlung auslösen

M3 „Ich gebe Geld aus, also bin ich"

Octave, Romanheld in dem Buch 39,90 vom französischen Schriftsteller Frédéric Beigbeder, arbeitet in der Werbeindustrie und stellt sich auf den ersten Seiten des viel diskutierten „zornigen Insider-Portraits der Werbeindustrie" (Buchbesprechung im Spiegel) selbst vor:

Fokus: Wirtschaft

AUFGABEN

1. a) Beschreibe und erläutere die Darstellung in M1.
b) Nenne konkrete Möglichkeiten, dem sogenannten „Markenwahn" entgegenzuwirken.

2. a) Sammle Werbeanzeigen aus Zeitungen und Zeitschriften.
b) Beschreibe, wie die AIDA-Formel (M2) jeweils umgesetzt worden ist.
c) Präsentiere deine Analyse in der Klasse.

3. Jugendliche sind heiß umworbene Konsumenten. Wie mächtig aber ist die Werbung aus eurer Sicht tatsächlich? Diskutiert, ob und wenn ja, wie ihr euch der Werbung bewusst entziehen könnt.

Fokus: Wirtschaft

Ich heiße Octave und kaufe meine Klamotten bei APC [= französische Modemarke]. Ich bin Werber: ja, ein Weltverschmutzer. Ich bin der Typ, der Ihnen Scheiße verkauft. Der Sie von Sachen träumen lässt, die Sie nie haben werden. Immerblauer Himmel, [...] perfektes Glück, Photoshop-retuschiert. Geleckte Bilder, Musik im Trend. Wenn Sie genug gespart haben, um sich den Traumwagen leisten zu können, den ich in meiner letzten Kampagne lanciert [= bekannt gemacht] habe, ist der durch meine nächste Kampagne längst überholt. Ich bin Ihnen immer drei Wellen voraus und enttäusche Sie zuverlässig. Glamour ist das Land, in dem man nie landet. Ich fixe Sie mit Neuheiten an, die den Vorzug haben, dass sie nicht neu bleiben. Es gibt immer eine neue Neuheit, die die vorige alt aussehen lässt. Mein Amt ist es, Ihnen den Mund wässrig zu machen. In meinem Metier [= Beruf] will keiner Ihr Glück, denn glückliche Menschen konsumieren nicht.

Ihr Leiden dopt den Handel. In unserem Jargon nennen wir das die „Post-Shopping-Frustration". Sie müssen unbedingt ein bestimmtes Produkt haben, und kaum dass Sie es haben, brauchen Sie schon das nächste. [...] Devise: „Ich gebe Geld aus, also bin ich." Um Bedürfnisse zu schaffen, muss man Neid, Leid, Unzufriedenheit schüren – das ist meine Munition. Meine Zielscheibe sind Sie.

Frédéric Beigbeder, 39,90, Reinbek bei Hamburg 2002, S. 15

AUFGABEN

1. Arbeitet aus M3 konkrete Elemente heraus, wie Octave die AIDA-Formel umsetzt.

2. Entwerft auf der Grundlage von M3 und unter Anwendung der AIDA-Formel eine Werbung (Printwerbung, Fernseh- oder Radiospot) für ein Produkt eurer Wahl.

3. a) Stelle Vor- und Nachteile von Werbung gegenüber. (M4)
   b) Was hältst du von Werbung? Formuliere einen eigenen Text, der unter der Überschrift „Werbung kontrovers" (M4) abgedruckt werden könnte.

M4 Werbung kontrovers

a) Werbung informiert einen darüber, was gerade „hip" und „cool" ist. Damit können wir uns einen guten Überblick über das Marktangebot verschaffen. Werbung fördert den Wettbewerb der Anbieter. Sie ist oft schön und originell gemacht und die Sprüche sind manchmal sehr lustig, sodass wir gut unterhalten werden. Die Werbebranche bietet zahlreiche interessante Arbeitsplätze und durch die Einnahmen aus Werbung finanzieren sich zahlreiche Medien. Viele Arbeitsplätze können deshalb erhalten oder neu geschaffen werden.

b) Werbung setzt einen unter Druck, weil sie das Gefühl vermittelt, blöd zu sein, wenn man ihr nicht folgt. Sie will vorschreiben, was schön oder gut ist. Werbung wurde erfunden, um Menschen Dinge anzudrehen, die sie eigentlich nicht brauchen oder wollen. Werbung versucht uns also zu manipulieren. Die Werbung gaukelt uns eine heile Welt vor und weckt bei uns Illusionen. Unternehmen schlagen die Kosten für Werbung auf die Produktpreise drauf, sodass die Produkte teurer werden.

2.3 Jugendliche engagieren sich

M1 Menschen und Organisationen, die sich kümmern

Jugendfeuerwehr, Essen für Bedürftige, Hausaufgabenhilfe für Kinder mit Migrationshintergrund, jugendliche Trainer einer Kinderfußballmannschaft

M2 Das Altenheim sucht Freiwillige

Zur **Verstärkung** unseres **ehrenamtlichen Teams** im **Seniorenheim am Wallgraben** suchen wir Schülerinnen und Schüler, die uns helfen, die **Nachmittagsgestaltung** zu organisieren.

Folgende Fähigkeiten sind erwünscht:

- Freude am Umgang mit älteren Menschen
- Lust an Basteln, Vorlesen oder Musik und Tanz sind von Vorteil
- Teamfähigkeit
- Zuverlässigkeit

Die Arbeitszeit wäre einmal in der Woche zu einem festen Termin, der mit uns abgesprochen werden kann.

Bewerbungen mit Lebenslauf richten Sie bitte an Chiffre 2011/096

AUFGABEN

1. Betrachtet gemeinsam die Bilder in M1. Berichtet von eigenen Erfahrungen aus sozialem Engagement.
2. Welche Gründe sprechen dafür, sich in diesem Bereich einzubringen? Erstelle eine Liste, die Vorteile für dich und für die betroffenen Menschen umfasst. (M1, M2)

LINK

Die Agentur *mehrwert* unterstützt und entwickelt Projekte des sozialen Lernens. Beispielhafte Projekte werden hier vorgestellt: www.agentur-mehrwert.de

Jugend in der Gesellschaft

Kompetenz: Handeln

Projekt Sozialpraktikum

In der Jahrgangsstufe 9 habt ihr häufig die Möglichkeit, für circa eine Woche ein soziales Praktikum zu machen. Viele Schüler engagieren sich bereits auf die unterschiedlichste Art und Weise ehrenamtlich. Auch für andere ist dies eine Chance, soziale Einrichtungen und die Freude am Einsatz für und mit anderen kennenzulernen.

M3 Berichte aus dem Sozialpraktikum

Ich habe das Praktikum beim Jugendrotkreuz durchgeführt. Dort war ich schon vorher Mitglied und habe zusätzlich die Aufgabe bekommen, junge neue Mitglieder zu schulen und einmal die Woche zu betreuen. Mir hat es riesigen Spaß gemacht. Ich habe dadurch Lust bekommen, als Jugendbetreuer zu arbeiten. Jetzt mache ich gerade meine Juleica (Jugendleitercard).

(Viktor, 17 Jahre, Schüler einer 10. Klasse einer Realschule)

Mein soziales Praktikum habe ich im Krankenhaus auf der Kinderstation absolviert. Dort war unter anderem meine Aufgabe den Kindern was vorzulesen, wenn die Eltern mal eine Pause brauchten. Ich habe auch Getränke geholt, Tee gekocht und Essen gebracht. Mehr durfte ich nicht machen. Für mich wäre ein Job im Krankenhaus nichts. Ich würde mit den Patienten viel zu viel mitleiden. Von daher fand ich das Sozialpraktikum sehr gut für mich für meine spätere Berufswahl.

(Milena, 17 Jahre, Schülerin einer 10. Klasse einer Gesamtschule)

AUFGABEN

1. Welche positiven Erfahrungen erhoffst du dir von so einem Praktikum? Notiere deine Wünsche. (M3)
2. Begründe, warum auch negative Erfahrungen wertvoll sind.

TIPP

Stellt die Ergebnisse euren Eltern und der Klasse 8 vor, die im nächsten Schuljahr das Praktikum machen wird.

Leitfaden – Sozialpraktikum

1. Praktikumssuche
Erstellt gemeinsam in der Klasse eine Liste möglicher Einrichtungen, bei denen ihr euer Praktikum absolvieren könntet. Haltet diese auf der Pinnwand fest.

2. Kontaktaufnahme
Recherchiert die Kontaktdaten und -zeiten der Einrichtungen. Für ein erstes Gespräch verabredet ihr am besten telefonisch einen Termin und geht dann persönlich vorbei.

3. Anforderungen
Welche Anforderungen stellt der Betrieb/die Einrichtung an Praktikanten? Erkundigt euch über zeitliche Vorgaben, Einsatzbereiche, Anforderungen, die ihr mitbringen solltet, und fragt nach praktischen Informationen (wird bestimmte Kleidung benötigst o.Ä.).

4. Erfahrungsbericht
Dokumentiert euer Praktikum durch Notizen zu Tätigkeiten und Eindrücken, evtl. auch Fotos (nur mit Einverständnis der Beteiligten!). Befragt hierzu auch die Mitarbeiter. Schreibt anschließend einen Erfahrungsbericht (Tätigkeiten, Tagesablauf, Besonderheiten, Fazit).

5. Auswertung
Wertet im Unterricht das Praktikum gemeinsam aus und dokumentiert eure Ergebnisse – zum Beispiel als Ausstellung.

M4 Starke Gemeinschaften

a) *Die 25-jährige Studentin Sophie Schieler und Margarete Hain, 85, haben sich über den Verein Freunde alter Menschen kennengelernt. Der Verein führt Freiwillige mit älteren Menschen zusammen, um sie ein Stückchen aus der Einsamkeit herauszuholen.*

Sophie: „Den Verein Freunde alter Menschen kenne ich über eine Freundin. Es ist eine schöne Aufgabe, etwas mit alten Leuten zu unternehmen. Ich bin gern mit ihnen zusammen, denn es gefällt mir, wenn sie mir von früher erzählen. Und ich wollte etwas tun, das nicht nur mir etwas bringt oder meinem eigenen Spaß dient. Außerdem treffe ich so auch auf Menschen, die ich sonst nie kennenlernen würde. Leider haben viele dieser alten Leute keine Chance auf soziale Kontakte, auch weil sie oft körperlich eingeschränkt sind."

Margarete Hain: „Ich freue mich sehr auf morgen und bedaure, dass ich allein nicht mehr aus dem Haus gehen kann. Da ich Parkinson habe, kann ich nur in Begleitung vor die Tür und muss einen Gehrollator benutzen. Früher, als ich noch keine Hilfe brauchte, habe ich viele Ausstellungen besucht. Aber um heute das kulturelle Angebot zu nutzen, dafür habe ich leider niemanden. Meine Verwandten leben in Westdeutschland, meine Pflegerin hat nur ab und zu Zeit. [...] Deshalb habe ich den Verein Freunde alter Menschen angerufen. Als ich Sophie über den Verein kennenlernen konnte, hab ich mich einfach überraschen lassen. Ich weiß vom ersten Moment an, ob mir jemand sympathisch ist oder nicht. Und Sophie ist mir sehr sympathisch. Junge Menschen, die sich für so etwas hergeben, bewundere ich. Und nur alte Leute treffen will ich nicht. Die reden immer nur über Krankheiten."

Das Interview führte Frauke Poganatz, in: fluter, Das Solidaritätsheft, Nr. 25/ Dezember 2007, S. 22

b) *Alexander Hemker, 16, betreibt mit einem Freund ein Internetportal für Mobbingopfer.*

„Früher wurde ich selbst lange gemobbt, weshalb ich die Schule wechseln musste. Das Portal habe ich gegründet, damit ich anderen Betroffenen mit meinen Erfahrungen helfen kann. Mir selbst hat das Schreiben in dem Forum sehr weitergeholfen. So konnte ich meine Aggressionen rauslassen. Heute muss ich das zum Glück nicht mehr und kann anderen Betroffenen Tipps geben. Es hilft den Mobbingopfern schon sehr, wenn sie im Forum jemanden finden, der sich mit ihnen auseinandersetzt. Wenn man sieht, dass man nicht der einzige Betroffene ist, dann macht einen das stärker. So können Mobbingopfer durch das Forum einen Ausweg finden. […]

Auf schueler-gegen-mobbing.de gibt es zwar keine professionelle Hilfe, aber ab und zu schreiben auch Psychologen im Forum. Es haben sich inzwischen etwa 600 Personen angemeldet, bis heute wurden fast 6.500 Beiträge im Forum geschrieben. Hauptsächlich besuchen Schüler die Seite, aber auch Eltern und Lehrer, die sich für das Thema interessieren. […]

Es hat mich anfangs erstaunt, wie stark das Angebot genutzt wird. Es war mir überhaupt nicht bewusst, wie viele Jugendliche von Mobbing betroffen sind. Obwohl wir noch ein sehr junges Projekt sind, sind wir heute schon eines der größten Foren zu diesem Thema in Deutschland."

Das Interview führte Moritz Schröder, in: fluter, Das Solidaritätsheft, Nr. 25/ Dezember 2007, S. 27

M5 Gesellschaftliche Aktivitäten von Jugendlichen

Wie bzw. wo man (oft oder gelegentlich) gesellschaftlich aktiv ist:

Bereich	Prozent
Verein (z.B. Sport- oder Musikverein)	40
Schule/Hochschule	23
Kirchengemeinde, -gruppe	15
selbst organisiertes Projekt	13
Jugendorganisation	12
Rettungsdienst, Feuerwehr	7
Greenpeace, Amnesty, Hilfsorganisation	4
Gewerkschaft	2
Partei	2
Bürgerinitiative	3
allein/persönliche Aktivität	35

Nach: Shell-Jugendstudie 2006 – TNS Infratest Sozialforschung. Befragt wurden 2.534 Jugendliche zwischen 12 und 25 Jahren, Angaben in Prozent

AUFGABEN

1. Arbeite aus M1-M4 die verschiedenen Formen des Engagements heraus. Beantworte dabei wenn möglich zu jedem Beispiel folgende Fragen:
   1. Was macht die Person?
   2. Warum engagiert sich die Person? Welche Motive hat sie?
   3. Welchen Nutzen trägt sie davon?
   4. Wer trägt noch einen Nutzen von ihrem Engagement?

2. Begründe, ob du dir vorstellen kannst, dich in einer dieser Richtungen auch zu engagieren.

3. Ordne die Formen des Engagements, die du bisher kennengelernt hast, den Bereichen in M5 zu.

LINK

Zusammenschluss ehrenamtlich aktiver Jugendorganisationen in Hessen:
www.hessischer-jugendring.de

Grund- wissen

Gesellschaft lebt von Verantwortung Das Zusammenleben von Menschen in einer Gesellschaft funktioniert nur, wenn die Mitglieder füreinander einstehen. In Deutschland und den meisten anderen entwickelten Ländern sind die großen Lebensrisiken mittlerweile durch staatliche Umverteilung abgesichert – Kosten bei Krankheit, im Alter oder bei Arbeitslosigkeit werden durch die Mitgliedsbeiträge der Sozialversicherten finanziert (siehe dazu Kapitel 5). Aber ein verantwortungsvolles Miteinander fängt weit vor diesen existenziellen Fragen an.

Integration sozial Benachteiligter Nicht alle Menschen haben die gleichen Startbedingungen im Leben, einige können nicht für sich alleine sorgen oder brauchen Unterstützung. Alte oder kranke Menschen, Menschen mit Behinderung, Menschen aus anderen Ländern, die unsere Sprache noch nicht sprechen, Obdachlose oder Straffällige haben es schwerer für ihr eigenes Wohl zu sorgen. Es gibt viele Organisationen und Vereine, die helfen.

Ehrenamtliches Engagement Viele Jugendliche engagieren sich in ihrer Freizeit freiwillig. Häufig sind eigene Interessen und der Wunsch nach einer sinnvollen Freizeitbeschäftigung der Ausgangspunkt dafür – so bleiben die Jugendlichen häufig länger dabei, helfen nachhaltig und profitieren vor allem auch selbst von den neuen Erfahrungen und Beziehungen. Bei sozialen Diensten, in Vereinen, bei der Kirche oder in anderen Organisationen könnt ihr euch unterschiedlich aufwändig einbringen: z. B. einmal die Woche als Besuchsdienst, flexibel zu bestimmten Anlässen oder verantwortlich als Jugendleiter oder Trainer. Ohne das freiwillige Engagement vieler Menschen würde es wichtige Projekte und zahlreiche Angebote – auch für Jugendliche selbst, zum Beispiel im Sportverein – gar nicht geben.

2.4 Politik – nein danke?

M1 Wenn ich groß bin ...

Panel 1: WENN ICH GROSS BIN, WERD ICH KEINE ZEITUNG LESEN, KEINE KOMPLIZIERTEN THEMEN VERFOLGEN UND NICHT WÄHLEN

Panel 2: SO KANN ICH MICH DARÜBER BESCHWEREN, DASS DIE REGIERUNG MICH NICHT VERTRITT

Panel 3: WENN DANN ALLES DEN BACH RUNTERGEHT, KANN ICH SAGEN, DASS DAS SYSTEM NICHT FUNKTIONIERT, UND DAMIT MEINE WEITERE TEILNAHMSLOSIGKEIT RECHTFERTIGEN

Panel 4: EIN PLAN, DER SICH AUF GENIALE WEISE SELBST VERWIRKLICHT

Panel 5: ES MACHT VIEL MEHR SPASS, ÜBER DINGE ZU MECKERN, ALS SIE IN ORDNUNG ZU BRINGEN

Calvin und Hobbes, Bill Watterson

AUFGABEN

1. Wie geht es weiter? Gestalte ein weiteres Comic-Bild. (M1)
2. Vervollständige den Satz „Wenn ich groß bin..." aus deiner Perspektive.

M2 Politische Teilhabe – wozu überhaupt?

Heiner Keupp ist Professor für Sozial- und Gemeindepsychologie und forscht viel zur Bedeutung von sozialen Netzwerken und freiwilligem Engagement.

Herr Keupp, was genau ist Partizipation?
Ich würde nicht das Wort Partizipation benutzen, ich würde von Teilhabe sprechen: Teilhabe und Teilnahme an den Prozessen, die die Gesellschaft beeinflussen, verändern. Man kann das auch bürgerliches Engagement nennen.

Gerade beim politischen Engagement wird Jugendlichen oft mangelndes Interesse vorgeworfen.
Ja, das hört man manchmal. Es herrscht aber gar kein Mangel an politischer Interessiertheit. Das Interesse ist allgemein möglicherweise nicht mehr so groß, wie es zur Zeit der Studentenproteste in den 60er Jahren war, aber von einem Mangel kann man nicht sprechen.

Trotzdem: Die Mitgliederzahlen der politischen Parteien sinken.
Das stimmt, hat aber einen anderen Grund.

Welchen denn?
Ich würde das als Glaubwürdigkeitsdefizit der Politiker und der Politik bezeichnen. Das, was Jugendliche als Politik erleben, ist oft zu offensichtlich nur auf Machterhalt abgezielt. Sie glauben immer seltener, dass um Inhalte gestritten und tatsächlich um Lösungen diskutiert wird. Es ist daher eine richtige Beobachtung, dass Jugendliche kaum mehr in Parteien eintreten. Es ist aber falsch, das als Desinteresse an Politik zu deuten. Es ist vielmehr so, dass sie nicht an dem Zirkus des Politikbetriebes beteiligt sein wollen.

Sind Jugendliche weniger engagiert, als Erwachsene?
Nein, dafür gibt es keine Anhaltspunkte.

Und wofür engagieren sie sich dann?
Es muss mit ihrer eigenen Lebenswelt zu tun haben, es muss greifbar sein, losgelöst von einem abstrakten Zusammenhang. Es muss ihren Alltag betreffen, ihre eigenen Wünsche. […]

Was würde der Gesellschaft passieren ohne Engagement?
Sie wäre langweilig, vieles, was uns Freude macht, würde nicht mehr stattfinden, ob das Sommerfeste sind oder gemeinsame Wochenendausflüge. Es gäbe keine neuen Ideen mehr, die Institutionen würden endgültig in ihrem eigenen Saft eintrocknen. Aber das wäre noch nicht alles.

Was denn noch?
Nach dem amerikanischen Wirtschaftswissenschaftler Jeremy Rifikin steht jede Gesellschaft auf drei Beinen, vergleichbar einem dreibeinigen Hocker: der Wirtschaft, dem öffentlichen Sektor, also Verwaltung, Institutionen und so etwas, und dem, was wir Zivilgesellschaft nennen. Diese Zivilgesellschaft ist all das, was unter Teilhabe, Teilnahme, bürgerlichem Engagement zu verstehen ist. Große Teile der Gesellschaft funktionieren nur und leben von dem oft gar nicht erkannten Teil der Beteiligung der Bürger. Ohne dieses Engagement hätte eine Gesellschaft gar keine echte Lebenskraft.

Und?
Haben Sie schon einmal auf einem Hocker gesessen, der auf zwei Beinen steht? Was passiert mit dem Hocker, wenn man das dritte Bein wegnimmt? Er fällt um.

Das Interview führte Dirk Schönlebe, in: fluter, Juni 2004, S. 7 f.

M3 Wie politisch ist die Jugend?

So viel Prozent der 18- bis 29-Jährigen würden... (West / Ost)

- ...im Bekanntenkreis oder am Arbeitsplatz ihre Meinung sagen: 76 % / 79
- ...sich an einer Unterschriftensammlung beteiligen: 65 / 67
- ...an einer genehmigten Demonstration teilnehmen: 43 / 47
- ...aus politischen, ethischen oder Umweltgründen Waren boykottieren bzw. kaufen: 38 / 36
- ...in einer Bürgerinitiative mitarbeiten: 28 / 27
- ...aktiv in einer Partei mitarbeiten: 20 / 18
- ...aus Protest Wahlen boykottieren: 10 / 16

Quelle: GESIS ALLBUS 2008 © Globus 3242

AUFGABEN

1. a) Hast du dich schon mal für Andere engagiert? Zu welchem Anlass?
   b) Arbeite mit einem Partner. Sammelt Gründe, für die es sich lohnt, sich zu engagieren. Gibt es wichtige und weniger wichtige Gründe?

2. Arbeite aus M2 heraus, welches Verständnis von „Teilhabe" Herr Keupp zugrunde legt.

3. a) Nenne die im Interview (M2) genannten Ursachen für das häufig als Desinteresse interpretierte Verhalten vieler Jugendlicher in Bezug auf Politik.
   b) Nenne weitere Ursachen, weshalb es Jugendlichen häufig schwer fällt, sich politisch zu engagieren.

4. a) Erkläre auf der Grundlage von M2 die Bedeutung von Engagement für die Gesellschaft.
   b) Stimmst du dieser Ansicht zu oder eher weniger zu? Begründe.

5. „Wie politisch ist die Jugend?" Beantworte die Frage auf der Grundlage des Schaubildes M3.

6. Jugendlichen wird häufig „Politikverdrossenheit" unterstellt.
   a) Definiere den Begriff aus deiner Sicht.
   b) Belege oder widerlege diese Unterstellung mithilfe von M3.

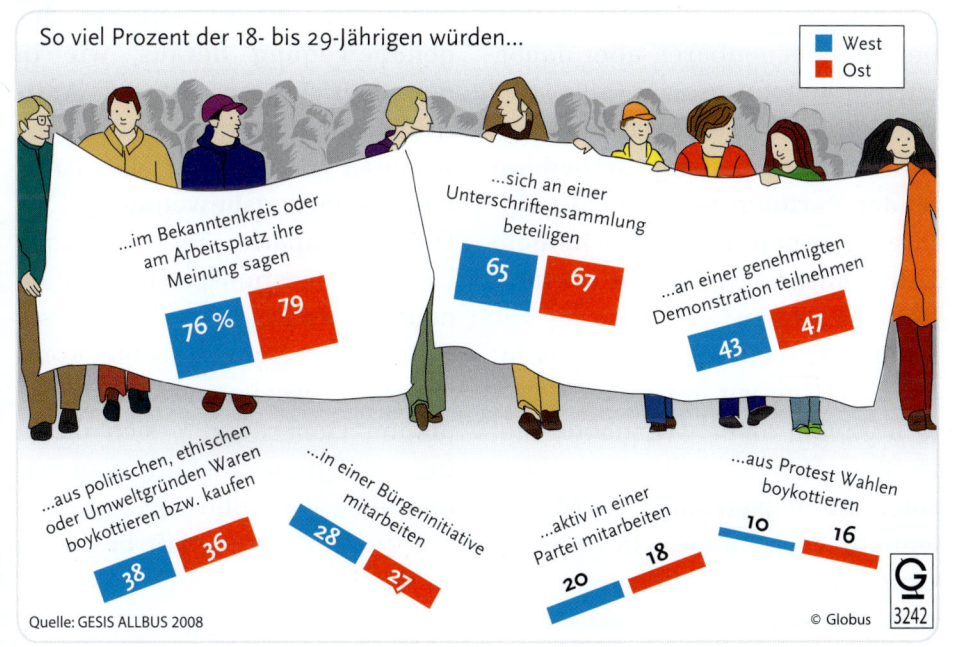

M4 „Kein Bock" auf Politik?

Der Sozialwissenschaftler Klaus Hurrelmann im Interview.

Beim politischen Engagement innerhalb der Parteienlandschaft sieht es mau aus. Engagieren sich Jugendliche überhaupt nicht politisch, oder haben sie andere Wege gefunden, sich einzubringen?

Doch, es gibt in der Tat viele junge Leute, die sich außerhalb der Parteienlandschaft politisch engagieren – etwa punktuell bei Demonstrationen, Bürgertreffen und Foren. Ein ganz wichtiges Betätigungsfeld ist das Internet als das Leib- und Magen-Medium der jungen Generation. Hier tauschen die Jüngeren zunehmend auch ihre politischen Ansichten aus. Deshalb sind künftige politische Strömungen im Web zuallererst wahrnehmbar. […]

Wir werden neue Formen der politischen Meinungsbildung und damit der politischen Entscheidungen haben – flexibler, offener, unberechenbarer, aber damit auch urdemokratischer. […]

Werden wir demnächst einen Aufschwung bislang unbedeutender Parteien erleben, die mit ihren Themen besser die jungen Leute ansprechen als die etablierten Parteien?

Meiner Ansicht nach liegt das in der Luft. Und wir haben auch erste Beispiele dafür: Wir haben die rechten Parteien, die zum Beispiel, vor ein paar Jahren in Mecklenburg-Vorpommern, gezielt die Gruppe der wirtschaftlich schwach situierten Jugendlichen, besonders der jungen Männer, angesprochen hatten und im Wahlkampf gesagt haben: ‚Wir vertreten eure Interessen.' Bei den jungen Männern haben sie damit bis zu 25 Prozent der Stimmen erhalten. […]

„Im Internet werden sich alle künftigen politischen Strömungen zuerst wahrnehmen lassen." Das macht aktuell ja auch die Piratenpartei. […]

Ganz genau. Diese Partei spricht mit ihren Schwerpunktthemen Datenschutz und Informationsfreiheit im Internet genau die Themen und Interessenlagen an, die die junge Generation unmittelbar betreffen. Eine Partei, die das ganz gezielt macht, hat bei diesen authentizitäts- und originalitätssuchenden jungen Leuten natürlich viel mehr Chancen als eine schon sehr etablierte und gefestigte und damit auch schon traditionell erscheinende Partei.

Kristallisiert sich mit der Piratenpartei eine neue politische Jugendbewegung heraus, wie in den 80er Jahren mit der Anti-Atomkraft-Bewegung oder vor wenigen Jahren mit der Anti-Globalisierungsbewegung?

Die Piratenpartei kann durchaus der Kristallisationspunkt für eine neue Bewegung sein, denn sie trifft einige ganz sensible Komponenten des Lebensgefühls der jungen Generation – sich durch frei verfügbare Technik autonom und ohne Kontrolle von Autoritäten in der Gesellschaft bewegen zu können. […]

Das Interview führt Falk Sinß, auf: www.ard.de vom 8.9.09

AUFGABEN

1. Der Sozialwissenschaftler Hurrelmann ist der Meinung, man könne nicht pauschal von „Politikverdrossenheit der Jugend" sprechen. Wie begründet er seine Ansicht? (M4)

2. Stelle dar, wie Hurrelmann Wahlerfolge von rechten Parteien, aber auch von der Piratenpartei erklärt.

3. Hurrelmann spricht im Zusammenhang mit der Piratenpartei von einer „neuen politischen Jugendbewegung". (M4)
   a) Kannst du dir vorstellen, eher einer „neuen politischen Jugendbewegung" wie z.B. der Piratenpartei beizutreten, als der Jugendbewegung einer etablierten Partei? Notiere Stichpunkte.
   b) Tausche dich mit einem Partner aus. Bestätigt oder widerlegt ihr eher die Annahmen Hurrelmanns?
   c) Formuliere eine knappe Stellungnahme.

Kompetenz: Methode

Einen Fragebogen erstellen und auswerten

Häufig sieht oder liest man Ergebnisse aus Umfragen. Ziel dieser Umfragen ist es, Meinungen und Einstellungen der Bevölkerung z. B. zu politischen Themen zu ermitteln. Wie aber kommen sie zustande? Welche Regeln müssen befolgt werden, wenn man selber einen Fragebogen erstellen möchte? Welche Schritte sind notwendig für eine gründliche und kritische Auswertung von Fragebögen? Der nachfolgende Leitfaden versucht, Antworten darauf zu finden.

M5 Fragebogen: Jugend und Politik

1. Wie groß ist dein allgemeines Interesse an Politik? Würdest du sagen du bist ...
   - ○ stark interessiert
   - ○ interessiert
   - ○ weniger interessiert

2. Wenn Bundestagswahl wäre und du wählen dürftest, würdest du wählen gehen?
   - ○ ganz sicher
   - ○ wahrscheinlich
   - ○ wahrscheinlich nicht
   - ○ ganz sicher nicht

3. Ich nenne dir nun Gruppierungen oder Organisationen. Uns interessiert, wie viel Vertrauen du diesen Gruppen oder Organisationen entgegenbringst. Du kannst deine Meinung anhand der folgenden Skala einstufen: 1 bedeutet „sehr wenig Vertrauen" und 5 bedeutet „sehr viel Vertrauen".

	1	2	3	4	5
a) Parteien	○	○	○	○	○
b) Bundesregierung	○	○	○	○	○
c) Banken	○	○	○	○	○
d) Bürgerinitiativen	○	○	○	○	○
e) Kirche	○	○	○	○	○

4. Welche Aussagen sind aus deiner Sicht eher zutreffend, welche eher nicht zutreffend? 1 bedeutet „stimme überhaupt nicht zu" und 6 bedeutet „stimme voll und ganz zu".

	1	2	3	4	5	6
a) „In jeder Demokratie ist es die Pflicht des Bürgers/der Bürgerin, sich regelmäßig an Wahlen zu beteiligen."	○	○	○	○	○	○
b) „Jeder sollte das Recht haben, für seine Meinung einzutreten, auch wenn die Mehrheit anderer Meinung ist."	○	○	○	○	○	○

   Wir möchten dich bitten, uns noch einige Angaben zu deiner Person zu machen. Wir benötigen diese zu statistischen Zwecken.

5. Zu welcher Altersgruppe gehörst du?
   - ○ 12-13 ○ 14-15 ○ 16-17 ○ 18-19 ○ 20-21 ○ 22-25 ○ über 25

6. Welchen (Schul-)Abschluss hast du?
   - ○ kein Abschluss
   - ○ Hauptschulabschluss
   - ○ Realschulabschluss
   - ○ Abitur, Fachabitur
   - ○ Studium
   - ○ Ich gehe noch zur Schule

7. Schließlich wären wir dankbar, wenn du angibst, welche Religion du hast.
   - ○ katholisch
   - ○ evangelisch
   - ○ muslimisch
   - ○ jüdisch
   - ○ buddhistisch
   - ○ hinduistisch
   - ○ keine religiöse Bindung
   - ○ Andere, und zwar: _____

Nach: http://grafstat-daten.uni-muenster.de/Jugend09.htm

TIPP

Du musst auch entscheiden, ob du die Befragung „vor Ort" durchführen oder den Fragebogen zu einem bestimmten Termin zurückhaben möchtest. (Hier ist die Rücklaufquote erfahrungsgemäß wesentlich geringer, als wenn du die/den Befragten bittest, sich etwas Zeit zu nehmen und den Fragebogen sofort auszufüllen ...)

Kompetenz: Methode

Leitfaden – Einen Fragebogen erstellen und auswerten

EINEN FRAGEBOGEN ERSTELLEN

Festlegen des Themas der Umfrage:
Grenze das Thema der Umfrage möglichst so ein, dass du auch tatsächlich messen kannst, was du messen möchtest.

Festlegen des Personenkreises der Befragten:
Schränke den Personenkreis, den du befragen möchtest ein. Zu viele Fragebögen lassen sich nur mit großem Aufwand auswerten (sind allerdings im Hinblick auf die Aussagekraft des Ergebnisses auch zuverlässiger). Grundsätzlich werden die *Repräsentativumfrage* (eine überschaubare Zahl von Menschen wird befragt, die ein möglichst genaues Abbild der Realität darstellen; sie werden nach bestimmten Kriterien wie z. B. Alter, Beruf, Einkommen ausgewählt) und die Befragung nach dem *Zufallsprinzip* (die Menschen, die an der Befragung teilnehmen, werden zufällig ausgewählt) unterschieden.
Achtung: Befragungen sind immer freiwillig; Anonymität sollte unbedingt gewährleistet sein.

Formulieren von Fragen
- Du kannst offene Fragen (Fragen, bei denen der Befragte die Antworten frei formulieren kann) oder geschlossene Fragen (Fragen mit mehreren vorgegebenen Antwortmöglichkeiten) stellen, wobei sich geschlossene Fragen leichter auswerten lassen.
- Formuliere klare und präzise Fragen, um Fehlinterpretationen zu vermeiden. Das gilt auch, wenn du mögliche Antworten vorgibst, aus denen eine ausgewählt werden soll (multiple choice).
- Vermeide Suggestivfragen (z.B. Statt: Es stimmt doch, dass ...? Besser: Wie beurteilen Sie ...?
- Meinungen oder Urteile lassen sich am besten über eine Punkteskala abfragen, z. B. 1 = trifft voll zu bis 6 = trifft überhaupt nicht zu.)

EINEN FRAGEBOGEN AUSWERTEN

Fragebögen sichten:
Sichte zunächst grob die ausgefüllten Fragebögen. Sind sie verwertbar, d.h. sind die Fragen tatsächlich beantwortet worden? Eventuelle „Spaßantworten" kannst du aussortieren.

Antworten auswerten:
Arbeite mit 2-3 Mitschülern oder Mitschülerinnen zusammen. Teilt euch die Auswertung auf. Notiert euch die Ergebnisse in übersichtlicher Form.

Darstellungsform für die Präsentation wählen:
- Für die Auswertung eignen sich verschiedene Darstellungsformen, z.B. Säulen-, Balken- oder Liniendiagramm, die sich mit entsprechenden Computerprogrammen technisch gut umsetzen lassen.
- Setze inhaltliche Schwerpunkte, die das Gesamtergebnis exemplarisch und/oder besonders überzeugend verdeutlichen.

Ergebnis beurteilen:
Bewerte den Aussagegehalt des Auswertungsergebnisses. Lässt sich damit die zu untersuchende Frage- bzw. Problemstellung beantworten?

Ergebnis präsentieren:
Präsentiere dein Schaubild.
Hinweis: Achte während der Präsentation darauf, den Zusammenhang zu der Frage- bzw. Problemstellung deutlich zu machen. Lass deine eigene Bewertung in die Präsentation mit einfließen.

Methode reflektieren:
- Klärt in der Klasse, ob z. B. Fragen in Bezug auf die Frage- bzw. Problemstellung unbeantwortet geblieben bzw. welche eventuell neu entstanden sind.
- Wie zufrieden seid ihr mit den Formulierungen der Fragestellungen? Waren sie präzise genug?
- Konntet ihr das messen, was ihr messen wolltet? Wenn nicht, was würdet ihr das nächste Mal an eurem Fragebogen verändern?

AUFGABEN

1. Prüfe, inwiefern der Fragebogen (M5) die im Leitfaden aufgestellten Kriterien erfüllt.

2. Erstellt einen Fragebogen zum Thema: „Politische Teilhabe der 14-16 Jährigen unserer Schule". Orientiert euch am Leitfaden.

3. Führt die Befragung durch. Stellt dazu eine repräsentative Gruppe von Schülerinnen und Schülern zusammen. Hinweis: Stimmt euer Vorhaben unbedingt mit der Schulleitung ab.

4. Wertet eure Umfrage aus. Präsentiert die Ergebnisse entsprechend der Vorschläge im Leitfaden.

M6 Wenn die etablierten Parteien nicht mehr ankommen...

2006 hatte die NPD erstmalig in Mecklenburg-Vorpommern großen Erfolg bei Landtagswahlen. Weil die Wähler den etablierten Parteien nicht mehr zutrauen, ihre Probleme zu lösen. Und weil die NPD jene anspricht, die die anderen Parteien aufgegeben haben, sagt Günther Hoffmann, Kenner der rechtsextremen Szene aus Anklam.

Als der neue Landtag in Schwerin 2006 das erste Mal zusammenkommt, protestieren Mitglieder des Landesjugendringes.

taz: Die NPD ist in einigen Gemeinden im Nordosten von Mecklenburg-Vorpommern erstmals stärkste Partei geworden – nun ist die Aufregung groß. Finden Sie den Alarm übertrieben?
Günther Hoffmann: Auf keinen Fall. Die NPD breitet sich hier aus wie ein Tintenfleck auf dem Löschblatt. Erst vor zwei Jahren ist sie mit einem Abgeordneten in den Anklamer Stadtrat und mit zweien in den Kreistag eingezogen. Nun liegt sie in einigen Gemeinden bereits über dreißig Prozent. […]
Die demokratischen Parteien haben bei vielen Menschen in der Gegend einen ganz schlechten Ruf. Warum?
Die Leute haben hier einfach schlechte Erfahrung mit den Lokalpolitikern gemacht. Das Auftreten von den Provinzeliten der demokratischen Parteien ist oft durch Arroganz gekennzeichnet. Dem setzt die NPD etwas entgegen. […]
Was machen die Rechtsextremen denn so viel besser?
Die bemühen sich um Bürgernähe. […] Wenn ich hier die Kameradschaftsfunktionäre herumstehen sehe, dann unterhalten die sich mit den Leuten. Die hören den Menschen zu. Das wird in den Kameradschaften sogar gepredigt. Und die NPD hat angekündigt, dass [sie] Hartz-IV-Beratung anbietet.
Wie sollten die anderen Parteien darauf reagieren?
Die müssen jetzt Gegenangebote machen. Sie müssen in den Orten mehr Präsenz zeigen. Da dürfen sie sich in der ersten Zeit auf erhebliche Unmutsäußerungen der Bürger gefasst machen. Aber diese Phase müssen sie aushalten, um mit den Wählern überhaupt erst mal wieder in einen konstruktiven Dialog zu kommen.
Wenn man sich die NPD-Arbeit in den Kommunalparlamenten anschaut, sieht man: Da ist meist wenig bis nichts gelaufen. Wieso sollte die NPD im Landtag erfolgreicher agieren?
[…] Der strategische Ansatz der NPD ist ein völlig anderer. Es geht der NPD nicht um konstruktive Parlamentsarbeit. Sie will in erster Linie polarisieren und die Negativstimmung in der Bevölkerung verstärken.

Das Interview führte Astrid Geisler, in: taz, 21.9.2006

AUFGABEN

1. Arbeite aus M6 Ursachen heraus, die das Erstarken der NPD bei den Landtagswahlen 2006 in Mecklenburg-Vorpommern zu erklären versuchen.

2. Bei den Landtagswahlen in Mecklenburg-Vorpommern am 18.9.2006 erhielt die NPD in Postlow 15,2 Prozent. Der Bürgermeister von Postlow kommentierte das Ergebnis wie folgt: „[...] Frust und Demokratie". Dann fügt er doch noch hinzu, er sei betroffen über das Ergebnis der NPD – sicher. Aber in einer Demokratie müsse man den Erfolg einer solchen Partei akzeptieren. Die Menschen seien enttäuscht, sagt er, und deswegen empfänglich für die platten Parolen. (www.spiegel.de/politik/deutschland/0,1518,437748,00.html)
a) Nimm kritisch Stellung zu der Ansicht, Frust und Demokratie seien der Nährboden für rechts.
b) Was würdest du dem Postlower Bürgermeister entgegnen wollen? Gestalte auf der Grundlage von M6 eine Gegenposition zu seiner Aussage.

Jugend in der Gesellschaft 73

M7 NPD unterwandert Facebook und StudiVZ

Verfassungsschützer warnen davor, dass die NPD und rechtsextreme Gruppen verstärkt Jugendliche über soziale Netzwerke im Internet anwerben. Die Rechtsextremisten würden Facebook, SchülerVZ, StudiVZ, MeinVZ, Wer-kennt-wen oder StayFriends für ihre Zwecke missbrauchen. „Jugendliche werden über den Austausch in den Foren vermehrt an die rechtsextremistische Szene herangeführt und auch angeworben", sagte Niedersachsens Verfassungsschutzpräsident Hans Wargel WELT ONLINE. Häufig können die jungen Leute Propaganda, Indoktrination und Anwerbeversuche nicht auf den ersten Blick als rechtsextrem erkennen. Statt Hakenkreuze werden Graffiti oder Symbole aus der Jugendszene verwendet. „Die Rechtsextremisten tauchen in den sozialen Netzwerken im Internet als Wolf im Schafspelz auf. Sie äußern sich zunächst ganz unverfänglich und versuchen dadurch das Vertrauen der anderen Teilnehmer zu erschleichen. Das ist eine neue Strategie", sagte Wargel. […]

Martin Lutz, auf www.welt.de, 7.4.2010

M8 Strategie: geheime Konzerte und Gruppenfeeling

Andrang an einem CD-Verkaufsstand bei einer NPD-Veranstaltung in Sachsen.

Wenn Neonazis oder Aussteiger berichten, wie sie in die braune Szene gerutscht sind, spielt Musik eine auffällige Rolle. […]
Mit schlichten Texten von Fremdautoren bzw. noch schlichteren aus eigener Feder bietet z. B. der NPD-Liedermacher Rennicke ein vereinfachtes, völlig verzerrtes Bild der Vergangenheit, schreckt nicht vor „heimattreuem" Kitsch zurück, expliziter Volksverhetzung, der nackten Verherrlichung des Zweiten Weltkrieges und des millionenfachen Sterbens, so beschreibt ihn das Forschungszentrum populäre Musik der Humboldt-Universität Berlin. […]
Angelockt in die Neonaziszene werden Jugendliche aber auch über die direkte Einladung zu Konzerten. Jugendarbeiter aus Mecklenburg-Vorpommern berichten, was dort immer wieder als Strategie funktioniere. An Busbahnhöfen, wo sich Schüler sammeln, werden jüngere bewusst von etwas älteren Schüler angesprochen, sie erhalten Propaganda-CDs geschenkt, die sogenannten „Schulhof-CDs", oder werden zu einer Party mit Musik oder einem Konzert „mit guter Mucke" eingeladen. Das beeindruckt in der Regel jüngere, wenn sie von

älteren Jugendlichen ‚auserwählt' werden. Dann läuft auch oft gute, sogar populäre Musik gemischt mit Songs von neonazistischen Szenebands, Ideologie spielt zunächst kaum eine Rolle, aber es gibt kostenlose oder preiswerte Getränke, Tabak, Gespräche, Angebote zur Hausaufgabenhilfe u.a.m. Auf diese Weise wird ein angenehmes Gruppenfeeling hergestellt, die politische Indoktrination folgt erst schleichend und später.

Heimlich organisierte Neonazikonzerte in abgelegenen Gasthöfen, Privathäusern, Scheunen oder Fabrikhallen erhöhen dann den Reiz, weil damit auch die Suche nach Abenteuern befriedigt wird.

Nach: Holger Kulick, auf: www.bpb.de, 10.3.2009

M9 Überfall auf Jugendzeltlager

Beim Überfall auf ein von der Jugendorganisation solid der Linkspartei organisiertes Jugend-Camp wurde am 20. Juli 2008 ein 13 Jahre altes Mädchen im Schlaf schwer verletzt. MUT-Leser melden indessen weitere Überfälle dieser Art in Hessen.

Zum Tathergang am Morgen des 20. Juli hatte die Polizei am Montag zunächst mitgeteilt, ein schwarz vermummter Mann sei gegen 7.45 Uhr in ihr Zelt am Neuenhainer See in Nordhessen gestürmt und habe mit Bierflaschen auf die 13-Jährige und ihren Bruder eingeprügelt. Das Mädchen musste mit Kopfverletzungen vom örtlichen Krankenhaus in die Marburger Universitätsklinik verlegt werden, ihr Bruder wurde ambulant behandelt. [...]

Die Jugendorganisation solid traf sich in dem Sommercamp von Donnerstag bis Sonntag. Der Überfall sei erst passiert, nachdem die Nachtwachen nach Sonnenaufgang schon abgezogen worden seien, sagte der Solid-Regionalsprecher Markus Lange am Montag der tageszeitung taz. Wachen seien eingesetzt worden, nachdem schon in der vergangenen Woche Neonazis vor dem Camp aufgetaucht seien und Fotos von den Anwesenden gemacht hätten.

Den Ermittlungen zufolge hatten die rund 50 Mitglieder des Sommercamps der Jugendorganisation der Linken am Samstag in Schwalmstadt-Treysa gegen rechte Gewalt demonstriert. Dabei sollen Rechtsextremisten provoziert haben, unter ihnen der 19-Jährige, der nun die Tat zugegeben hat. Die Polizei nahm die Personalien der Störer auf. Am nächsten Morgen wurde dann das Camp angegriffen. [...] Nach einem Bericht des Hessischen Rundfunks vom Dienstagabend hat nun ein 19-Jähriger zugegeben, mit einem Gegenstand auf das Mädchen eingeschlagen zu haben, so die Staatsanwaltschaft Kassel am Dienstag. Der Mann bekannte sich außerdem zu einer rechtsradikalen Gesinnung. Seine drei mutmaßlichen Mittäter befinden sich wieder in Freiheit.

Nach Zusammenstellung von Holger Kulick, auf: www.mut-gegen-rechte-gewalt.de, 22.7.2008

AUFGABEN

1. Beschreibe, wie die NPD gezielt Anhänger unter Jugendlichen rekrutiert. (M7, M8)

2. Entwerft konkrete Strategien zum Umgang mit den in M7 und M8 beschriebenen Rekrutierungsversuchen der NPD. Überlegt dabei insbesondere, ob und wie in der Schule Aufklärungsarbeit geleistet werden kann.

LINK

www.gewalt-geht-nicht.de
Initiative im Schwalm-Eder-Kreis, die 2008 nach dem Überfall auf ein linkes Zeltlager gegründet wurde, mit Infomaterial und Links zu Veranstaltungen, Projekten...

M10 Opferberatungsstellen berichten

Seit fast zehn Jahren gibt es die stern-Aktion „Mut gegen rechte Gewalt". Sie verfolgt zwei wesentliche Ziele: Sie ermutigt zu mehr Zivilcourage und leistet Initiativen unbürokratische Hilfe gegen Rechtsextremismus. Die Mut-Redaktion sprach mit Grit Armonies, Projektkoordinatorin der Opferberatungsstellen des RAA Sachsen e.V., über die Dimension der Übergriffe hinter den abstrakten Zahlen.

Wie sieht die Situation in Sachsen gerade aus? Was hat die Statistik der Opferberatung ergeben?
Es gab 2009 263 Übergriffe, von denen wir erfahren haben. Das heißt, dass es ca. jeden zweiten Tag in Sachsen einen Übergriff gibt. Die meisten davon, 149, sind Körperverletzungen. Über 400 Personen wurden angegriffen. Sachsen führt damit die Statistik in den ostdeutschen Bundesländern an. […] Die Angriffe werden brutaler und die Hemmschwelle, einfach zuzuschlagen, ist viel niedriger geworden. Und mit Marwa El-Sherbini müssen wir nun zwölf Todesopfer rechter Gewalt in Sachsen zählen. [...]

Zahlen sind ja ziemlich abstrakt. Was kannst Du zu der Art und Weise, der Qualität, der Übergriffe sagen? Was bedeutet so ein Übergriff für eine betroffene Person?
Die Brutalität der Angriffe nimmt stark zu und die Hemmschwelle zum Zuschlagen liegt sehr niedrig. Im vergangenen Jahr wurden Angriffe zunehmend im direkten Wohnumfeld der Betroffenen verübt. Auch überwiegen Körperverletzungen, die zum Teil schwere Verletzungen verursachten, und gemeinschaftlich oder mittels gefährlicher Gegenstände verübt wurden. Es werden auch zunehmend Personen angegriffen, die sich beruflich oder ehrenamtlich mit Rechtsextremismus auseinandersetzen. So wurde nach einer Gerichtsverhandlung, ein Mitarbeiter des Kulturbüros Sachsen e.V. mit Schlägen und Tritten verletzt. Ein Angriff bedeutet ein Höchstmaß an Fremdbestimmung. Betroffene haben Angst, fühlen sich in ihrem Alltag eingeschränkt, häufig leiden sie unter Schlafstörungen. Sie fragen sich, wie sie sich jetzt verhalten sollen. […] Noch Jahre nach der Tat, müssen sich Betroffene an das erinnern, was ihnen zugefügt worden ist. Zeugen können sich nach längerer Zeit nur noch schwer erinnern. Meist gereicht Tätern die Verhandlung auch noch zum Vorteil. Ihre Sympathisanten sitzen im Zuschauerraum und unterstützen die Angeklagten. Die Betroffenen hingegen sind meist ohne Bezugsgruppe.

Das Interview führte Nora Winter, auf: www.mut-gegen-rechte-gewalt.de, 16.3.2010

AUFGABEN

1. Diskutiert mögliche Ursachen, weshalb es in unserer Gesellschaft immer wieder zu so brutalen rechtsextremen Übergriffen kommt, wie in M9 beschrieben.
2. Häufig wird in Tageszeitungen über das Ausmaß rechter Gewalt berichtet, nicht aber über die Leiden der Opfer aufgrund dieser Gewalttaten. Erläutere in diesem Zusammenhang die Bedeutung von Opferberatungsstellen. (M10)
3. Stelle dar, inwieweit Gerichtsverfahren den Leiden der Opfer überhaupt gerecht werden können.

LINK

www.exit-deutschland.de
Hilfe für Menschen, die mit dem Rechtsextremismus brechen und sich ein neues Leben aufbauen wollen.

M11 MSgR – Mannheimer Schüler gegen Rechts

Wir, die „Mannheimer Schüler gegen Rechts" (MSgR) sind eine selbst verwaltete Schülerinitiative, die bereits seit dem Jahr 2000 besteht.

Unser Ziel ist es, rechtsradikalen und fremdenfeindlichen / rassistischen Strömungen in- und außerhalb der Schulen entgegenzuwirken. Wir sind der Meinung, dass Rechtsradikalismus nachhaltig nur durch Information und Aufklärung schon ab den unteren Schulklassen entgegengetreten werden kann.

Mit unserer präventiven Aufklärungsarbeit wollen wir bei Jugendlichen Bewusstsein und Sensibilität für ihre Rolle in der Gesellschaft und das Thema Rechtsradikalismus und seine Wurzeln sowie verschiedene Formen und Gesichter von Rassismus schaffen.

http://msgr.de/ueber_uns.htm

M12 Schule ohne Rassismus

Schule ohne Rassismus – Schule mit Courage ist ein Projekt, das Kindern und Jugendlichen die Möglichkeit bietet, das Klima an ihrer Schule aktiv mitzugestalten, indem sie sich bewusst gegen jede Form von Diskriminierung, Mobbing und Gewalt wenden.

Wer sich zu den Zielen einer Schule ohne Rassismus – Schule mit Courage bekennt, unterschreibt folgende Selbstverpflichtung:

- Ich werde mich dafür einsetzen, dass es zu einer zentralen Aufgabe einer Schule wird, nachhaltige und langfristige Projekte, Aktivitäten und Initiativen zu entwickeln, um Diskriminierungen, insbesondere Rassismus, zu überwinden.
- Wenn an meiner Schule Gewalt, diskriminierende Äußerungen oder Handlungen ausgeübt werden, wende ich mich dagegen und setze mich dafür ein, dass wir in einer offenen Auseinandersetzung mit diesem Problem gemeinsam Wege finden, und zukünftig einander zu achten.
- Ich setze mich dafür ein, dass an meiner Schule ein Mal pro Jahr ein Projekt zum Thema Diskriminierungen durchgeführt wird, um langfristig gegen jegliche Form von Diskriminierung, insbesondere Rassismus, vorzugehen.

www.schule-ohne-rassismus.org/faq.html

AUFGABEN

1. Arbeitet aus M11 die Ziele der Schülerinitiative MSgR heraus.

2. Überlegt, mithilfe welcher konkreten Maßnahmen diese Ziele umzusetzen sind.

3. a) Recherchiert auf http://msgr.de/aktionen/aktionen.htm, mit welchen Aktionen die MSgR rechten Tendenzen vorbeugen wollen.
b) Vergleicht eure Vorschläge (vgl. Aufgabe 2) mit den tatsächlichen Aktionen der MSgR. Welche Aktionen überraschen euch? Welche hattet ihr erwartet? Welche vermisst ihr?

4. Forscht in eurem Umfeld (z.B. an eurer Schule) nach ähnlichen Initiativen.

LINK

www.schule-ohne-rassismus.org
Informationen über das Schulnetzwerk mit Publikationen, Patenschaften, Projekten und vielem mehr.

Jugend in der Gesellschaft

Grundwissen

Keine Politikverdrossenheit bei Jugendlichen

Demokratie lebt von Teilhabe und Engagement. Dabei sind Jugendliche genauso gefragt wie Erwachsene, vor allem weil es um ihre Zukunft geht. Für den gelegentlich geäußerten Vorwurf, dass Jugendliche sich nicht politisch engagieren würden, gibt es Wissenschaftlern zufolge keine Belege. Allerdings haben sich die Formen der Beteiligung verändert: Zum Beispiel sinken die Mitgliederzahlen von Parteien und Gewerkschaften und die Wahlbeteiligung bei Bundestagswahlen seit Längerem kontinuierlich. Dafür nutzen Jugendliche und junge Erwachsene andere Themen und Wege, um sich einzumischen: Sie engagieren sich lieber spontan und kurzfristig oder zu bestimmten Anlässen, etwa einer großen Konferenz. Jugendliche treten für bestimmte Themen ein und in dem Zuge auch speziell ausgerichteten Organisationen bei. Insbesondere wenn sie ihre Interessen nicht von den Parteien vertreten sehen, ist das immer auch ein Handlungsauftrag an die Parteien, die in unserem repräsentativen System eine besondere Rolle spielen.

Besonders wichtig für Jugendliche sind der Austausch und die Meinungsbildung über das Internet. Es wird daher diskutiert, die Beteiligungsmöglichkeiten in der Demokratie den Bedürfnissen und Gewohnheiten der Bevölkerung anzupassen, um den Rückhalt nicht zu verlieren und das politische System zu stabilisieren.

Rechtsextremismus

Wenn es die herkömmlichen Institutionen unserer Demokratie nämlich nicht mehr schaffen, die Bevölkerung angemessen zu vertreten, geraten auch die Werte unserer Gemeinschaft in Gefahr. Rechtsextreme Gruppen und Parteien vertreten Überzeugungen, die nicht mit unserer freiheitlich-demokratischen Grundordnung vereinbar sind. Ihre Ideologie unterscheidet zum Beispiel in lebenswertes und -unwertes Leben, wertet jedes „Anderssein" ab und akzeptiert Gewalttätigkeit. Demokratische Regelungsformen von sozialen und politischen Konflikten werden abgelehnt.

Um Jugendliche für ihre Zwecke zu gewinnen, versuchen rechte Gruppen mit ihnen auf vertrauten Wegen in Kontakt zu treten: über Musik, Fußballfanclubs, Online-Foren oder Jugendlager. Zum Einstieg sind die Texte und Themen noch gemäßigt. Mit zunehmendem Gemeinschaftsgefühl wird dann die politische Beeinflussung betrieben.

Viele Opfer rechter Gewalt sind ihr Leben lang gezeichnet. Das mutige Eintreten gegen jede Diskriminierung und für Toleranz ist für eine freiheitliche Demokratie daher unabkömmlich.

3 Medien – zwischen Konsum, Kommerz und Information

Im Juni 2009 kam es in Iran nach Präsidentschaftswahlen zu massiven Protesten. In der Diktatur gilt die Presse- und Versammlungsfreiheit nur eingeschränkt. Die Protestbewegung organisierte viele ihrer Aktionen über Twittermeldungen und stellte Videos und Bilder vom brutalen Vorgehen der Polizei bei YouTube und verschiedenen Bildportalen online.

Kompetenzen: Am Ende des Kapitels kannst du unter anderem ...
- das Leben mit Medien und deren Einfluss auf den Alltag beschreiben.
- die Bedeutung der Pressefreiheit als Grundwert unserer Demokratie beschreiben.
- Entwicklungen in der Arbeitswelt und Anforderungen an Arbeitnehmer im Informationszeitalter wahrnehmen.
- Thesen zur Kommerzialisierung und Gewalt in den Medien formulieren und überprüfen.
- Macht und Einfluss der Medien auf Meinungsbildung und politische Systeme kritisch hinterfragen und bewerten.
- in einem Konferenzspiel verschiedene politische Handlungsalternativen formulieren und vertreten.
- aus unterschiedlichen Fernsehsendern Informationen entnehmen und einordnen.

3.1 Leben mit Medien

M1 Medienkonsum von Jugendlichen – 2000 und 2008 im Vergleich

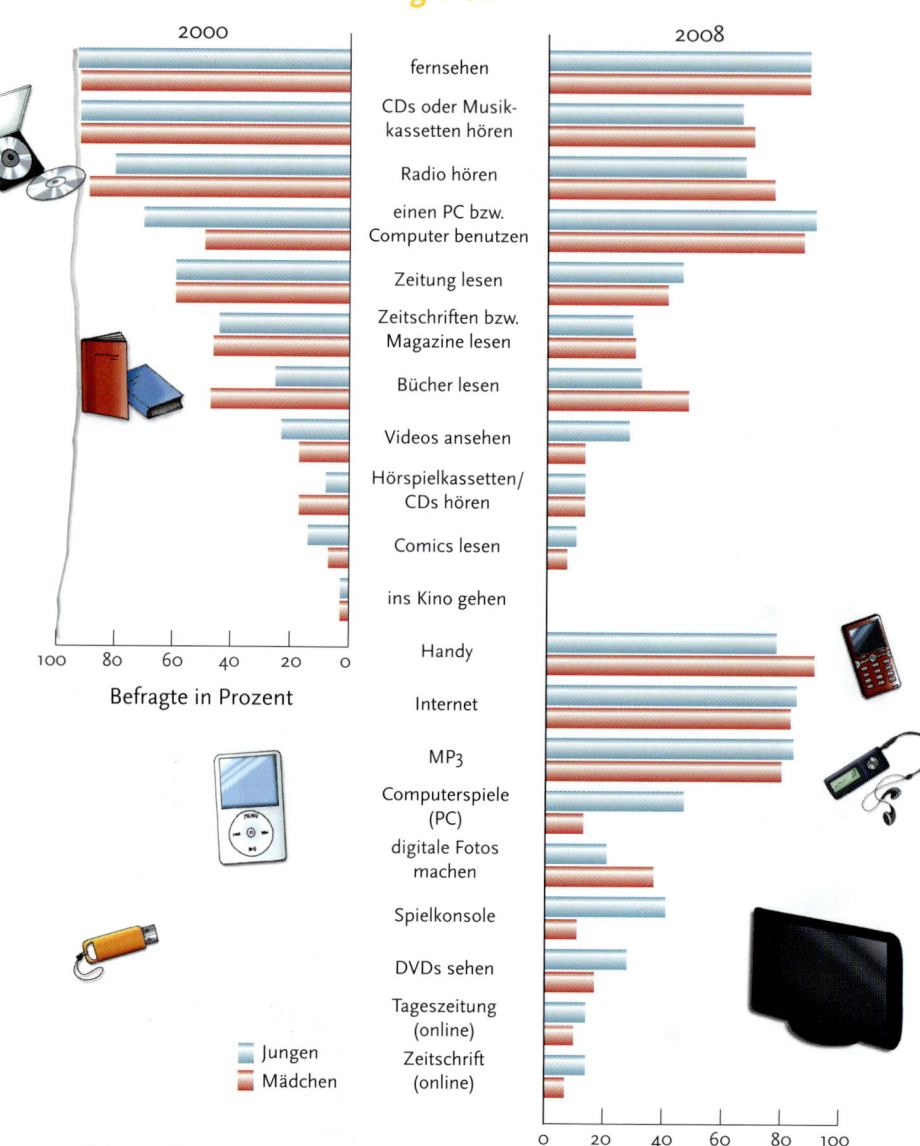

Befragte: 12–19jährige Jugendliche; JIM-Studien 2000/2008, www.mpfs.de

Legende: Jungen / Mädchen

Kategorien: fernsehen, CDs oder Musikkassetten hören, Radio hören, einen PC bzw. Computer benutzen, Zeitung lesen, Zeitschriften bzw. Magazine lesen, Bücher lesen, Videos ansehen, Hörspielkassetten/CDs hören, Comics lesen, ins Kino gehen, Handy, Internet, MP3, Computerspiele (PC), digitale Fotos machen, Spielkonsole, DVDs sehen, Tageszeitung (online), Zeitschrift (online)

AUFGABEN

1. In M1 siehst du lauter sogenannte „Massenmedien" und „Neue Medien". Sieh sie dir genau an und versuche anhand der Abbildungen die Begriffe zu definieren.

2. Vergleiche das Medienverhalten von Jugendlichen in den Jahren 2000 und 2008. (M1)
   a) Beschreibe insbesondere, was bei der Medienbeschäftigung gleich geblieben ist und was sich geändert hat.
   b) Achte auf das unterschiedliche Medienverhalten von Jungen und Mädchen.
   c) Versuche, die Ergebnisse aus a) und b) zu erklären.

3. Der deutsche Durchschnittsbürger konsumiert täglich ungefähr zehn Stunden Massenmedien.
   a) Notiert euch euren eigenen Medienkonsum eines ganzen Tages vom Aufstehen bis zum Zubettgehen in einer Tabelle. (M2)
   b) Rechnet anschließend aus, wie viele Minuten ihr mit welchem Medium verbringt.
   c) Tragt eure Ergebnisse zusammen und vergleicht die Zahlen eurer Klasse mit M1.

M2 Wann nutzt du welche Medien?

Uhrzeit	Tätigkeit	Medium	Dauer in Min
6.30 Uhr	Aufstehen	Radiowecker	5
6.45 Uhr	Frühstücken	Küchenradio	15
7.15 Uhr	Busfahren	MP3-Player	20
…			

M3 Muss Zeitung langweilig sein?

Der Medienwissenschaftler Prof. Michael Haller äußert sich in einem Interview mit der Bundeszentrale für politische Bildung zu der Tatsache, dass Jugendliche immer weniger Zeitung lesen.

bpb: Herr Haller, warum finden Jugendliche es langweilig, Zeitung zu lesen?
Haller: Sehen Sie sich die Zeitungen an: Die Texte sind lang, die Sprache häufig abstrakt, die Fotos wirken gestellt. Die Zeitung wirkt auf Jugendliche so, wie die Erwachsenen insgesamt: distanziert.

War das schon immer so?
Es gibt einen Graben zwischen den Interessen, die Jugendliche in der Pubertät haben, und den Themen, die Zeitungen behandeln. Dieser Graben […] ist in den letzten Jahrzehnten stetig gewachsen. Das hat verschiedene Gründe. Ein wichtiger ist, dass sich unsere Kommunikationskultur stark verändert hat. Als ich jung war, haben wir die Zeitung gelesen, weil wir wissen wollten, was los ist. Zeitung lesen war wie eine Eintrittskarte in die Welt. Heute stehen jungen Menschen ganz andere Medien zur Verfügung. Sie haben „crossmedia" im Kopf – und greifen nicht zur Zeitung.

Was machen Zeitungen falsch beim Versuch, Kinder und Jugendliche zu erreichen?
Der größte Fehler, den Zeitungen machen, ist der, dass sie unzureichend Bescheid wissen über diese Zielgruppe. Redakteure haben selten eine Ahnung, was Kinder und Jugendliche bewegt, welche Interessen und Bedürfnisse sie haben. Sie differenzieren zu wenig zwischen den Interessen eines 12-Jährigen und einer 16-Jährigen. In der Konsequenz werfen sie alle in einen Topf und wundern sich, dass eine Seite, die für Kinder und Jugendliche von 10 bis 19 Jahre gedacht ist, am Ende keinen in dieser Altersklasse anspricht. […]

Und es gibt noch andere Wege, junge Menschen mit der Zeitung vertraut zu machen, […] zum Beispiel die Kindernachrichten. Da werden in der ganzen Zeitung Artikel für Kinder platziert, die Nachrichten in einfacher Sprache für Kinder „erzählen", nicht berichten. Gerade für Kinder im Alter von 6 bis 10 Jahre ist das eine gute Idee, denn in dem Alter sind sie noch extrem neugierig auf die Welt der Erwachsenen.

Gibt es noch weitere Konzepte?
Ja. Bislang gibt man nur gelegentlich aktuelle Zeitungsausgaben in die Schulen. Dieses Angebot sollte ausgebaut werden. Zudem könnte ich mir vorstellen, das Zeitungslayout im Unterricht einzusetzen. Kein anderes Medium kann komplexe Informationen so übersichtlich und anschaulich übersetzen wie die Zeitung. Warum also nicht das Thema Politik und unsere Regionalgeschichte in Form von Zeitungen aufbereiten? Die Schüler würden doppelt lernen: den Lehrstoff und den Umgang mit dem Medium Zeitung.

Das Interview führte Sandra Schmid, auf: www.bpb.de, Januar 2004

AUFGABEN

1. Stelle zusammen, warum das Massenmedium Zeitung Jugendliche heutzutage wenig anspricht. (M3)

2. a) Erörtere die im Interview (M3) genannten Möglichkeiten, junge Menschen an die Lektüre von Zeitungen heranzuführen.
b) Was können die Vorteile einer Zeitung gegenüber „moderneren" Medien sein? Liste diese auf. (M4)
c) Entwerft in der Klasse Werbeslogans für das Medium Zeitung.

3. Erkläre mithilfe von M4 und dem ersten Abschnitt aus dem Grundwissen, warum die Zeitung als erstes Massenmedium bezeichnet wird.

M4 Die Zeitung – das erste Massenmedium

Der Erfinder des Buchdrucks, Johannes Gutenberg, ist Vater einer Medienrevolution mit immensem Einfluss auf die politische, gesellschaftliche und technisch-wirtschaftliche Entwicklung aller Nationen. Mit dem um 1450 von Gutenberg erfundenen Druckverfahren ließen sich erstmals Ideen und Erfahrungen durch mechanische Vervielfältigung beliebig oft zu Papier bringen und über große Distanzen hinweg einem stetig wachsenden Publikum vermitteln. [...] Im Sommer 1605 entschloss sich der Straßburger Nachrichtenhändler Johann Carolus seine bis dahin handschriftlichen Zusammenfassungen des politischen Geschehens fortan in wöchentlicher Folge regelmäßig zu drucken – der Beginn des Massenmediums Zeitung. In Leipzig erschien im Jahr 1650 mit den „Einkommenden Zeitungen" zum ersten Mal eine Tageszeitung mit sechs Ausgaben pro Woche. [...]
Vor der Erfindung des Radios erschienen Verlagsobjekte aus verschiedenen deutschen Verlagen teilweise viermal am Tag: Morgenausgabe, Mittagsausgabe, Abendausgabe, Nachtausgabe. Die Zeitung besaß bis zum Aufkommen des Rundfunks weit über drei Jahrhunderte das Monopol, über alle aktuellen Geschehnisse und Entwicklungen in Staat und Gesellschaft zuerst zu informieren. Somit hat die Zeitung das Weltbild von Generationen nachhaltig beeinflusst.

Nach: Ullrich Schönborn, auf: www.antiquarische-zeitungen.de

M5 Geschichte des Internets

Der treibende Motor hinter der Entwicklung der ersten Form des Internets war der Kalte Krieg zwischen der Sowjetunion und den USA. [...] 1969 wurden in den USA erstmals militärische Computer zum sogenannten ARPANET (Advanced Research Projects Agency-Net) verbunden. Es handelte sich um ein dezentral konzipiertes Netzwerk, das dafür sorgen sollte, die Kommunikation im Fall eines Nuklearangriffs aufrechtzuerhalten. [...] Das ARPANET wurde im Juni 1990 aufgelöst und dessen Funktion in die größere Struktur des Internets integriert. In den 70er- und 80er-Jahren wurden Universitäten und Forschungsstellen an das Netz geschlossen, um den wissenschaftsinternen und länderübergreifenden Austausch von Forschungsergebnissen zu erleichtern. Das Internet stand noch immer nicht für private oder kommerzielle Zwecke offen. Erst durch die massenhafte Verbreitung des Personal Computers (PC), durch den kostenlosen Vertrieb grafischer Benutzeroberflächen und durch die Entwicklung des Internet-Dienstes „World Wide Web" – nicht zu verwechseln mit dem Internet selbst – am europäischen Kernforschungszentrum

CERN in Genf kam es in den späten Achtzigerjahren schließlich zur Kommerzialisierung des Internets. Ab sofort konnte es jeder nutzen.

Der weltweite Durchbruch der neuen Kommunikationstechnologie begann erst Anfang der 90er Jahre. Im CERN wurden 1991 die Hyperlinks entwickelt, mit deren Hilfe man sich durch das ganze Netz bewegen, also „surfen" kann. 1993 wurde der Netscape-Browser entwickelt, womit die Nutzung des Netzes vereinfacht wurde, sodass auch Otto Normalverbraucher sich ohne größere Schwierigkeiten im Internet bewegen konnte. Die wichtigste, meist genutzte Anwendung des Internets war von Anfang an die E-Mail, also die elektronische Post. Seit der Freigabe des Internets hat es sich wie ein Lauffeuer über die ganze Welt ausgebreitet.

Margot Aigner, Die Geschichte des Internets, auf: www.internettechnik-netzwerktechnik.suite101.de, 30.1.08

M6 Die weltweite Internetnutzung

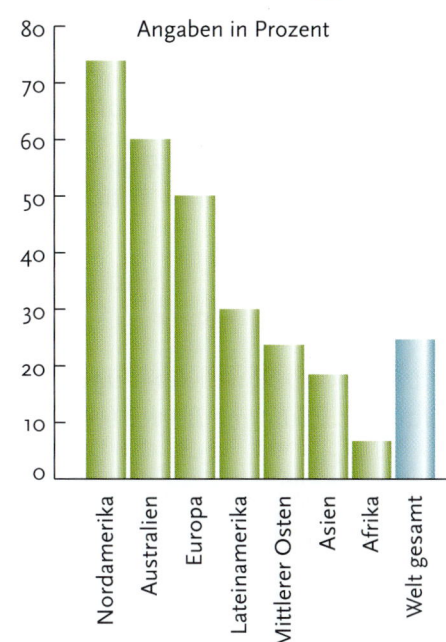

Angaben in Prozent

- Nordamerika: ~74
- Australien: ~60
- Europa: ~50
- Lateinamerika: ~30
- Mittlerer Osten: ~24
- Asien: ~18
- Afrika: ~7
- Welt gesamt: ~25

Internet World Stats, auf: www.internetworldstats.com, Juni 2009

M7 Wer surft mit?

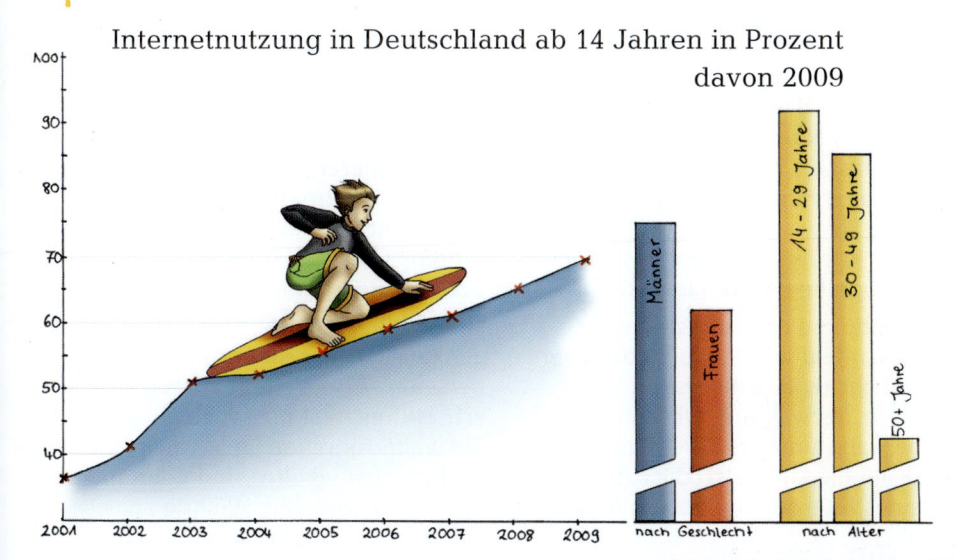

Internetnutzung in Deutschland ab 14 Jahren in Prozent
davon 2009

nach Geschlecht: Männer, Frauen
nach Alter: 14–29 Jahre, 30–49 Jahre, 50+ Jahre

Initi@tive D²¹, (N)Onliner Atlas 2009

AUFGABEN

1. Teile die Entwicklung des Internets in unterschiedliche Phasen ein. (M5)

2. a) Ermittelt durch eine kurze Umfrage in der Klasse, wie viel Prozent von euch regelmäßig das Internet nutzen.
b) Vergleicht euer Klassenergebnis mit der entsprechenden Altersgruppe in M7.

3. Diskutiert in der Klasse die Vor- und Nachteile von Internet und Zeitung und stellt sie in Form einer Tabelle gegenüber. (M3–M7)

4. Mit dem Begriff der „Informationsgesellschaft" beschreibt man eine Gesellschaft, in der alle Bevölkerungsgruppen Zugang zu den modernen Informations- und Kommunikationsmedien haben. Erarbeitet aus den Statistiken M6 und M7, wer nicht Teil dieser Gesellschaft ist, und überlegt, was dies für Folgen haben könnte.

Kompetenz: Urteilen

Bewertung von Internetseiten

Gerade Jugendliche suchen meist sofort im Internet, um sich zu informieren oder um ein Referat vorzubereiten. Mithilfe einer Suchmaschine werden ihnen dann oft viele Tausend verschiedene Internetseiten angeboten, sodass die Suche nach wirklich geeigneten und verlässlichen Materialien der berühmten Suche nach der Nadel im Heuhaufen gleicht. Es stellt sich deshalb die Frage, woran man erkennt, dass aufgerufene Internetseiten und ihre dort zu findenden Informationen glaubwürdig sind.

M8 Befragung Jugendlicher zur Glaubwürdigkeit von Massenmedien

2005 bzw. 2008 wurden Jugendliche befragt, welchem Medium sie bei widersprüchlicher Berichterstattung am ehesten vertrauen würden.

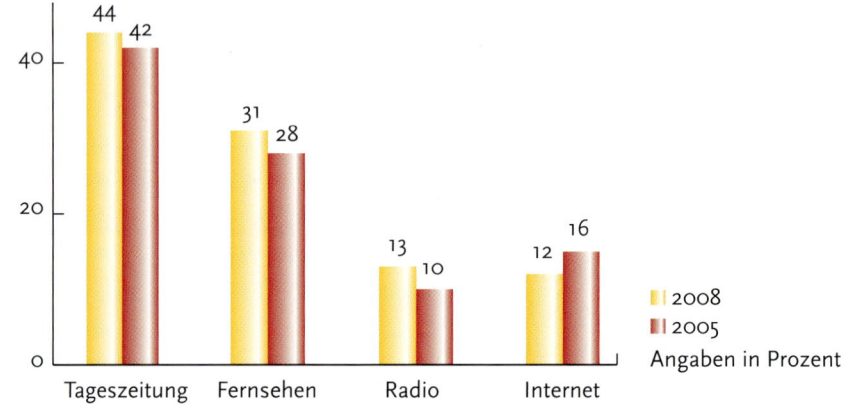

Medium	2008	2005
Tageszeitung	44	42
Fernsehen	31	28
Radio	13	10
Internet	12	16

Angaben in Prozent

JIM-Studie 2005, 2008, www.mpfs.de

AUFGABEN

1. Vergleiche die Angaben der Jugendlichen in M8 miteinander.
2. Sammelt gemeinsam Gründe, weshalb die Jugendlichen die Glaubwürdigkeit der verschiedenen Medien derart beurteilen. (M8)
3. Weitere Kriterien zur Bewertung von Internetseiten finden sich z. B. unter den Adressen www.rpi-virtuell.net (→ Suche: Internetrecherche und Download) und www.irights.info. Überprüfe mithilfe der oben genannten Kriterien, warum diese Websites glaubwürdig sind.

Leitfaden – Bewertung von Internetseiten

1. Identität des Verfassers: Wer ist der Autor der Internetseite? Wird ein Kontakt genannt oder ist, wie in Deutschland vorgeschrieben, ein Impressum vorhanden, das unter anderem den Namen und die Anschrift des Verfassers nennt? Gibt es vielleicht sogar Hinweise oder Verknüpfungen, die weitere Auskunft geben, z.B. die Rubrik „Wir über uns" oder eine Biografie des Verfassers?

2. Hintergrund des Autors: In welchem Umfeld wurde die Website veröffentlicht (z. B. Universität, Unternehmen, Verwaltung, Organisation)? Dabei kann unter anderem auch ein Blick auf die URL, also die Adresse eines Internetangebots, hilfreich sein.

3. Objektivität: Wie ist der Text geschrieben? Warum und für wen wurde er geschrieben (z.B. für die Allgemeinheit, Schüler, Studierende oder Wissenschaftler)? Sind die Aussagen auf der Website durch Quellen belegt? Existieren externe Links, die zu weiteren Informationsquellen, Werbung oder zweifelhaften Angeboten führen? Gibt es Kommentare von anderen Nutzern, die sich lobend oder kritisch über die Seite äußern?

4. Aktualität: Wie aktuell ist die Internetseite? Wird sie regelmäßig erneuert? Hilfreich ist hier auch ein Blick auf weiterführende Links, die ja vielleicht längst veraltet sind oder nicht mehr funktionieren. Wichtig zu wissen: Etwa 50 % aller Internetseiten verändern jedes Jahr ihre Adresse!

Grund-
wissen

Was sind eigentlich „Massenmedien"?

Das Wort „Medien" stammt aus dem Lateinischen und bedeutet ursprünglich „Mittel" oder „Vermittler". Unter dem Begriff „Massenmedien" versteht man heute solche Medien, die durch technische Vervielfältigung und Verbreitung Nachrichten und Unterhaltung in Form von Schrift, Ton und Bild übermitteln. Neben der Zeitung als dem ältesten Massenmedium sowie Büchern, Rundfunk und Fernsehen fallen unter den Begriff auch sogenannte „Neue Medien" wie CDs, DVDs, Handys, MP3-Player und das Internet.

Die Nutzung der Medien

Die Nutzung der Massenmedien nimmt zu. Durchschnittlich verbringt jeder Einwohner Deutschlands mittlerweile etwa zehn Stunden täglich mit ihnen. Es gibt hierzulande kaum einen Menschen, der nicht über den Zugang zu Massenmedien verfügt. Vor allem für Jugendliche sind sie ein selbstverständlicher Bestandteil des Lebens geworden.

Die Zeitung – das erste Massenmedium

Die Zeitung gilt als das erste Medium, das einem breiten Publikum zugänglich war. Durch die Erfindung des Buchdrucks des Mainzers Johannes Gutenberg um 1450 wurde es einfach und preisgünstig, Texte zu vervielfältigen. Um 1600 entstanden die ersten Zeitungen, und für mehr als drei Jahrhunderte waren sie die unangefochtenen Vermittler von Nachrichten. Heute stehen die Tageszeitungen unter großem wirtschaftlichen Existenzdruck, insbesondere durch elektronische Nachrichtenformate. Vor allem Jugendliche kommunizieren und informieren sich lieber über moderne Wege des Datentransports.

Das Internet – das Netz der Netze

Aus dem täglichen Leben ist vor allem das Internet nicht mehr wegzudenken. Miteinander kommunizieren, Musik hören, einkaufen, Bankgeschäfte erledigen usw. – all das und noch viel mehr kann man online tun. Hervorgegangen aus einer Einrichtung für das US-Militär ist es heute das weltweite Kommunikationsforum Nummer eins. Alleine in Deutschland sind heute fast 50 Millionen Menschen online. Während wir uns also längst in der sogenannten „Informationsgesellschaft" befinden, darf man aber dabei eines nicht vergessen: Weltweit haben heute noch vier Fünftel aller Bewohner – vor allem ärmere Länder, aber auch ältere Menschen – keinen Zugang zu diesen Kommunikationswegen.

3.2 Die Rolle der Medien – zwischen Information und Kommerz

M1 Medienberichterstattung heute?

Tut mir echt leid, aber der Chefredakteur meint, wenn ich nicht bald mal ein sensationelles Bild liefere, bin ich als Fotograf erledigt!

Gerhard Mester / Baaske Cartoons

M2 Aufgaben der Massenmedien – und wirtschaftliche Zwänge

Den Massenmedien Presse, Hörfunk, Fernsehen und Internet ist in der Demokratie eine wichtige Aufgabe zugedacht. Sie sollen umfassende, sachgerechte und verständliche Informationen liefern, damit die Bürger sich eine politische Meinung bilden und sachkundig an politischen Entscheidungen mitwirken können. Dazu garantiert das Grundgesetz den Medien die Freiheit der Berichterstattung und verbietet jede Zensur (Artikel 5 GG).

Im Alltagsgeschäft spielen jedoch auch noch andere Gesichtspunkte eine wesentliche Rolle. Die vielen einzelnen Zeitungs-, Radio- und Fernsehunternehmen stehen in harter Konkurrenz zueinander und müssen zunächst einmal alle Geld verdienen. (Ausnahme: ARD und ZDF, die sich weithin aus gesetzlich festgelegten Zwangsbeiträgen aller Besitzer von Radio- und Fernsehapparaten finanzieren.) Haupteinnahmequelle ist die Werbung, als Anzeigen in der Presse und als Werbespot in Hörfunk und Fernsehen. Für diese Werbung kann ein Medienunternehmen desto höhere Preise erzielen, je höher die Verkaufsziffern seiner Zeitung oder Zeitschrift bzw. die Einschaltquoten seines Radio- oder Fernsehsenders sind. Wer aber hohe Verkaufsziffern oder hohe Einschaltquoten will, kann es sich nicht leisten, einfach nur trockene Informationen zu liefern. Er muss zugleich auch unterhalten, Neugier wecken, ständig Aufmerksamkeit erregen – und dazu seine Nachrichten entsprechend auswählen.

Eckart Thurich, pocket politik. Demokratie in Deutschland, Bonn 2006, S. 91 f.

AUFGABEN

1. Erläutere die Aussage der Karikatur. Versuche dabei auch die Kapitelüberschrift „Die Rolle der Medien – zwischen Information und Kommerz" mit einzubeziehen. (M1)
2. Fasse zusammen, welche grundsätzlichen Aufgaben die Massenmedien in einer Demokratie einnehmen. (M2)
3. Erkläre den „Kampf um die Quote", dem private Medienunternehmen ausgesetzt sind, in eigenen Worten. (M1, M2)

M3 Protokoll: Vergleich von Nachrichtensendungen

Themen	öffentlich-rechtlicher Sender	Dauer in Sek	privater Sender	Dauer in Sek
Politik	- Verabschiedung eines Gesetzes im Bundestag - Hungersnot in Ruanda	60 90	- Hungersnot in Afrika - neues Gesetz	60 45
Wirtschaft	- Jahresgutachten vorgestellt	60	- Anstieg des DAX	30
Wissenschaft und Kultur	- Verleihung des deutschen Buchpreises	30		
Sport	- Sieg der deutschen Fußball-Nationalmannschaft	45	- Gerüchte um Bestechung in der Formel 1	25
Prominente	- Tod des Schriftstellers yz	45	- Scheidung der Schauspielerin xy	45
Aus aller Welt (Unglücksfälle, Katastrophen, Kurioses)	- Massenkarambolage auf der A7, viele Verletzte…	45	- größter Mann der Welt heiratet - Prügelei in der S-Bahn mit Verletzten	30 20
…	…	…	…	…

M4 Zuschaueranteile der TV-Sender

Rang	Sender	Marktanteil 14-49 in %	Zuschauer ges. in %
1.	RTL	15,7	11,8
2.	ProSieben	11,8	6,6
3.	Sat. 1	10,8	10,4
4.	ARD - Das Erste	7,5	13,5
5.	Vox	7,5	5,4
6.	ZDF	7,0	13,2
7.	ARD-Dritte	6,6	13,1
8.	RTL II	6,2	3,8
9.	kabel eins	5,5	3,6
10.	Super RTL	2,7	2,4

AGF/GfK + Media Control

AUFGABEN

1. Bildet zwei Gruppen in der Klasse. Verabredet einen Tag, an dem die eine Gruppe die „tagesschau" in der ARD und die andere die „NEWS" auf RTL II ansieht (jeweils um 20 Uhr). Protokolliert die Inhalte der Nachrichtensendung in einer eigenen Tabelle ähnlich wie M3. Vergleicht die Ergebnisse in der Klasse.

2. Die Zuschauer zwischen 14 und 49 Jahren sind für die Werbewirtschaft die interessanteste Gruppe von TV-Nutzern, weil sie am meisten konsumiert.
   a) Formuliere, welche TV-Sender diese Gruppe besonders häufig anschaut. (M4)
   b) Lies aus der Tabelle, welche Art von Informationen diese Gruppe konsumiert – und welche sie verpasst. (M5)

3. Formuliere aus den Erkenntnissen des TV-Protokolls und den Tabellen eine Aussage über den Informationsstand der Altersgruppe zwischen 14 und 49 Jahren. (M3-M5)

Medien – zwischen Konsum, Kommerz und Information

M5 Das Informationsangebot ausgewählter TV-Sender

Sendedauer in Prozent

Inhalte/Themen	ARD	ZDF	RTL	Sat. 1	Pro 7
Information	41,8	47,8	25,6	18,3	25,7
Politik/Wirtschaft/Zeitgeschichte/Gesellschaft	17,0	17,6	6,7	3,5	1,4
Kultur/Wissenschaft/Religion	7,4	8,6	0,7	1,4	6,8
Alltag/Soziales/Freizeit/Beziehungen	4,2	7,0	8,4	0,3	6,7
Recht/Kriminalität/Unfall/Katastrophe	0,4	0,4	0,4	0,0	0,1
Diverse Themen*	12,3	14,1	9,3	13,0	10,6
Wetter	0,5	0,2	0,2	0,1	0,0

* Stark geprägt von Frühstücksfernsehen und Boulevardmagazinen.

Udo Michael Krüger, Thomas Zapf-Schramm, Sparten, Sendungsformen und Inhalte im deutschen Fernsehangebot 2006, in: Media Perspektiven Nr. 4 (2007), S. 166 ff.

M6 Die Folgen der Kommerzialisierung des Fernsehens

Der Medienjournalist Stefan Niggemeier beschreibt die Folgen der Kommerzialisierung des Fernsehens folgendermaßen:

Es geht nicht darum, dass die öffentlich-rechtlichen Sender bestimmte Genres komplett den Privaten überlassen sollten. Es geht darum, dass es den Anschein hat, als hätten ARD und ZDF jedes Maß und das Gefühl für die richtigen Prioritäten verloren. Die Verantwortlichen haben offenbar weitgehend die Denkweise kommerzieller Sender verinnerlicht. In der wirtschaftlichen Logik mag es zum Beispiel sinnvoll sein, einen Erfolg so lange zu kopieren, bis der Markt übersättigt ist. Läuft eine Gerichtsshow am Nachmittag gut, setzt man eine zweite und eine dritte dahinter, bis die Zuschauer sich irgendwann übersättigt abwenden. Programmvielfalt ist kein Unternehmensziel eines privatwirtschaftlichen Senders – sie müsste es aber für einen öffentlich-rechtlichen Sender sein. Und doch scheinen ARD und ZDF der Versuchung nicht widerstehen zu können, wenn eine Telenovela gut läuft, gleich noch eine zweite zu produzieren. Ein kommerzieller Sender darf, wenn es sich denn rentiert, als Kopiermaschine daher kommen; ein öffentlich-rechtlicher muss Kreativschmiede sein. Es fällt schwer, ein Genre zu finden, in dem dieser Begriff heute für ARD und ZDF angemessen wäre. Stattdessen übernehmen sie die von den Privaten etablierten Formen und inflationieren sie hemmungslos.

Nach: Stefan Niggemeier, Selbstbewusst anders sein, in: Aus Politik und Zeitgeschichte, Nr. 9-10/2009, S. 3 f.

AUFGABEN

1. Fasse in eigenen Worten zusammen, was der Verfasser am öffentlich-rechtlichen Fernsehen kritisiert. (M6)

2. Vergleiche ein beliebiges Tagesprogramm einer TV-Zeitschrift, indem du die im Artikel M6 angesprochenen Ähnlichkeiten und Unterschiede von öffentlich-rechtlichen und privaten Sendern herausarbeitest.

3. „Die öffentlich-rechtlichen Sender sind für junge Menschen ungefähr so relevant wie Treppenlifter oder Blasentee."(stern, 51/2008) Überprüfe diese These, indem du die Lieblingssendungen und -sender deiner Mitschüler erfragst.

4. Wer ist verantwortlich dafür, dass die Bürger „sachkundig an politischen Entscheidungen mitwirken können" – der Sender, der ein Programm anbietet, oder der Zuschauer, der die Entscheidung über die Senderwahl trifft? Begründe deine Meinung.

M7 Kindgerechte Fernsehwerbung

…UND VERGESST NICHT, LIEBE KINDER: WENN SICH EURE MAMI WEIGERT, EUCH DIESE FRÜHSTÜCKSFLOCKEN ZU KAUFEN, DANN WISST IHR GENAU: SIE HASST EUCH!

Martin Perscheid

M8 Funktionen der Werbung

Werbung hat folgende Funktionen:
- eine Bekanntmachungsfunktion, indem sie auf Produkte, Dienstleistungen oder Ideen hinweist;
- eine Informationsfunktion, indem sie auf Merkmale wie Produkteigenschaften, -qualitäten, -verwendung und -preise hinweist;
- eine Suggestionsfunktion [d.h. eine manipulierende Funktion], weil Werbung durch Elemente wie Farben, Bilder, Musik emotionale Kräfte freisetzt. Diese vermitteln dem Umworbenen den Eindruck, mit dem beworbenen Objekt den Zielen seiner Wunsch- und Traumwelt näher zu kommen;
- eine Imagefunktion, wenn Werbung das Werbeobjekt so präsentiert, dass es sich positiv von Konkurrenzprodukten unterscheidet. […]

Duden Wirtschaft von A bis Z, Mannheim 2004 (Bibliographisches Institut & F.A. Brockhaus)

M9 Eine Frage des Images

Dennis steht ungern früh auf, ist oft genervt und wird von seiner Umgebung als ungeduldig bezeichnet. Wenn es aber um sein Styling geht, ist er bereit, Stunden um Stunden zu opfern.
Schon beim Shopping achtet er penibel darauf, nur Markenwaren zu kaufen. Egal, ob Haargel, Schuhe oder Handy: „Was keine Marke ist, ist Schrott." Sein drei Monate altes Marken-Handy ist seine größte Leidenschaft. Stundenlang lädt Dennis täglich Songs, Jingles (Klingeltöne), Pics und Clips (Bilder und Videos) aus dem Internet runter. Am nächsten Tag auf dem Schulhof oder vor der Schule werden die neuesten Klamotten stolz herumgezeigt und die aktuellen Downloads mit dem Handy ausgetauscht. „Es geht ja auch um mein Image", meint Dennis dazu ernst.

Nach: bpb, Was geht? Markenbewusstsein und Konsumverhalten von Jugendlichen, 1/08, S. 2

AUFGABEN

1. Interpretiere die Karikatur M7.
2. Notiere dir einen Tag lang, wo und wie oft du selbst auf Werbebotschaften triffst.
3. Lies dir die aufgeführten Funktionen der Werbung in M8 durch und überlege dir, welche Werbebotschaften auf Dennis eingewirkt haben. (M9)
4. Sucht euch anschließend in Gruppen Werbung aus Zeitungen und Zeitschriften, dem Fernsehen sowie dem Radio und erklärt auch hier die verwendeten Mittel und die damit verbundene Absicht. (Vergleiche hierzu auch die Kompetenzseite aus Band 1 für die Jahrgangsstufe 7, Kap 4.3)

Kompetenz: Methode

Einen Videofilm drehen

Die ständige Begegnung mit Werbung bestimmt längst unseren Alltag. Der moderne Mediennutzer merkt mittlerweile oft schon gar nicht mehr, was alles an Werbebotschaften zum Beispiel per Fernsehen, Radiojingle oder Plakat auf ihn eindringt. Das wissen natürlich auch die Werbetreibenden. Deshalb versuchen sie, ihre Botschaften möglichst geschickt zu platzieren, etwa am Anfang oder am Ende eines Werbeblocks, oder indem sie sie möglichst auffällig oder ansprechend gestalten. Dabei achten sie darauf, ihre Zielgruppe genau und zielgerichtet anzusprechen, etwa was Sprache und Präsentationsform betrifft.

M10 Jugendliche als Zielgruppe von Werbung

Ingo Barlovic, Geschäftsführender Gesellschafter des Markt- und Meinungsforschungsinstituts Iconkids & Youth, erklärt, worauf es bei Werbung speziell für Jugendliche ankommt.

Was müssen Marketing-Verantwortliche beim Dialog mit der Jugend beachten?
Barlovic: Wichtig ist, dass Marken sich selbst treu bleiben und kontinuierlich gepflegt werden. In der Kommunikation ist wichtig: Die Jugendlichen sind nicht so kompliziert und anspruchsvoll, wie man immer denkt. Viele Kampagnen sind zu stark um die Ecke gedacht. […] Erfolgreich ist nach wie vor, wer die Bedürfnisse nach Gruppenzugehörigkeit, Individualität und Sex bedient. Axe hat das mit seiner Deowerbung sehr gut gemacht: Da wurde stark übertrieben gezeigt, wie einem die Frauen nachlaufen, wenn man Axe nutzt. Das war ironisch, das Versprechen von mehr Attraktivität kam aber dennoch rüber. […]

Inwiefern unterscheiden sich Mädchen und Jungen im Konsumverhalten?
Barlovic: Für Mädchen ist Einkaufen in der Regel ein sozialer Akt. Bei Jungen geht es mehr darum, wer die besten Informationen hat, wer sich am besten auskennt. Sie sind es, die im Internet Preisvergleiche über Handytarife suchen. Wenn die Mädchen wissen wollen, welcher Tarif der beste ist, fragen sie oft ihren Freund.

Das Interview führte Klaus Janke, auf: www.marktprofile.de, 13.10.09

M11 Storyboard

TIPP

Ein Videoprojekt kann man ganz unterschiedlich aufwändig gestalten – ihr könnt einen ganzen Projekttag verwenden oder in einer Doppelstunde mit wenig Aufwand arbeiten. Der Werbefilm selbst sollte in jedem Fall insgesamt maximal 90 Sekunden lang sein!

STORYBOARD Seite:

Bild	Text / Dialog	Ton	Zeit

Leitfaden – Einen Videofilm drehen

1. Ihr braucht eine gute Idee
Das klingt einfach, aber bevor es losgeht, müsst ihr wissen, was ihr drehen möchtet. Eine gute Idee zu entwickeln kostet oft mehr Zeit als ihre Umsetzung. Wenn ihr eine Idee sucht, schreibt alles auf, was euch einfällt, auch die komischsten Gedanken. Gerade aus den blödesten Hirngespinsten entstehen oft die besten Ideen. Anschließend könnt ihr auf eurer Liste Ideen streichen und andere ergänzen, bis ihr euch auf eine geeinigt habt. Allerdings solltet ihr diese kreative Phase nicht endlos ausdehnen. Sie sollte ein Fünftel der Gesamtzeit, die ihr für das Drehen zur Verfügung habt, nicht überschreiten.

2. Plant euren Dreh
Plant euren Dreh und organisiert die notwendigen Geräte wie Kamera, Licht, Mikrofon, Kassetten oder Speicherkarten. Lasst euch genau erklären, wie die Technik funktioniert! Überlegt euch, wie ihr eure Idee in Bilder umsetzen wollt: Was wollt ihr drehen? Und wo: drinnen oder draußen? Welches Licht braucht ihr dafür? Braucht ihr Freunde als Schauspieler, Requisiten und Verkleidung? Welche Kameraeinstellungen sind notwendig?

3. Schreibt ein eigenes Storyboard
Um nicht den Überblick zu verlieren, arbeiten Profis mit einem Storyboard (M11). Je genauer du planst, umso leichter kommst du später mit der Verfilmung klar. Auch hier gilt: Nehmt euch entsprechend Zeit, aber nutzt sie auch. Mehr als ein Drittel des Gesamtzeitkontingents für das Storyboard sollte nicht überschritten werden. Das Storyboard hat mehrere Aufgaben: Die Handlungen beschreiben, die Einstellungsgrößen und Ausschnitte festlegen, Bewegungsrichtungen darstellen, die Dauer der Einstellungen angeben und die Töne und Geräusche, vielleicht auch Musik, bestimmen. Mit einfachen Zeichnungen in der Bilderspalte legst du die verschiedenen Einstellungen fest, wie sie später im Film zu sehen sein sollen. Die weiteren notwendigen Informationen trägst du neben dem Bild ein.

4. Dreht den Film
Wenn ihr das Storyboard beendet habt, könnt ihr euch an das Drehen des Films machen. Teilt dabei die Aufgaben (Regie, Darsteller, Beleuchtung, Kamera usw.) untereinander auf. Plant auch hier genügend Zeit ein (maximal die Hälfte der Gesamtzeit!), bis ihr jede Szene so „im Kasten" habt, dass alle zufrieden sind.

5. Fügt am Schluss alles zusammen
In der letzten Phase, der sogenannten Postproduction, schneidet ihr aus den gedrehten Bildern euren fertigen Clip. Mithilfe eines Schnittprogramms auf eurem Computer fügt ihr Bilder, Musik, Geräusche, Sprachaufnahmen und Grafik zusammen. Orientiert euch dabei an eurem Storyboard.

nach: www.kika.de

Kompetenz: Methode

AUFGABEN

1. Tragt zusammen, worauf es bei erfolgreicher Werbung für Jugendliche ankommt. (M10)

2. Lest euch den Leitfaden zum Drehen eines Werbefilms gründlich durch und dreht nun in Gruppen von maximal 8-10 Schülern selbst einen Spot, der Jugendliche anspricht. Bewerbt zum Beispiel ein Schulbuch, Blumenkohl, Sandalen oder Karottensaft. (M10, M11)

3. Ihr könnt auch andere Medien nutzen, um die Wirkung von Werbung zu testen: Entwerft ein Plakat, gestaltet eine Werbung im Internet oder formuliert Slogans oder Songs.

Medien – zwischen Konsum, Kommerz und Information

Grund-
wissen

Die Aufgaben der Massenmedien in der Demokratie

Die Massenmedien haben in einem demokratischen Staat eine wichtige Aufgabe zu erfüllen: Sie sollen die Bürger so umfassend informieren, dass diese in der Lage sind, sich über alle wichtigen politischen Vorgänge eine eigene Meinung zu bilden und an politischen Entscheidungen mitzuwirken. Deshalb garantiert ihnen Artikel 5 des Grundgesetzes eine freie Berichterstattung und verbietet jede Zensur, solange keine demokratiefeindlichen Inhalte vermittelt werden.

Der Unterschied von öffentlich-rechtlichen und privaten Medienunternehmen

Während die öffentlich-rechtlichen Fernseh- und Radiosender über die Rundfunkgebühren der Zuschauer und Zuhörer finanziert werden, benötigen die privaten dafür Einnahmen aus der Werbung. Um nun möglichst hohe Einschaltquoten und damit hohe Werbeeinnahmen zu erreichen, stehen bei RTL, Sat 1, ProSieben und Co. oft Unterhaltungsthemen und eine auf Sensationen ausgerichtete Berichterstattung im Vordergrund. Da diese Programmgestaltung also vor allem am Kommerz, einem anderen Wort für Handel und Geschäftsverkehr, orientiert ist, nennt man es auch „Kommerzialisierung". Es führt dazu, dass gerade Jugendliche als Hauptkonsumenten dieser Medien nur unzureichend politisch informiert werden. Weil aber auch die öffentlich-rechtlichen Sender wie ARD und ZDF hohe Einschaltquoten erreichen wollen, kopieren sie oft erfolgreiche Formate der Privatsender. Beobachter kritisieren, dass sie damit ihren Informationsauftrag nicht mehr ausreichend erfüllen.

Werbung in den Medien

Als Medienkonsument wird man tagtäglich mit mehreren tausend Werbebotschaften konfrontiert, die zum Kauf auffordern. Gerade Jugendliche, die zusammen über mehrere Milliarden Euro pro Jahr verfügen, sind das erklärte Ziel der Werbewirtschaft. Ihnen wird vorgegaukelt, dass sie bestimmte Marken oder Statussymbole unbedingt besitzen müssen, um „cool" und „in" zu sein. Deshalb sollte man die wichtigsten Werbetricks kennen und durchschauen können, um ihnen nicht ständig auf den Leim zu gehen. Sonst drohen im schlimmsten Fall sogar hohe Schulden.

3.3 Kommunikation, Information und Medien in der Arbeitswelt

M1 Das Vier-Sektoren-Modell der Beschäftigung

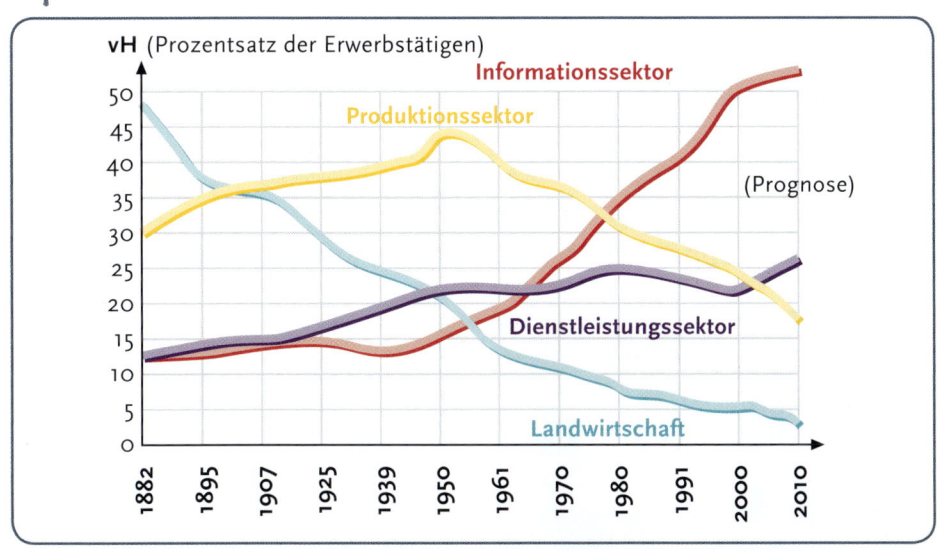

vH (Prozentsatz der Erwerbstätigen)

- Informationssektor
- Produktionssektor
- (Prognose)
- Dienstleistungssektor
- Landwirtschaft

Jahre: 1882, 1895, 1907, 1925, 1939, 1950, 1961, 1970, 1980, 1991, 2000, 2010

Henning Klodt u. a., Tertiarisierung in der deutschen Wirtschaft, Tübingen 1997, S. 68

Traditionell teilt man die Wirtschaftssektoren eines Landes in drei verschiedene Bereiche auf. Im ersten, dem sogenannten primären Sektor, werden Rohstoffe gewonnen. Er umfasst Tätigkeiten im Bergbau, der Land- und Forstwirtschaft sowie im Fischereiwesen. Der zweite oder sekundäre Sektor, in dem Rohstoffe verarbeitet werden, beinhaltet die Arbeitsbereiche Industrie und Handwerk, während der tertiäre Sektor alle Dienstleistungen (Handel, Verkehr, Bildung, Verwaltung, freie Berufe) erfasst. In dieser Grafik wurde ein eigener Sektor „Information" aufgeführt, um zu zeigen, welch großen Stellenwert der Bereich Informationsverarbeitung und „Neue Medien" im Beschäftigungsprofil einnimmt.

M2 Im Trend: Dienstleistung

Von den rund 40 Millionen Erwerbstätigen in Deutschland arbeiten laut Statistischem Bundesamt etwa 29 Millionen im Dienstleistungsbereich. Im verarbeitenden Gewerbe sind hingegen nur zehn Millionen Menschen beschäftigt, die restlichen Erwerbstätigen entfallen auf den Sektor Land- und Forstwirtschaft. Zu den typischen Dienstleistungsbranchen zählen zum Beispiel das Banken- und Versicherungswesen, Handel, Verkehr sowie das Gesundheitswesen, die öffentliche Verwaltung, das Bildungswesen, die Freizeitwirtschaft und die Unternehmensberatungsbranche. „Angefangen bei gering qualifizierten Tätigkeiten, etwa von Reinigungsdiensten, Wach- und Sicherheitsdiensten und Call Centern über Speditionen und Vermietungsdienste bis hin zu hoch qualifizierten, wissensintensiven Dienstleistungen wie Unternehmensberatung, Architektur- und Ingenieurdienstleistungen", umreißt

Fokus: Wirtschaft

TIPP

Informiere dich über die Details der Ausbildungsberufe auch mithilfe von Websites der Bundesagentur für Arbeit, z.B. auf www.planet-beruf.de oder www.berufenet.arbeitsagentur.de.

Fokus: Wirtschaft

Tanja Kraft, Beraterin der Arbeitsagentur Köln, die Spannbreite.

Dass Dienstleistungen im Arbeitsleben immer mehr Raum einnehmen, hat sich bereits auf die Entwicklung neuer Ausbildungsberufe ausgewirkt, und die Tätigkeiten insgesamt sind anspruchsvoller geworden: „Gerade in kaufmännischen Berufen müssen die Auszubildenden kommunikationsstark und vielseitig einsetzbar sein und darüber hinaus auch konzeptionell arbeiten können", erklärt Tanja Kraft.

In den vergangenen Jahren hat der Dienstleistungssektor immer wieder neue Jobs geschaffen. […] Gefragt sind insbesondere IT-Leistungen sowie Gesundheits- und Soziale Dienste.

Bundesagentur für Arbeit, abi 06/2009

M3 Anforderungen an Berufseinsteiger: Kommunikation und EDV

In der modernen Dienstleistungs- und Informationsgesellschaft müssen Unternehmen schnell und flexibel auf die Wünsche und Bedürfnisse der Kunden reagieren. Dementsprechend flexibel müssen sowohl die Arbeitnehmer in ihrem Beruf sein. […] Neben den zwingend erforderlichen Fachkenntnissen („Hard Skills") kommt den überfachlichen Qualifikationen („Soft Skills") in den Berufen der Dienstleistungs- und Informationsgesellschaft in Zukunft eine noch größere Bedeutung zu, als diese ohnehin schon haben. Zu den wichtigsten Soft Skills gehören unter anderem Kommunikations-, Kooperations-, Organisations- und Kritikfähigkeit. […] Eine weitere zentrale Anforderung sind die Kenntnisse bei elektronischer Datenverarbeitung (EDV). Die Anwendung der gängigen Datenverarbeitungsprogramme wie MS Office und den versierten Umgang mit dem Internet setzen viele Firmen voraus.

www.absolventa.de

M4 Die beliebtesten Ausbildungsberufe 2009

Jungen:	Mädchen:
1. Kraftfahrzeugmechatroniker	1. Kauffrau im Einzelhandel
2. Industriemechaniker	2. Bürokauffrau
3. Kaufmann im Einzelhandel	3. Medizinische Fachangestellte
4. Elektroniker	4. Friseurin
5. Anlagenmechaniker für Sanitär-, Heizungs- und Klimatechnik	5. Industriekauffrau

www.berufsprofis.de

AUFGABEN

1. Erläutere mithilfe der Tabelle die Entwicklung der verschiedenen Wirtschaftssektoren seit dem ausgehenden 19. Jahrhundert. Berücksichtige dabei insbesondere, welche technischen Entwicklungen dabei eine Rolle spielten. (M1)

2. Welche Vorteile hat es für deine berufliche Zukunft, wenn du im Umgang mit Informationstechnologie fit bist? Erläutere dabei, welche Programme und Anwendungen hier insbesondere gemeint sind und welche weniger. (M2, M3)

3. Ordne die Ausbildungsberufe (M4) den in M1 genannten Wirtschaftssektoren zu.

4. Überlege dir, bei welchen Berufen aus M4 tiefer gehende Computerkenntnisse nötig sind.

3.4 Herausforderungen des Informationszeitalters

M1 Reina – the texting queen

Die 13-jährige US-Schülerin Reina Hardesty verschickte innerhalb eines Monats 14.528 SMS, also rund 500 pro Tag, an ihre Freundinnen.

M2 Folgen der ständigen Informationsflut

Es blinkt, es piept, es klingelt – und das den ganzen Tag. Internet und Mobilfunk haben zwar vieles erleichtert. Doch die tägliche Informationsflut kann nicht nur krank machen, sondern verändert auch unser Gehirn. […] „Abends noch ein Buch zu lesen geht gar nicht mehr." Nach einem Arbeitstag mit „gefühlten 50 Telefongesprächen, 70 E-Mails und ebenso vielen Nachrichten über Instant Messenger" ist Andreas P. nicht etwa zu müde dafür. Der 34-Jährige kann sich einfach nicht mehr konzentrieren. An besonders schlimmen Tagen fühlt es sich an, als ob sein „Hirn unter Strom stünde". Aussicht auf Besserung gibt es seiner Meinung nach nicht. „Ich kann ja schlecht kündigen, nur weil das Telefon zu oft klingelt." Wie Andreas P. geht es vielen. Eine wachsende Informationsflut und ständige Unterbrechungen machen nicht nur den Arbeitsalltag zu einer Herausforderung für unser Gehirn. Auch privat ist ein Leben ohne Handy und Computer nicht mehr vorstellbar. Jeder Deutsche besitzt mindestens einen Mobilfunkanschluss. In mehr als 70 Prozent der privaten Haushalte steht ein Computer. Und von den 10- bis 54-Jährigen ist nahezu jeder online. […] Und jeder ist – via Internet oder Mobilfunk – immer und überall erreichbar. Das bleibt nicht ohne Folgen.

Die Zahl derer, die an Computer- und Online-Sucht, einem krankhaften Aufschiebeverhalten und Aufmerksamkeitsstörungen (ADS) leiden, wird in den nächsten Jahren rapide ansteigen, sagen Experten. Vor allem Kinder und Jugendliche sind gefährdet. Dabei machen uns die digitalen Medien nicht dümmer, wie Kritiker immer wieder behaupten. „Sie verstärken aber extrem schädigendes Verhalten. Der moderne Mensch

AUFGABEN

1. Wie sieht euer Medienalltag aus? Legt alle Medien (Mobiltelefone, MP3-Player...), die ihr dabei habt, auf den Tisch und verschafft euch einen Überblick in der Klasse. Sind die Geräte ausgeschaltet? Nutzt ihr sie in den Schulpausen oder nach Schulschluss? (M1)

2. Überlegt in der Klasse, weshalb viele Menschen mehrere Dutzend SMS pro Tag abschicken, ständig twittern oder ihr Handy nie abschalten. (M1)

ist egoistisch, lebt exzessiv und meidet den direkten Kontakt zu realen Personen", sagt Wolfgang Bergmann, Kinder- und Familientherapeut aus Hannover.

Schätzungen zufolge sind in Deutschland rund zwei Millionen Menschen abhängig von Computer, Internet oder Handy, darunter 600.000 Jugendliche. Die Dunkelziffer ist hoch, denn digitale Medien sind ein fester Bestandteil unseres Alltags. Das macht es schwierig, den normalen Medienkonsum von einem krankhaften Verhalten abzugrenzen. […] Die sozialen Folgen sind enorm. „Süchtige vernachlässigen alles: ihren Körper, ihre Familie und ihre Freunde", sagt Bergmann. Fehlt das Suchtmittel, entwickeln die Betroffenen auch typische körperliche Entzugserscheinungen wie Unruhe, Zittern, Schlafstörungen, Schweißausbrüche etc.

Kathrin Rothfischer auf: www.focus.de vom 2.2.09

M3 Bin ich süchtig?

Viele Jugendliche und Erwachsene spielen gerne oder surfen im Internet, ohne gleich süchtig zu sein. Problematisch wird es aber, wenn die Bedeutung des Computers so groß ist, dass kein Raum mehr für andere Dinge bleibt. Bereits wenn einer der folgenden Punkte zutrifft, sollte gehandelt werden:

- Ich verbringe seit Längerem täglich mindestens fünf Stunden meiner Freizeit am PC.
- Wegen der vielen Zeit, die ich am PC verbringe, gibt es Ärger in der Schule oder mit Eltern, Freunden und dem Partner.
- Spielen und Surfen sind fast die einzigen Aktivitäten, die mir Spaß machen. Ohne Computer bin ich lustlos, traurig und fühle mich oft einsam. Vor den Anforderungen und Kontakten in der realen Welt habe ich Angst.
- Kontakte pflege ich vor allem online. Ich spreche eher selten/ungern mit Menschen, die ich sehen kann.
- Die Zeit, die ich am PC verbringe, wird immer länger. Das brauche ich, sonst werde ich unzufrieden. Egal wo und mit wem ich zusammen bin – eigentlich denke ich nur noch an den Computer.
- Wenn ich länger nicht an den PC kann, fühle ich mich nervös, gereizt oder sogar aggressiv.

Nach: Nur noch vor dem Bildschirm hängen? auf: www.jugendinfo.de

AUFGABEN

1. Fasse die Folgen der täglichen Medienüberflutung stichpunktartig zusammen. (M2)
2. a) Arbeite die Kennzeichen von Computersucht aus den Materialien M2 und M3 heraus.
   b) Überprüfe, ob du jemanden kennst, der diese Symptome aufweist, und berichte darüber in der Klasse.

M4 Macht daddeln doof?

Eine Studie des Kriminologischen Forschungsinstituts Niedersachsen untersuchte die schulischen Folgen hohen Medienkonsums.

[…] Die Analyse belege, dass alle vier Pisa-Verlierergruppen – Jungen, Migranten, Norddeutsche, Ärmere – schon als Viertklässler über eine erheblich größere Ausstattung mit Fernsehern, Spielkonsole und Computer verfügten als ihre jeweilige Gegengruppe, stellte der KFN-Leiter Christian Pfeiffer fest. „Kinder, die mit Medien vollgepflastert sind, zeigen schulisch eine absteigende Tendenz." Ein Experiment habe ergeben, dass Kinder, die nach der Schule eineinhalb Stunden ein brutales Computerspiel spielten, anschließend erheblich schlechter Mathematikaufgaben lösen konnten als Kinder, die stattdessen Tischtennis gespielt hatten. Anhand einer mehrjährigen Studie mit über 1.000 Kindern in Berlin prüfe sein Institut gerade die Arbeitsthese: „Übermäßiger Medienkonsum macht Kinder dick, krank, dumm, traurig – vielleicht auch aggressiv." […] Besonders drastisch wirkt sich der Bildungshintergrund der Eltern bei verbotenen Filmen aus. Viertklässler aus Elternhäusern mit geringem Bildungsniveau gaben acht Mal häufiger an, Spiele zu spielen, die erst ab 18 Jahren freigegeben sind, als Kinder mit gebildeten Eltern. Weit überwiegend sind Jungen die Nutzer, die auch mehr als doppelt so häufig verbotene Filme sehen wie Mädchen.

auf: www.sueddeutsche.de, vom 15.2.09

M5 Schülermeinungen: „Computer machen nicht dumm!"

Realschüler aus dem nordrhein-westfälischen Baesweiler äußern sich über eine Studie, die besagt, dass zu hoher Medienkonsum krank macht und zu schlechten Schulnoten führt:

Christian Schmitz (15):
„Ich finde, dass man dies nicht verallgemeinern kann. Ich zum Beispiel sitze an guten Tagen sieben bis neun Stunden an der Playstation oder am PC. Ich bin fast nie krank und immer happy. Es gibt Leute, die für die Schule lernen (was ich nie mache) und weniger vor dem PC sitzen und dennoch deutlich schlechtere Noten haben als ich. Besonders dick bin ich auch nicht."

Marvin Maron (15):
„Was Kinder in ihrer Freizeit machen, ist ihnen selbst überlassen. Das Einzige, wodurch Schulnoten beeinflusst werden können, ist die Einstellung eines Kindes zur Schule und ob ein Kind was in der Schule lernt. Allerdings ist wahr, dass Fernsehen dick macht, denn wenn Kinder und Jugendliche zu viel TV gucken, haben sie einen Bewegungsmangel."

Kathrin Braun (15):
„Es kann sein, dass durch zu hohen Medienkonsum die Noten schlechter werden, doch manche Serien im TV, wie etwa ‚Galileo', ‚Quarks & Co' oder ‚Notruf' sind lehrreich und lassen bestimmte Dinge leichter verstehen."

Jennifer Benezadar (14):
„Meiner Meinung nach muss das nicht immer der Fall sein. Wenn einer oft fernsieht oder an Konsolen spielt und trotzdem konzentriert lernt, so kann er trotz seines hohen Medienkonsums gute Noten schreiben. Ich finde, dass die Eltern mehr darauf achten sollten, *was* ihre Kinder im Fernsehen sehen und an Konsolen spielen. Außerdem können sie ein Zeitlimit setzen, wann und wie lange ein Kind fernsehen und an Konsolen spielen darf."

Leserbrief der Schüler in den Aachener Nachrichten, 31.10.05

AUFGABEN

1. Stelle die negativen Folgen von überhöhtem Medienkonsum bei Schülern zusammen. (M4)

2. Lies dir die Meinungen der Schüler zu der Studie durch, die aussagt, dass hohe Computernutzung schlechte Leistungen in der Schule bewirkt, und nimm dazu begründet Stellung. (M5)

3. Entwerft in kleinen Gruppen ein Informationsschreiben für das Bundesministerium für Familien, Senioren, Frauen und Jugend. Das Schreiben soll Jugendliche ansprechen und Tipps geben, wie man die negativen Folgen überhöhter Mediennutzung vermeiden kann.

M6 Gewaltdarstellungen im Internet

Welche Art von Gewalt hast Du schon mal im Internet gesehen?

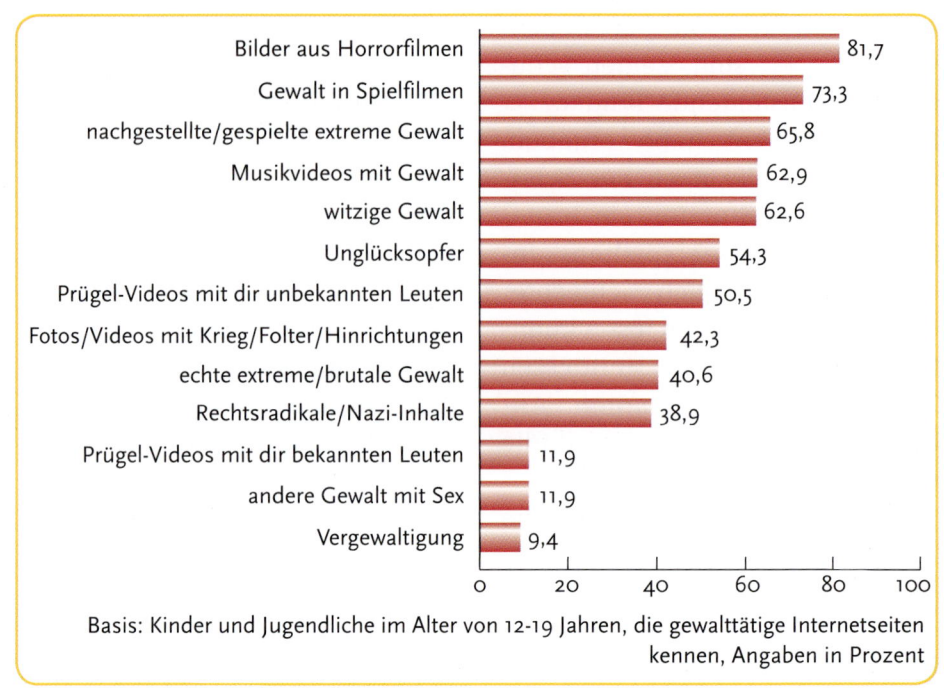

Art der Gewalt	Prozent
Bilder aus Horrorfilmen	81,7
Gewalt in Spielfilmen	73,3
nachgestellte/gespielte extreme Gewalt	65,8
Musikvideos mit Gewalt	62,9
witzige Gewalt	62,6
Unglücksopfer	54,3
Prügel-Videos mit dir unbekannten Leuten	50,5
Fotos/Videos mit Krieg/Folter/Hinrichtungen	42,3
echte extreme/brutale Gewalt	40,6
Rechtsradikale/Nazi-Inhalte	38,9
Prügel-Videos mit dir bekannten Leuten	11,9
andere Gewalt mit Sex	11,9
Vergewaltigung	9,4

Basis: Kinder und Jugendliche im Alter von 12-19 Jahren, die gewalttätige Internetseiten kennen, Angaben in Prozent

Münchener Institut für Medienwissenschaft und Content, Gewalt im Web 2.0, 2008

M7 Gewaltdarstellungen im Fernsehen und im Internet – ein Vergleich

Die qualitative Befragung der Studie […] zeigt, dass die Jugendlichen die Gewalt im Internet im Vergleich zum Fernsehen als drastischer einstufen. […] Bezogen auf das Fernsehen wird der Anteil der Gewalt im Internet kritischer gesehen, insbesondere von den bildungsnahen Gruppen. (Interviewer: „Glaubt ihr, dass die Inhalte im Internet auch andere sind?" Micha: „Ja, doch. Weil im Fernsehen ist ja eigentlich meistens noch ein Sinn hinter dem Gesamten. Und im Internet ist eigentlich kein Sinn mehr. Wenn jetzt zwei Gruppen sich gegenseitig halb tot schlagen, da ist eigentlich dann kein Sinn mehr dahinter, da geht's einem dann wirklich nur noch um die Gewalt, die man jetzt in diesen zwei Minuten oder so sieht.") Als weiteres Unterscheidungskriterium wird die Unzensiertheit der Filme genannt. Ebenso wird die Gewalt im Internet als „echter" eingestuft. Als Bezugspunkt für die tendenzielle „Echtheit" dienen den Jugendlichen die von den Usern selbst ins Internet gestellten Videos. […] So erzählt z.B. Jan: „Ich bin auch ein Typ, der sich ekelt, also ich hab' wirklich Ausschlag von dem Video bekommen, weil mich das so mitgenommen hat." […] Die emotionalen

Grenzerfahrungen machen jedoch zumindest zum Teil auch die Faszination aus, die diese Inhalte für einige der Jugendlichen haben: Es geht – insbesondere bei den internetgewaltbereiteren Gruppen – auch um die Faszination der schrecklichen Bilder, um die Lust an der Angst und um den „Kick" des Aushaltenkönnens.

nach: Petra Grimm, Ekel und Alpträume als Reaktion auf grausame Gewaltszenen, in: Tendenz 4/2008, S. 22 f.

M8 Was genau ist Cybermobbing?

In einem Chatroom wird beschrieben, was unter Cybermobbing, auch Cyberbullying genannt, verstanden wird.

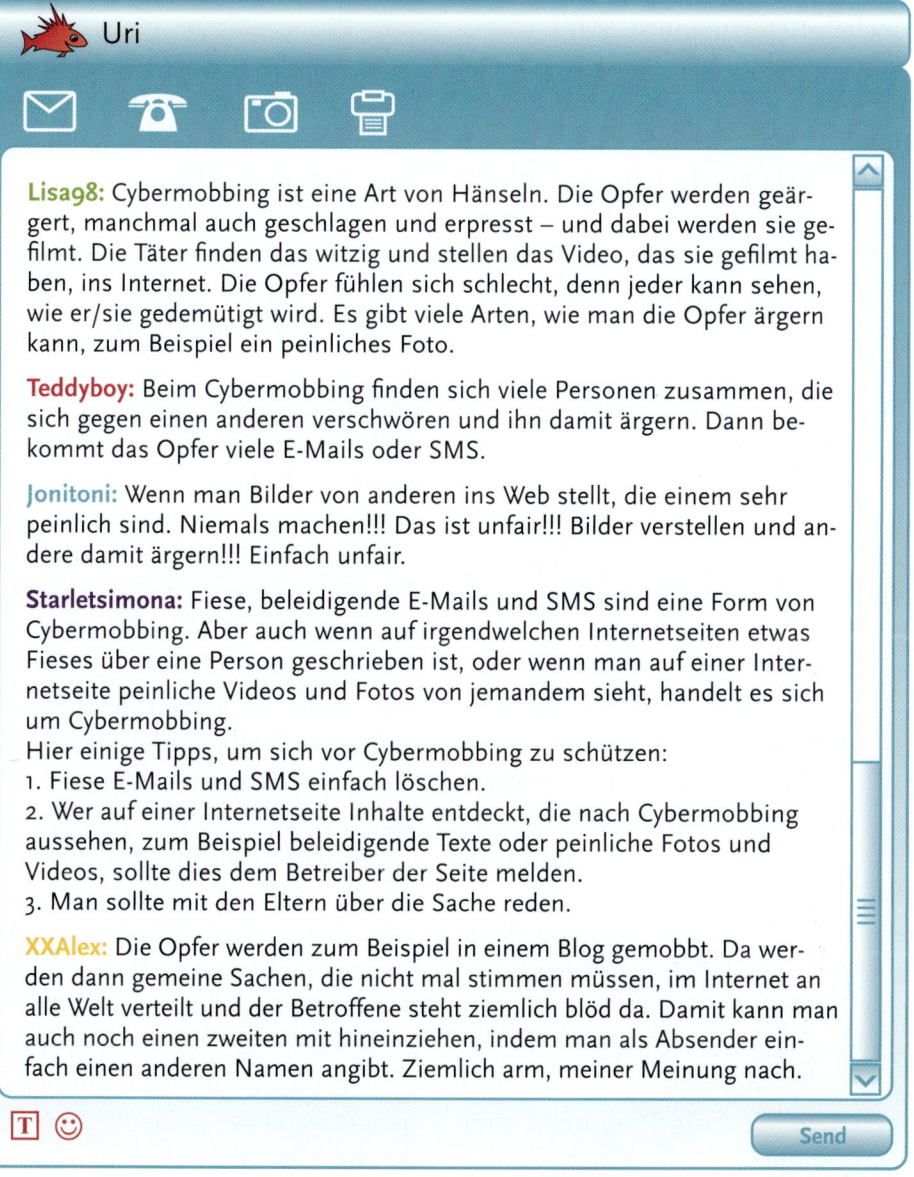

Uri

Lisa98: Cybermobbing ist eine Art von Hänseln. Die Opfer werden geärgert, manchmal auch geschlagen und erpresst – und dabei werden sie gefilmt. Die Täter finden das witzig und stellen das Video, das sie gefilmt haben, ins Internet. Die Opfer fühlen sich schlecht, denn jeder kann sehen, wie er/sie gedemütigt wird. Es gibt viele Arten, wie man die Opfer ärgern kann, zum Beispiel ein peinliches Foto.

Teddyboy: Beim Cybermobbing finden sich viele Personen zusammen, die sich gegen einen anderen verschwören und ihn damit ärgern. Dann bekommt das Opfer viele E-Mails oder SMS.

Jonitoni: Wenn man Bilder von anderen ins Web stellt, die einem sehr peinlich sind. Niemals machen!!! Das ist unfair!!! Bilder verstellen und andere damit ärgern!!! Einfach unfair.

Starletsimona: Fiese, beleidigende E-Mails und SMS sind eine Form von Cybermobbing. Aber auch wenn auf irgendwelchen Internetseiten etwas Fieses über eine Person geschrieben ist, oder wenn man auf einer Internetseite peinliche Videos und Fotos von jemandem sieht, handelt es sich um Cybermobbing.
Hier einige Tipps, um sich vor Cybermobbing zu schützen:
1. Fiese E-Mails und SMS einfach löschen.
2. Wer auf einer Internetseite Inhalte entdeckt, die nach Cybermobbing aussehen, zum Beispiel beleidigende Texte oder peinliche Fotos und Videos, sollte dies dem Betreiber der Seite melden.
3. Man sollte mit den Eltern über die Sache reden.

XXAlex: Die Opfer werden zum Beispiel in einem Blog gemobbt. Da werden dann gemeine Sachen, die nicht mal stimmen müssen, im Internet an alle Welt verteilt und der Betroffene steht ziemlich blöd da. Damit kann man auch noch einen zweiten mit hineinziehen, indem man als Absender einfach einen anderen Namen angibt. Ziemlich arm, meiner Meinung nach.

Nach: www.internauten.de

AUFGABEN

1. Lies dir die Umfrageergebnisse zu Gewalt im Internet durch und berichte in der Klasse von eigenen Erfahrungen zu diesem Thema. (M6)
2. Erarbeite die Unterschiede von Gewaltdarstellungen in Fernsehen und Internet. (M6, M7)
3. Schreibe einen Lexikonartikel, in dem du den Begriff „Cybermobbing" definierst. (M8)
4. Wie würdest du reagieren, wenn dein bester Freund/deine beste Freundin Opfer von Cybermobbing wird? Sucht gemeinsam nach Möglichkeiten, wie man in Aktion treten kann.

Kompetenz: Urteilen

Diskutieren im Konferenzspiel

Mithilfe eines Konferenzspiels könnt ihr erkennen, wie kompliziert die politische Wirklichkeit bei der Lösung eines Problems ist. Hierzu müssen verschiedene Perspektiven und Interessen herausgearbeitet, im Spiel als Argumente eingebracht sowie mögliche Kompromisse abgewogen und diskutiert werden. Die Teilnehmer eines Konferenzspiels vertreten dabei Positionen politischer Institutionen, Organisationen oder Interessengruppen.

M9 Unterschiedliche Positionen über ein Verbot von „Killerspielen"

Der bayerische Innenminister Joachim Herrmann (CSU) fordert, besonders brutale Computerspiele zu verbieten. […] Es gebe Killerspiele, die „völlig unerträglich sind". Teils müsse man in der Rolle eines Gewalttäters andere Menschen hemmungslos abknallen. Bei jungen Menschen setzten solche Spiele Hemmschwellen herunter und beinhalteten die Gefahr, „dass jemand meint, so etwas selbst nachspielen zu müssen", sagte Herrmann. […] „Wir müssen uns jetzt endlich aufraffen und den Mut haben, die brutalsten Spiele zu verbieten. Das ist keine Frage der Medien- und Kunstfreiheit mehr", sagte Herrmann. Unterstützung erhielt er von Christian Pfeiffer, Direktor des Kriminologischen Instituts in Hannover. In Krisensituationen können Killerspiele durchaus solche Gewalttaten auslösen, sagte er. „Killerspiele, die eindeutig gewaltverherrlichend sind, müssen gesetzlich verboten werden." Neurobiologen hätten nachgewiesen, dass Killerspiele eine desensibilisierende Wirkung haben. „Sie sind ein Programm zum Abstumpfen. Wer bereits voller Hassgefühle ist, wer sich gedemütigt und weggestoßen fühlt, benutzt Killerspiele manchmal auch zur Vorbereitung eines Amoklaufs." Es sei erwiesen, dass die Tötungsbereitschaft durch brutale Computerspiele massiv steigt.

Fakt ist aber: Ego-Shooter wie Counterstrike sind insbesondere unter männlichen Jugendlichen weit verbreitet. Millionen Deutsche spielen solche Spiele regelmäßig im Internet, auch auf sogenannten LAN-Partys treffen sich teils bis zu Hunderte Spieler, um gemeinsam gegeneinander anzutreten. Die Mehrheit davon fällt nicht durch Gewalttätigkeit auf.

Die Gamerszene wehrt sich daher seit Jahren heftig gegen eine Stigmatisierung und ein Verbot der Spiele. Eine von dem Spielemagazin „Gamestar" initiierte Petition, die sich gegen die aus Sicht der Gamer falsche und einseitige Berichterstattung des ZDF-Magazins „Frontal" wendete, unterzeichneten 51.000 Spieler aus ganz Deutschland. Auch Bundesjustizministerin Brigitte Zypries (SPD) ist zurückhaltend: „Ich bin da vorsichtig. Die meisten Wissenschaftler sagen, dass diese Spiele nicht ursächlich für Gewalttätigkeit sind."

Befürworter eines Killerspiele-Verbots argumentieren, es mache einen Unterschied, ob ein junger Mensch ein Medium wie einen Film passiv konsumiert oder in einem Computerspiel aktiv handelt und somit selbst zum virtuellen Täter wird. Doch die Medienwissenschaftlerin Dr. Astrid Zipfel widerspricht: „Bislang vorliegende Meta-Analysen haben nicht gezeigt, dass Computerspiele stärkere Effekte auf die Gewaltbereitschaft haben als Gewaltdarstellungen in Film und Fernsehen." Auch die Vermutung, dass sogenannte Ego-Shooter gefährlicher seien als Spiele, die keine Ich-Perspektive ermöglichen, habe sich bislang nicht bestätigt. „Man sollte sich vor der Illusion hüten, dass ein Verbot von Killerspielen das Problem löst", sagte sie. […] Computerspiele seien nur ein Faktor unter vielen bei der Entstehung von Gewaltbereitschaft. Zudem sei davon auszugehen, dass es Problemgruppen gibt, bei denen dieser Zusammenhang stärker ausfällt und andere Bevölkerungssegmente, bei denen von keinerlei negativer Wirkung von Computerspielen mit gewaltätigen Inhalten auszugehen ist. Doch warum fanden die Ermittler bei bisher allen Amoktätern in Deutschland der letzten Jahre derartige Spiele? Zipfel warnt vor voreiligen Schlüssen: „Die Wahrscheinlichkeit, bei einem Jungen in der Altersgruppe des Amokläufers auf ‚Killerspiele' zu treffen, ist relativ hoch. Dies sagt noch nichts über den Beitrag solcher Spiele zu einer Amoktat aus", so die Medienexpertin.

Stephan Dörner, auf: www.rp-online.de vom 13.3.09

Kompetenz: Urteilen

AUFGABE

1. Führt mithilfe des Leitfadens und M9 ein Konferenzspiel zum Thema „Sollen gewaltverherrlichende Computerspiele verboten werden?" durch. Arbeitet dazu zunächst heraus, welche Interessengruppen beteiligt sind, und beschafft euch, falls als notwendig erachtet, weiteres Informationsmaterial.

Leitfaden – Konferenzspiel

1. Vorbereitung
Zunächst muss geklärt werden, um welches Thema es geht und welche Rollen bzw. Positionen vertreten werden müssen. Danach bilden sich Arbeitsgruppen, die jeweils eine Position mithilfe eigener Überlegungen und geeigneter Materialien genauer vorbereiten und begründete Standpunkte erarbeiten. Jede Gruppe bestimmt einen Gruppensprecher, der die jeweiligen Arbeitsergebnisse anschließend zu vertreten hat.

2. Durchführung
Wenn die Vorbereitungen abgeschlossen sind, erfolgt die ca. 30-minütige Phase der Durchführung, an der alle Schüler teilnehmen, entweder als Vertreter einer Position oder als Zuschauer. Die aktiven Teilnehmer sitzen in einer großen Runde und haben selbstgemachte Schilder vor sich, auf denen ihre jeweilige Organisation/Partei o.Ä. abzulesen ist. Jeder Vertreter äußert sich aufgrund seiner erarbeiteten Erkenntnisse und der von ihm zu vertretenden Interessenlage.

3. Auswertung
Es äußern sich zunächst die Gruppensprecher und berichten, wie sie sich in ihrer Rolle gefühlt haben und wo sie Probleme hatten. Anschließend teilen die Beobachter mit, welche Interessen sie erkannten, was sie als wichtigste Ergebnisse ansehen, wer sich ihrer Meinung nach aus welchen Gründen durchgesetzt hat und welche grundsätzlichen Erkenntnisse sich für sie ergeben haben. Abschließend wird zusammengetragen, was gut war oder noch zu verbessern ist.

Medien – zwischen Konsum, Kommerz und Information

M10 Eine Woche Medien-Diät

Klassenlehrer Marc Bürkle, sein Stellvertreter Rüdiger Schillinger und Martin Tertelmann von der Evangelischen Gesellschaft (Eva) kamen überein: Versuchen wir's doch mal eine Woche ohne. Das Projekt „One week. No media!" war aus der Taufe gehoben, Projektträger sind die Suchtberatung der Eva und die Drogenberatung Release, Schulbürgermeisterin Susanne Eisenmann übernahm die Schirmherrschaft. [...]

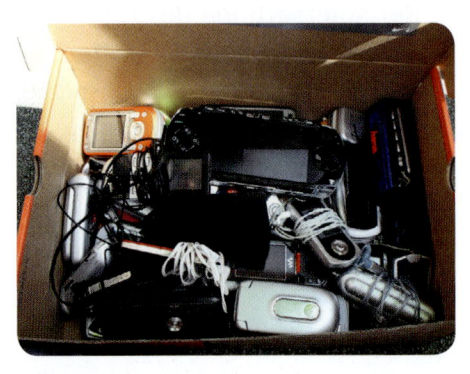

An einem Montag wurde es ernst: Handy um Handy sowie 13 MP3-Player wanderten in den Schultresor, zu Hause blieben Fernseher und Spielekonsolen aus. „Das war schon ziemlich komisch", sagt Antonia, und Sven, Panagiotis und Olivia nicken heftig. „Die 12-Jährigen waren der erste Jahrgang, der mit dem Handy aufgewachsen ist", sagt Klassenlehrer Marc Bürkle. „Das ist, als käme plötzlich kein Warmwasser mehr aus dem Hahn." Nur wer ohne diesen Standard aufgewachsen sei, könne entscheiden: Brauch' ich's, oder kann ich zumindest zeitweise darauf verzichten? „Wir müssen also den Konsum steuern", so Bürkle. Deshalb waren die Schüler nicht sich selbst überlassen, sondern bekamen Alternativangebote: Natur erleben, mit Ton Masken formen, Blätter zeichnen. Mit einem Profi Trommeln lernen, ein Musikstück für ein kleines Orchester einüben. Und das größte für die Jugendlichen: Mit Rapper William Ponzetta von Duap MC einen Rap-Song einzuspielen sowie einen Dokumentarfilm über die Projektwoche zu drehen. Was bleibt? Panagiotis sagt: „Ich spiel nicht mehr so oft an der Playstation. Ich gehe stattdessen öfter raus." Sven redet zu Hause wieder mehr, Olivia staunt darüber, „wo man überall Natur erleben kann in Stuttgart", und Antonias Verlangen nach Telefonaten ist nicht mehr so groß: „Wir haben viel Zeit mit Elektronik verplempert."
Selbst die Eltern, die eine Woche ohne Medienkonsum lebten, sind angenehm überrascht. Man könne wieder Gespräche zu Ende führen zu Hause, und die Geschwister hätten mehr miteinander gespielt. Das Projekt soll Schule machen.

*Nach: Barbara Czimmer-Gauss,
auf: www.stuttgarter-nachrichten.de, vom 21.1.08*

AUFGABEN

1. Tragt zusammen, welche Erfahrungen die Schüler beim Projekt „One week. No media!" machten. (M10)
2. Diskutiert in der Klasse, ob auch ihr oder gar die ganze Schule an einem derartigen Projekt teilnehmen sollte.

LINK

An der Initiative kann jeder teilnehmen. Informationen und Medienprotokolle unter www.one-week-no-media.de

Grund-
wissen

Der Fluch der allgegenwärtigen Medien

Viele technische Neuerungen und Weiterentwicklungen im Bereich der Neuen Medien erleichtern unser Leben enorm. Einige haben aber auch Nebenwirkungen, die negativ zu beurteilen sind. Da man ständig über SMS, Anruf oder Computer erreichbar sein kann, haben viele Menschen das Gefühl, etwas Wichtiges zu verpassen, wenn sie gerade nicht im Kontakt mit der Außenwelt stehen. Das führt dazu, dass sie auch geistig nicht mehr abschalten und sich nicht mehr konzentrieren können. Studien haben ergeben, dass sich dies auch auf die Leistungsfähigkeit in Schule und Beruf und die körperliche und gesundheitliche Verfassung niederschlägt. Im schlimmsten Fall kann auch Computer- oder Internetsucht eine Folge sein.

Gewalt in den Medien

Eine weitere Gefahr stellen die Gewaltdarstellungen dar, denen besonders Kinder und Jugendliche oft schutzlos ausgeliefert sind. Waren es vor einigen Jahren „nur" Gewaltszenen im Fernsehen, so kursieren heute unzensierte Gewaltfilme auf Handys und im Internet sowie brutale Computerspiele (sogenannte Ego-Shooter). Experten fürchten deshalb eine Verrohung und Zerrüttung derjenigen, die diese unkontrolliert konsumieren. Auch weil Gewalttäter und Amokläufer diese Medien vor ihren Taten nutzten, wird immer wieder diskutiert, ob Killerspiele grundsätzlich verboten werden sollten.

Die Bedeutung der Medienkompetenz

Aufgrund der zahlreichen Gefahren, die bei der Benutzung der Medien lauern, ist es wichtig, dass gerade junge Menschen „Medienkompetenz" erlangen. Sie müssen lernen, wie man mit den verschiedenen Medien umgeht. Dazu gehört neben dem Wissen um die Anwendung auch ein kritischer und überlegter Umgang. Die neuen Medien bieten zahlreiche Vorteile für Schule, Beruf und Freizeit. Mediennutzer müssen sich jedoch vor falschen Informationen, jugendgefährdenden Inhalten oder kriminellen Machenschaften schützen können.

Ein (zeitweiliger) Verzicht kann das Bewusstsein schärfen, welche Mediennutzung unnötige Zeitverschwendung ist und welche anderen Möglichkeiten der Freizeitgestaltung es noch gibt.

3.5 Die Bedeutung der Pressefreiheit

AUFGABEN

1. Erläutere die Aussage des Plakats. (M1)
2. Welche Opfer oder welche Skandale wären unerkannt geblieben, wenn Journalisten nicht darüber berichtet hätten? Befragt eure Eltern und tauscht euch in der Klasse darüber aus.
3. Die Journalisten Günter Wallraff und Hans Leyendecker (Süddeutsche Zeitung) sind besonders berühmt für ihre enthüllenden Reportagen. Recherchiere über eine Reportage der beiden deiner Wahl und stelle diese in einem Kurzreferat vor.

M1 Missstände aufzeigen

Ohne Pressefreiheit bleiben Opfer unsichtbar. Mit Ihrer Hilfe können wir etwas dagegen tun.
Without press freedom victims remain unseen. With your help we can do something against this.
www.reporter-ohne-grenzen.de

M2 Der Rundfunk als erstes Instrument der Massenpropaganda

Die Nationalsozialisten nutzten den Rundfunk intensiv für ihre Propaganda. Ab 1935 war die Verbreitung kommerzieller Werbung untersagt und das Radio diente nunmehr ausschließlich dem Regime. Bereits im März 1933 erläuterte der Minister für Volksaufklärung und Propaganda, Joseph Goebbels, den Intendanten der Rundfunkgesellschaften ihre zukünftige Aufgabe: „Ich halte den Rundfunk für das allermodernste und für das allerwichtigste Massenbeeinflussungsinstrument, das es überhaupt gibt. Der Rundfunk muss der Regierung die fehlenden 48 Prozent [die NSDAP und ihr Koalitionspartner DNVP hatten bei den letzten Wahlen 52 % aller Stimmen erhalten] zusammentrommeln und haben wir sie dann, muss der Rundfunk die 100 Prozent halten, muss sie verteidigen, muss sie so innerlich durchtränken mit den geistigen Inhalten unserer Zeit, dass niemand mehr ausbrechen kann. Nur nicht langweilig werden. Nur keine Öde. Nur nicht die Gesinnung auf den Präsentierteller legen. Der Rundfunk soll niemals an dem Wort kranken, man merkt die Absicht und wird verstimmt." Der Besitz eines Volksempfängers und das Anhören der politischen Programme galt gleichsam als Bürgerpflicht. Durch Massenproduktion konnte das Gerät für nur 76 Reichsmark verkauft werden und war damit um die Hälfte preiswerter als vergleichbare Konkurrenzprodukte.

Volksempfänger VE 301w Kiel 1936

Deutsches Historisches Museum, Strategien der Werbekunst 1850-1933

M3 Wenn die Presse nicht frei ist...

Die russische Journalistin Anna Politkowskaja, die kritische Artikel über die Regierung und den Krieg in Tschetschenien schrieb, wurde 2006 unter bis heute ungeklärten Umständen ermordet.

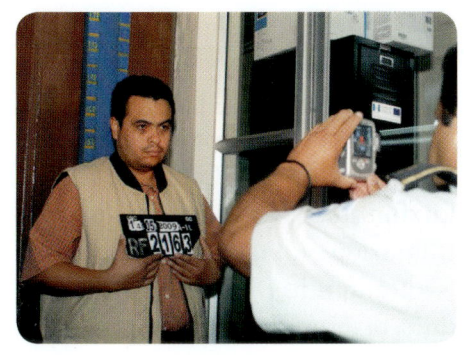

Jean Anleu aus Guatemala prangerte in einer Twittermeldung die Staatsverschuldung an und wurde angeklagt, das öffentliche Vertrauen in das Bankensystem zu untergraben. Ihm drohten fünf Jahre Haft.

Silvio Berlusconi ist Besitzer mehrerer privater Fernsehsender und Verlagsanstalten. Zudem kann er als italienischer Ministerpräsident Einfluss auf das staatliche Fernsehen nehmen. Es besteht die Gefahr parteiischer Berichterstattung auf vielen Kanälen.

Im Irakkrieg 2003 berichteten sogenannte „eingebettete" Journalisten. Sie waren bei den Soldaten untergebracht und hatten sich verpflichtet, nicht alle Eindrücke und Erlebnisse zu schildern – hier ein Journalist von AP (rechts) in einem Camp mit US-Soldaten.

Die Supermarktkette ALDI schaltete nach einem kritischen Artikel der „Süddeutschen Zeitung" ein Jahr keine Werbung in der Zeitung, die dadurch mehrere Millionen Einnahmen verlor.

Seit Mitte 2009 sind alle chinesischen Computer mit einem Programm namens „Grüner Damm" ausgestattet, das den Internetverkehr kontrolliert und kritische Seiten sperrt.

Medien – zwischen Konsum, Kommerz und Information

AUFGABEN

1. Arbeite heraus, welche Funktion dem Rundfunk im nationalsozialistischen Deutschland zugesprochen wurde. (M2)

2. Erarbeite stichpunktartig, mit welchen Maßnahmen die Presse- und Meinungsfreiheit weltweit eingeschränkt wird. (M3, M4)

3. Wähle zwei der bebilderten Umstände aus und erläutere, inwiefern diese eine Gefahr für die Demokratie darstellen. Recherchiert gegebenenfalls zu den Fallbeispielen weitere Details. (M3)

TIPP

Unter der Internetadresse www.reporter-ohne-grenzen.de findet ihr die neueste Rangliste zum Stand der weltweiten Pressefreiheit.

M4 Rangliste der Pressefreiheit

Die ersten 20 Ränge der weltweiten Rangliste der Pressefreiheit besetzen, bis auf Kanada und Neuseeland, europäische Länder. Bei den EU-Ländern nimmt Luxemburg (1.) den besten und Bulgarien (59.) den schlechtesten Rang ein. Der Regierung ist es dort bisher nicht gelungen, Korruption und Gewalt einzudämmen. Bei Italien (44.) ist das derzeitige politische Klima und die mangelnde Sicherheit von Journalisten, die zur Mafia recherchieren, ausschlaggebend. [...] In Deutschland (20.) gab es Punktabzug für Regelungen, die den Quellenschutz gefährden. Vorratsdatenspeicherung, der Entwurf eines neuen BKA-Gesetzes sowie die Überwachung von Journalisten durch den Bundesnachrichtendienst spielten eine Rolle. Gewalttätige Übergriffe auf Journalisten durch Rechtsextremisten, der verbesserungswürdige Zugang zu öffentlichen Informationen sowie der Druck von Anzeigenkunden auf Redaktionen führten ebenfalls zu negativen Wertungen.

Reporter ohne Grenzen, Pressemitteilung 22.10.08

M5 Die Meinungsmacht der Medien

Politiker hatten selten ein derart schlechtes Image wie derzeit. Und wer ist Schuld? Die Medien natürlich. Behauptet jedenfalls Thomas Petersen, Projektleiter beim Allensbacher Institut für Demoskopie. [...] Ausgerechnet die Medien, die sich doch gern als Fundament der demokratischen Ordnung betrachten, tragen nach Petersens Meinung entschieden zur Gefährdung dieses Fundamentes bei. Es lässt sich nachweisen, dass die Berichterstattung in Fernsehen und Zeitungen seit Mitte der 70er Jahre immer negativer geworden ist [...]. Zahlen belegen, dass das Vertrauen der Menschen in Institutionen wie den Bundestag, das Erziehungswesen, die Gewerkschaften oder große Wirtschaftsunternehmen teilweise drastisch abgenommen hat. Petersen spricht von einem „dramatisch abnehmenden Vertrauen in alles, was in diesem Land Amt und Würden hat". [...] „Es gibt eine ganze Reihe von sehr deutlichen Hinweisen darauf, dass die Bevölkerung in ihrer Meinungsbildung in Bezug auf politische Fragen in sehr vielen Fällen dem Tenor der Berichterstattung nachfolgt." [...] Am Beispiel der Politik hieße das: Wenn die Medien nur lange genug erzählen, Politiker seien unfähig und korrupt, glauben die Menschen das irgendwann. [...] „Ein Fundament der Demokratie wird unterhöhlt." Vertrauen sei schließlich die Voraussetzung für das Funktionieren einer repräsentativen Demokratie, „und wenn das wegbricht, hat das Folgen für die Stabilität des politischen Systems".

Nach: Tilmann P. Gangloff, Wer die Medien macht, macht die Meinung, in: Das Parlament 11/2004

M6 Mit der Pressefreiheit beginnt die Demokratie

Heribert Prantl ist einer der renommiertesten Journalisten Deutschlands. Anlässlich einer Feier zur Pressefreiheit, die 1832 während einer Demonstration auf Schloss Hambach erstmalig gefordert wurde, äußert er sich in einem Interview zu deren Bedeutung.

politikorange: Welche Bedeutung hat die Pressefreiheit allgemein für die Demokratie?
Heribert Prantl: Ich glaube, lebendige und wirkliche Demokratie kann es wirklich nur dann geben, wenn Pressefreiheit funktioniert. Pressefreiheit ist Voraussetzung für einen demokratischen Streit. Streit ist nichts Negatives – Streit ist da wirklich etwas Positives. In einer Demokratie ist Streitkultur Leitkultur. Und diese Streitkultur braucht Pressefreiheit. Es geht darum, dass Informationen laufen können, dass die Informationen wirklich da sind und dass ich mich dann über die Informationen unterhalten kann, diese diskutieren kann. […]

Gibt es ein Rezept, wie die Pressefreiheit von Journalisten geschützt werden kann?
Man muss sich immer wieder klar machen, warum es die Pressefreiheit gibt. Es ist, um es ein wenig pathetisch zu sagen, eine dienende Freiheit: Sie dient der Demokratie. Ich muss diese Aufgabe und diesen Beruf ernst nehmen. Ich sage absichtlich nicht Job, weil es kein Job ist. Man muss nicht jeden Tag bedeutungsschwanger ins Büro kommen und sagen, was habe ich doch für eine tolle demokratische Aufgabe. Aber ich muss mir dessen bewusst sein, dass ich auf einem Terrain arbeite, welches vom Jahr 1832 an, vom Hambacher Fest an, mühsam erkämpft worden ist. Das fordert von mir etwas, zum Beispiel, dass ich es mir nicht zu leicht mache.

Welche Maßnahmen kann der Staat übernehmen, um die Pressefreiheit zu schützen?
Der Staat sollte das tun, was das Bundesverfassungsgericht fordert, nämlich bei der Abwägung von Pressefreiheit und Sicherheitsinteressen nicht immer automatisch zu sagen, Sicherheitsinteressen gehen vor. Das ist, glaube ich, das wichtigste.

Und wie können Bürger das Recht der Pressefreiheit schützen?
Der Bürger […] sollte durchaus darauf achten, wo journalistische Qualität zu Hause ist. Das heißt nicht, dass er sich quälen muss und irgendetwas antun muss, was ihm partout nicht gefällt. Wir müssen Zeitungen so anbieten, dass auch komplizierte Dinge verständlich sind und dass es Spaß macht, sie zu lesen. Aber ich kann auf der Seite des lesenden Bürgers nicht einerseits billigen Journalismus kritisieren und mich gleichzeitig als Käufer und Konsument auf diesen billigen Journalismus stürzen. Da gibt es manchmal eine kleine Heuchelei.

Das Interview führte Franziska Walther, in: politikorange frei?", Winter 2007/08, S. 10

AUFGABEN

1. Arbeite heraus, inwieweit die Medien in Deutschland ihrer Aufgabe nicht immer gerecht werden. (M5)
2. Fasse in eigenen Worten zusammen, welche grundlegende Aufgabe freie Medien für die Demokratie haben und wie verschiedene Akteure die Pressefreiheit schützen können. (M6)

Kompetenz: Analyse

Rechtliche Vorgaben für Schülerzeitungen

Ob gedruckt oder als online-Fassung – wie bei allen Veröffentlichungen gibt es auch bei Schülerzeitungen rechtliche Vorschriften, die man unbedingt einhalten muss.

M7 Was ist ein Impressum?

Wird etwas veröffentlicht, das gegen Gesetze verstößt, muss die Zeitung dafür haften. Da es wenig helfen würde, einen Satz Papier zu verklagen, muss deutlich werden, welcher Mensch für die Inhalte der Publikation verantwortlich ist und wie er zu erreichen ist. Diese Aufgabe übernimmt das Impressum. […] Bei einer Schülerzeitung, die ausschließlich von Schülern herausgegeben wird, sind der vollständige Name und die Adresse des Verantwortlichen erforderlich. Teilen sich mehrere Leute diese Verantwortung, muss die Aufteilung verdeutlicht werden. […] Unterschieden wird jedoch zwischen dem inhaltlich Verantwortlichen und dem wirtschaftlich Verantwortlichen. Das Impressum zeigt also auch, wer für Schulden wie nicht bezahlte Rechnungen der Zeitung haftet und wer für den Inhalt die Hand ins Feuer legt. Bei einer rechtswidrigen Veröffentlichung haftet nicht nur der Herausgeber. Auch dem Drucker, der die Zeitung veröffentlicht hat, kommt die Verantwortung zu. Deshalb muss auch er mit Name und Adresse im Impressum genannt werden. Als weitere Information wird häufig auch der Ansprechpartner für die Werbung genannt. Das ist hier zwar nicht vorgeschrieben, erleichtert es aber vor allem Werbekunden, den richtigen Ansprechpartner zu finden.

Thomas Krohn, auf: www.sz-tipps.de

M8 Die Bedeutung des Urheberrechts

Wenn es um Urheberrechte geht, muss all das beachtet werden, was auch bei einer richtigen Zeitung oder einer anderen Publikation zum Handwerkszeug gehört. Nimmt man Fotos aus dem Internet so muss sichergestellt sein, dass der Fotograf dem auch zugestimmt hat. Das gleiche gilt für andere Inhalte wie zum Beispiel Texte. Verstößt man gegen diese Bestimmungen, besteht die Gefahr, dass der Urheber des Bildes nachträglich Geld verlangt und durch seinen Anwalt eine teure Abmahnung an die Redaktion schickt. […] Bilder oder Texte, bei denen der Urheber seit mehr als 70 Jahren tot ist, können verwendet werden, da der Schutz nach dem Urheberrecht nach dieser Zeit abgelaufen ist.

Philipp Otto, www.iRights.info, 23.8.2010

M9 Welche gesetzlichen Schranken gelten auch für eine Schülerzeitung?

Interview mit dem Leiter der Rechtsabteilung der Unternehmensgruppe Presse-Druck, Hannsjörg Sandtner:

Was sind die wichtigsten journalistischen Sorgfaltspflichten, die man auch als Schülerzeitungsredakteur beachten sollte?
Zuallererst natürlich die Wahrheitspflicht. Die Berichterstattung sollte sachlich und vollständig sein, dem Betroffenen sollte Gelegenheit zur Stellungnahme gegeben, Gegenmeinungen sollten eingeholt und Quellen geprüft werden. Zum anderen gilt die Pflicht zur Kennzeichnung entgeltlicher Veröffentlichungen. Das heißt für den Leser muss erkennbar sein, ob es sich um Redaktions- oder Anzeigenteil handelt. Schleichwerbung ist auch für Schülerzeitungen nicht erlaubt.

Ein Schülerzeitungsredakteur darf also seine Lehrer nicht beschimpfen?
Nein, das sollte man lieber lassen. Wobei: Satire und Zuspitzung sind natürlich erlaubt. Aber Beleidigungen und Schmähkritik – eine aufgrund unsachlicher Motive erfolgende verletzende oder persönlich beleidigende Berichterstattung – sind nicht mehr von der Pressefreiheit gedeckt.

Welche Beschränkungen für eine Berichterstattung gibt es sonst?
Die Pressefreiheit nach Artikel fünf des Grundgesetzes gilt – wie bereits gesagt – nicht unbeschränkt. Sie endet dort, wo durch die Berichterstattung Gesetze verletzt oder in die Rechte Betroffener, wie zum Beispiel das allgemeine Persönlichkeitsrecht, rechtswidrig eingegriffen werden würde.

Müssen Schülerzeitungsredakteure für ihre Artikel geradestehen?
Im Prinzip ja. [...] In jedem Fall kann sowohl zivil- wie auch strafrechtlich gegen die Verantwortlichen vorgegangen werden. Insofern besteht kein Unterschied zu Tageszeitungen. Die Haftung ist jedoch unter anderem durch das Jugendstrafrecht eingeschränkt. [...]

Wer muss dann seinen Kopf hinhalten? Der jeweilige Redakteur?
Ja, so ist es. Grundsätzlich haftet jeder Redakteur sowohl zivil- wie auch strafrechtlich nach den allgemeinen Grundsätzen. Daneben haftet der sogenannte „verantwortliche Redakteur" für alle in seiner Verantwortung stehenden Beiträge. Das heißt, wer darüber entscheiden kann, ob ein Beitrag veröffentlicht wird oder nicht, der muss für den Inhalt der Schülerzeitung auch gerade stehen. Dasselbe gilt auch für den Verleger, also den Inhaber und Leiter eines Presseunternehmens und den Herausgeber, den „Inhaber der geistigen Oberleitung".

Das Interview führte Martina Bachmann, auf: www.augsburger-allgemeine.de vom 24.7.06

Kompetenz: Analyse

AUFGABEN

1. Teilt euch in Gruppen auf und tragt auf einem Plakat einen eigenen Leitfaden zusammen, welche Vorgaben bei der Erstellung einer Schülerzeitung erfüllt werden müssen. (M7, M8, M9) Orientiert euch beim Leitfaden an den vorhergehenden auf den Kompetenzseiten in diesem Buch.

Leitfaden

2. Überprüft die Schülerzeitung eurer Schule, ob alle Bestimmungen eingehalten wurden.

Grund-wissen

Bedeutung der Pressefreiheit

Den Medien ist in der Demokratie eine wichtige Aufgabe zugedacht. Sie sollen umfassende und differenzierte Informationen liefern, damit die Bürger sich eine politische Meinung bilden und sachkundig an politischen Entscheidungen mitwirken können. Das deutsche Grundgesetz garantiert die Freiheit der Berichterstattung und verbietet jede Zensur (Artikel 5 GG). Diese Informationen sind die Grundlage für den politischen „Streit" um die beste Lösung von Problemen unserer Gesellschaft.

Missbrauch der Presse: Manipulation statt Information

Seitdem es moderne Medien gibt, wurden diese auch zur Manipulation der Bürger eingesetzt. Auch heute dienen die Medien in nicht-demokratischen Staaten und Diktaturen der Beeinflussung der Bevölkerung und der Unterstützung der Herrschenden. So ist etwa in Russland die Pressefreiheit stark eingeschränkt, regierungskritische Medien werden mit unterschiedlichsten Mitteln mundtot gemacht. Viele politische Berichterstatter wagen es dort und anderswo nicht mehr, kritisch zu berichten und verhalten sich lieber staatstreu. Nicht nur in China wird beispielsweise das Internet zensiert und somit eine freie Informationsbeschaffung für die Bürger unmöglich gemacht.

Untergrabung der Pressefreiheit in Demokratien

Auch in westlichen Demokratien steht es um die Pressefreiheit nicht immer zum Besten. Journalisten haben das Recht, die Quellen ihrer Recherche geheim zu halten, um Zeugen zu schützen. Wenn der Staat Journalisten abhört oder überwacht, wird dieses Zeugnisverweigerungsrecht ausgehebelt. Zeitungen und das Internet sind auf die Einnahmen aus Anzeigen angewiesen (vgl. Kap. 3.2). Wenn Anzeigenkunden ihre wirtschaftliche Macht einsetzen, indem sie aufgrund von unliebsamer Berichterstattung Gelder zurückziehen, ist die Arbeit von Journalisten gefährdet. Auch durch die Monopolisierung von Medien, wenn diese also unter dem Einfluss eines oder weniger Menschen stehen, ist die Vielfalt und Neutralität der Berichterstattung gefährdet.

Verantwortung der Medien

Auch die Medien selbst müssen ihrer verantwortungsvollen Rolle gerecht werden: Wenn sie in erster Linie und verallgemeinernd ein negatives Bild von Politikern und anderen Entscheidungsträgern zeichnen, kann bei den Lesern das Vertrauen in das politische System verloren gehen. Demokratie braucht informierte Bürger – und dazu eine Presse, die eine ausgewogene, sachliche Berichterstattung und Informationen zur Entscheidungsfindung liefert.

4 Neue Arbeitswelten

Das Unternehmen Google, hier der Hauptfirmensitz in Mountain View, Kalifornien, wurde in Amerika mehrfach zum beliebtesten Arbeitgeber gewählt. Den Mitarbeitern stehen dort Swimmingpool, Massagesessel, Kletterwand und Fitnessstudios zur Verfügung; die Kantinen gelten als Gourmetküchen – dafür ist der Einstellungsprozess extrem anspruchsvoll. Das Unternehmen bietet u. a. den marktführenden Suchmaschinendienst im Internet an, die Marke „Google" wird als eine der wertvollsten weltweit bewertet, im Jahr 2008 betrug der Umsatz 21.795 Millionen US-Dollar. Nach dem Börsengang 2004 mit einem Wert von ca. 80 Euro pro Aktie, erreichte dieser Ende 2007 ein Allzeithoch von über 700 Euro pro Aktie.

Kompetenzen: Am Ende des Kapitels kannst du unter anderem ...
- Lebens- und Arbeitsverhältnisse von Menschen unter den Entwicklungen und wirtschaftlichen Bedingungen der Arbeitswelt beschreiben und unterscheiden.
- Vor- und Nachteile der Globalisierung als wirtschaftlichen Zielkonflikt beschreiben.
- Szenarien und Thesen zur Entwicklung in der Bio- und Gentechnologie überprüfen.
- Sach- und Werturteile unterscheiden.
- die eigenen Chancen und Prioritäten bei der Ausbildung und Berufswahl beurteilen und eigene Entscheidungen treffen.
- berufliche Selbstständigkeit in einer Schülerfirma in Ansätzen erproben.
- Präsentationen ansprechend gestalten und vor Publikum einsetzen.

4.1 Arbeit und Beruf im Wandel

M1 Ode an die Arbeit

Sag mal - du hast doch grade nichts zu tun
Erklär mir Arbeit -
Arbeit? Ja.
Arbeit mein Freund
- Das wird Arbeit
Na los
Na gut:
Also was das Schaf da mit dem Gras macht:
Keine Arbeit – ach?
Was man später mit dem Schaf macht
Das ist Arbeit – aha
Generell alles was Spaß macht:
Keine Arbeit – och
Generell was man im Gras macht
Keine Arbeit – ach so

Wir singen:
Ohne Arbeit wär' das Leben öde
Also sing ich müde meine kleine Ode
An die Arbeit

Und die Lilien auf dem Feld haben:
Keine Arbeit - na ja, aber
Sie haben kein Ziel, Jens, haben kein Geld, haben
Keine Arbeit - das geb ich ja auch zu, aber
Aber wer das Feld bestellt hat
Der hat Arbeit - hm
Und wenn die Welt kein Feld bestellt hat?
Trotzdem Arbeit
Und wenn man ein Zelt auf dieses Feld stellt?
Keine Arbeit - oh.
Aber wer am Morgen vor dem Zelt bellt
Der hat Arbeit - ach,
Ein Hund hat Arbeit?
Ja, der Hund hat Arbeit

Wir singen:
Ohne Arbeit wär das Leben öde
Also sing ich müde meine kleine Ode
Ohne Arbeit wär das Leben öde
Also sing ich müde meine kleine Ode
An die Arbeit!
Los und eins und zwei und eins und zwei
und: Fertig
An die Arbeit!
Los und eins und zwei und eins und zwei
und:
Du bist Preußen!
Eins und zwei und eins und zwei und eins
und zwei und: Fertig
An die Arbeit!
Los und eins und zwei und eins und zwei
und: Schluss

*Judith Holofernes/Wir sind Helden,
Freudenhaus Musikverlag Patrik Majer, Wintrup
Musikverlag Walter Holzbaur, 2007*

TIPP

Auf der Internetseite der Gruppe *Wir sind Helden* kannst du in die Vertonung der „Ode an die Arbeit" hineinhören! (www.wirsindhelden.de/worte.php)

AUFGABEN

1. Wie charakterisiert die Gruppe *Wir sind Helden* Arbeit? (M1)
2. Was ist für euch Arbeit? Stimmt ihr mit den in der „Ode an die Arbeit" genannten Beispielen für Arbeit überein? Sammelt in der Klasse Beispiele.

M2 Berufliche Lebenswege

Markus Hugot, 20, Informationstechnischer Assistent (ITA)
Wer Spaß am Computer hat, für den ist dieser Beruf genau richtig. Ich mache eine schulische Ausbildung am Berufskolleg, die deckt Elektro- und Prozesstechnik, Betriebssysteme und Netzwerke, Datenbanken, Programmierung, Rechner- und Systemtechnik ab. Als ITA kann man später gut verdienen, die Jobs sind sicher, da heute nichts mehr ohne Computer geht. Und auch die Aufstiegschancen sind super: Man kann sich zum Fachinformatiker weiterbilden oder ein Studium beginnen.

Schule und Job, Berufsmagazin der Süddeutschen Zeitung (24.9.08), S. 23

Gertraud Freisinger, 71

Schon meine Großeltern und meine Eltern hatten auf dem Viktualienmarkt einen Stand, an dem sie Blumen und Kränze verkauften. 1949, als ich 14 Jahre alt war, starb meine Mutter. Deswegen musste ich mit anpacken. Markt bedeutet: Aufstehen um fünf Uhr, bei jedem Wetter, und um sechs Uhr morgens hier sein. Ich habe mich daran gewöhnt. Inzwischen arbeite ich drei Tage in der Woche, bis vor wenigen Jahren hatte ich nur sonntags frei. Ich habe am Stand meiner Eltern gearbeitet, 1960 bin ich an den Gemüsestand meines Mannes gewechselt. Kennengelernt und verliebt haben wir uns auf dem Markt. Wir haben fast nur Stammkunden: vom Angestellten über Millionäre bis zu so manchem Münchener Lokalpromi. Die Gespräche gehen über kleine Nettigkeiten hinaus, eine Bindung, die ins Private reicht, baut man aber trotzdem kaum auf.

Das Interview führte André Kerner, in: fluter, März 2007, S. 31

M3 Was versteht man unter ...

Arbeit ist das bewusste, zielgerichtete Handeln des Menschen zum Zweck der Existenzsicherung sowie der Befriedigung von Einzelbedürfnissen. Als planmäßige Tätigkeit des Menschen unter Verausgabung körperlicher und geistiger Kräfte unterscheidet sich Arbeit von Spiel und Sport. Sie gehört ihrem Wesen nach zur Selbstverwirklichung des Menschen.

Beruf umfasst einen Kreis von Tätigkeiten mit zugehörigen Pflichten und Rechten, der im Allgemeinen zum Erwerb des Lebensunterhaltes dient.

Job nennt man die zufällige Erwerbstätigkeit mit entsprechender Entlohnung (Ferienjob, Aushilfsjob etc.).

Nach: Start frei! Der Weg zum Wunschberuf, hrsg. vom Bundesverband Deutscher Banken, 2009, S. 8 f.

Erwerbspersonen sind alle Personen der Bevölkerung, die eine auf Erwerb bzw. Entlohnung gerichtete Tätigkeit ausüben oder ausüben wollen. In Deutschland mit 82,1 Mio. Einwohnern waren Ende 2008 43,6 Mio. Erwerbspersonen. Davon waren: 40,7 Mio. Erwerbstätige, d. h. Personen, die eine Tätigkeit ausüben, entweder als
- Selbstständige (4,4 Mio.) oder
- abhängig Beschäftigte (36,3 Mio.).

Außerdem suchten 2,9 Mio. Erwerbslose einen Arbeitsplatz.
Nicht zu den Erwerbspersonen (46,8% der Bevölkerung) zählen Kinder, Jugendliche in der schulischen Ausbildung, Studenten, Hausfrauen und -männer, Rentner und Müßiggänger.

Nach: U. Fritsch, K. Knappe, Wirtschaft auf einen Blick, April 2009, S. 47

AUFGABEN

1. Welche Auffassungen über ihre Arbeit bzw. ihren Beruf vertreten Gertraud Freisinger und Markus Hugot? Welchen Stellenwert nehmen die Berufe im Leben der zwei Personen ein? Was ist ihnen jeweils wichtig? Was würden die beiden ändern, wenn sie könnten? (M2)

2. „Arbeit", „Beruf", „Job" – drei unterschiedliche Begriffe, was bedeuten sie für dich? Vergleiche deine Vorstellungen mit den Definitionen aus M3. Welche der dort genannten Begriffe treffen auf die beiden Personen in M2 zu?

3. Verfasse eine kurze Beschreibung ähnlich wie in M2, in der du entweder deine Eltern, Großeltern oder ältere Geschwister über ihre Vorstellungen von Arbeit und Beruf sprechen lässt.

Neue Arbeitswelten

Kompetenz: Methode

Szenariotechnik II – Mein Berufsleben in 15 Jahren

Ein Zukunftsszenario ist besonders dann angebracht, wenn gewichtige Entscheidungen getroffen werden müssen, z. B. deine Entscheidung für einen Ausbildungsplatz. Mit der hier konkretisierten Methode kannst du dir verschiedene Strategien der Berufwahl überlegen, um einerseits Fehler zu vermeiden und andererseits flexibel auf Veränderungen zu reagieren.

M4 Der Blick in die Zukunft

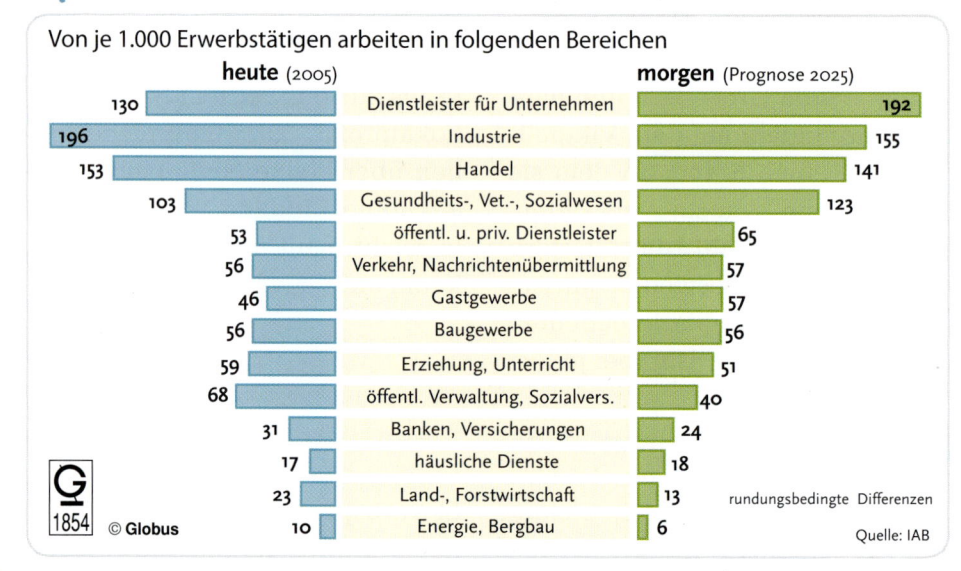

Von je 1.000 Erwerbstätigen arbeiten in folgenden Bereichen

heute (2005)	Bereich	morgen (Prognose 2025)
130	Dienstleister für Unternehmen	192
196	Industrie	155
153	Handel	141
103	Gesundheits-, Vet.-, Sozialwesen	123
53	öffentl. u. priv. Dienstleister	65
56	Verkehr, Nachrichtenübermittlung	57
46	Gastgewerbe	57
56	Baugewerbe	56
59	Erziehung, Unterricht	51
68	öffentl. Verwaltung, Sozialvers.	40
31	Banken, Versicherungen	24
17	häusliche Dienste	18
23	Land-, Forstwirtschaft	13
10	Energie, Bergbau	6

rundungsbedingte Differenzen
© Globus 1854 | Quelle: IAB

AUFGABEN

1. Vergleiche die Zahlen in der Grafik. Welche grundlegende Entwicklung lässt sich für die Zukunft erkennen? Inwieweit wird dein Berufswunsch von dieser Entwicklung berührt? (M4)

2. Führe mithilfe des Leitfadens die Szenariotechnik durch und bringe deine Ergebnisse aus Aufgabe 1 ein. Für das Positiv- und das Negativszenario kannst du z. B. einen Lebenslauf erstellen oder einen Tagebucheintrag verfassen.

Der Szenariotrichter – Positives Extremszenario, Trendszenario, Negatives Extremszenario, Zeitachse

Leitfaden – Szenariotechnik II

1. Schritt: Betrachtung der gegenwärtigen Situation (Analyse)
Beantworte folgende Fragen: Welche Interessen habe ich, die ich im Beruf verwirklichen möchte? Welche Berufe bieten eine Perspektive? Welche Mindestvoraussetzungen muss ich für meinen Berufswunsch mitbringen (z. B. Notenanforderung, Praktikum/Erfahrung, Fremdsprachenkenntnisse etc.)?

2. Schritt: Annahmen über zukünftige Entwicklungen (Prognose)
Sammle deine Gedanken zur Frage „Wie sieht mein Berufsleben in 15/20 Jahren aus?": Welche Erwartungen an den Arbeitsort und die Arbeitszeiten habe ich? Wie stelle ich mir meine familiäre Situation vor? Welche absehbaren Einflüsse (z. B. technologischer Fortschritt, struktureller Wandel) können sich auf meinen Beruf auswirken? Was passiert, wenn überraschende Ereignisse, sogenannte „Störereignisse", eintreten, wie z. B. schwere Erkrankung (Berufsunfähigkeit), längere Arbeitslosigkeit.

3. Schritt: Entwurf dreier grundsätzlicher Szenarien (Synthese)
Die Zukunft ist prinzipiell gestaltbar und veränderbar – sowohl in positiver als auch in negativer Hinsicht. Erstelle deshalb aus den Ergebnissen des zweiten Schritts deine persönlichen Extremszenarien (positiv+negativ) sowie ein Trendszenario, das bildlich gesprochen „in der Mitte liegt" und vor allem auf bisherigen Erfahrungswerten beruht. Welche Maßnahmen kannst du ergreifen, um das Negativszenario zu vermeiden?

M5 Neues von der Messe

„Jetzt nicht gleich aufregen, nur weil jemand an Ihrem Schreibtisch sitzt. Wahrscheinlich hat der Chef nur wieder was von der Hannover-Messe mitgebracht ..."

Dirk Meissner

M6 Kollege Roboter

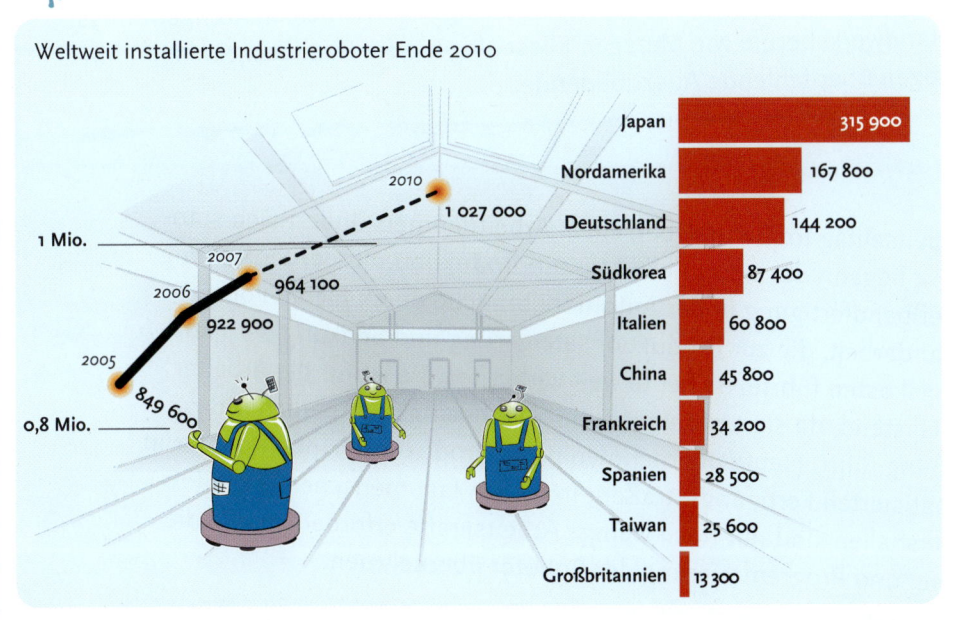

Weltweit installierte Industrieroboter Ende 2010

Japan	315 900
Nordamerika	167 800
Deutschland	144 200
Südkorea	87 400
Italien	60 800
China	45 800
Frankreich	34 200
Spanien	28 500
Taiwan	25 600
Großbritannien	13 300

Entwicklung weltweit:
- 2005: 849 600
- 2006: 922 900
- 2007: 964 100
- 2010: 1 027 000

Nach: dpa-Infografik 1181; Zahlen: IFR

M7 Autoproduktion: Anfang des 20. Jahrhunderts und 2005

Einführung der Fließbandarbeit bei Ford, Anfang des 20. Jahrhunderts

Automatisierte Fertigungslinie bei VW in Wolfsburg im Jahr 2005

AUFGABEN

1. Deute die Karikatur (M5), indem du zuerst
   a) eine Sprechblase für den Herrn mit der Aktentasche entwirfst.
   b) Begründe anschließend, ob du die Meinung der Sekretärin vertrittst.
   c) Diskutiert in der Klasse die Vor- und Nachteile dieser Entwicklung. Bezieht auch die Ergebnisse der Grafik M6 ein.

2. Verfasse zu jedem der beiden Bilder (M7) einen kurzen Text, z. B. in Form einer Reportage. Schreibe aus der Sicht der Arbeiter u. a., welche Handgriffe/Tätigkeiten du ausübst, welche Qualifikation du hast, wie dein Tagesablauf aussieht, wie dein Verhältnis zu deinen Kollegen ist.

Neue Arbeitswelten

Grundwissen

Arbeit und Beruf Die Arbeit dient den Menschen in der Regel zur Sicherung der Existenz und des Lebensunterhalts. Gleichzeitig gehört sie zur Selbstverwirklichung des Menschen und hat damit eine wichtige soziale Funktion. Das Einkommen ist wichtig, insbesondere wenn man eine Familie ernähren muss. Viele Menschen möchten auch einen Beruf, in dem sie ihre Interessen und Fähigkeiten verwirklichen und mit dem sie sich identifizieren können. Tätigkeiten im Dienstleistungsbereich und Handel sind besonders attraktiv, da man sich bei diesen Arbeiten weniger körperlich anstrengen muss. Handwerksberufe wie Metzger, Fliesenleger oder Dachdecker klagen hingegen über fehlende Auszubildende.

Rationalisierung durch Fließband und Roboter Der Arbeitsalltag im Berufsleben eines Arbeitnehmers ändert sich ständig. 1914 begann die industrielle Massenproduktion mit der Einführung der Fließbandfertigung in der Automobilbranche durch Henry Ford. Die Fließbandarbeit, die zur Produktionssteigerung und Senkung der Herstellungskosten führte, ist heute weit verbreitet. Sie ist für die Arbeiter sehr belastend, da sie eintönig ist und zu einseitiger körperlicher Beanspruchung führt. Heute übernehmen diese Produktion häufig Roboter in automatisierten Fertigungsstraßen. In diesen fast menschenleeren Produktionshallen sind nur noch wenige Arbeitskräfte erforderlich, die die Wartung und Programmierung der Roboter übernehmen.

Immer mehr Dienstleistungen In welchem Wirtschaftsbereich die Menschen in Deutschland arbeiten, hat sich in den letzten Jahrzehnten stark verändert und wird sich auch weiter verändern. Der Anteil der Erwerbstätigen im sogenannten primären bzw. landwirtschaftlichen Sektor liegt heute bei etwa 2%. Seit den 70er und 80er Jahren des letzten Jahrhunderts entwickelt sich Deutschland hin zu einer Dienstleistungsgesellschaft. Die Zahl der Industriearbeiter im sekundären bzw. produzierenden Sektor sank. Gleichzeitig stieg der Anteil der Dienstleister: Im tertiären Sektor sind heute gut 70% aller Erwerbstätigen beschäftigt. Allerdings sind viele Dienstleistungen eng mit dem produzierenden Sektor verzahnt, wie die Bereiche Forschung und Entwicklung, Qualitätskontrolle, Werbung und Vertrieb.

4.2 Arbeitswelt – neue Anforderungen und neue Chancen

M1 Vier Azubis und ihre Erfahrungen

A) Pia Dohse stapelte Kartons im Lager des Hamburger Outdoorausrüsters Globetrotter. […] Da schlenderte der Marketingleiter des Unternehmens vorbei und erzählte ihr von dem neuen Ausbildungsgang zur **Mediengestalterin**. „Ich hatte von dem Beruf noch nie was gehört, aber es klang interessant." Ein Vorstellungsgespräch später war aus dem Job ein festes Ausbildungsverhältnis mit 580 Euro im Monat geworden. Nun entwirft Pia Logos, Anzeigen und Werbebanner. „Ich muss sehr eigenständig arbeiten. Mich alleine in neue Grafikprogramme einfuchsen", erzählt sie. „Dafür darf ich auch viel machen. Beispielsweise zu einer Fotoproduktion für den neuen Katalog nach Kanada fliegen."

B) In der Ausbildung hat Jens Gruber, 20, eine harte Lehrzeit. Der angehende **Zimmermann** ist Teil des EU-Projekts „Grenzüberschreitende Verbundausbildung im Handwerk", so verbringt Jens vier Monate seiner Lehrzeit in den Niederlanden. […] „Vielleicht habe ich in einigen Jahren die Chance den Betrieb zu übernehmen", meint Jens. In den kommenden Jahren wird in Deutschland jeder vierte Betrieb aus Altersgründen verkauft.

C) Bianca Schwarzenburg lernt im A-Rosa-Ressort am Scharmützelsee (bei Berlin) **Sport- und Fitnesskauffrau**. Nach ihrem Abschluss kann sie in Fitnessklubs und Sportvereinen arbeiten oder in Hotelketten das Wellnessprogramm organisieren. Nach Feierabend spielt sie gratis auf einem der Tennisplätze oder übt auf der 63-Loch-Golfanlage den richtigen Abschlag. „Ich muss die Gäste schließlich gut beraten können." Sie kann im Hotel kostenlos essen und wohnt in einem Mitarbeiterapartment. „Da ist bei meinen 350 Euro Azubi-Gehalt sogar ein kleines Auto drin", erzählt sie stolz.

D) Mitdenken, Verantwortung tragen, selbstständig arbeiten – das sind die Tugenden, die heute erwartet werden. „Dafür bieten wir aber tolle Aufgaben", sagt der Ausbildungsleiter der schwäbischen Technologiegruppe Trumpf. Einer seiner Azubis ist Michael Lehnert, **Mechatroniker** im dritten Lehrjahr. Der 19-Jährige wohnt noch zu Hause. „Da hab ich eine Etage für mich, und Geld abgeben muss ich auch nicht." Berührungsängste kennt er nicht. Hand in Hand arbeitete er mit den Trumpf-Ingenieuren zusammen. Gemeinsam entwickelten sie den Prototypen für einen der modernsten OP-Tische der Welt.

Nach: Silke Gronwald, Aufstieg ohne Studium auf: www.stern.de vom 9.5.09

AUFGABEN

1. Welche Qualifikationen bringen die Auszubildenden mit? (M1) Liste diese auf und versuche sie nach Schwerpunkten zu ordnen.

2. Welche Chancen eröffnet den Jugendlichen ihr zukünftiger Beruf? (M1) Wo siehst du mögliche Probleme?

TIPP

Jeder Agentur für Arbeit ist ein Berufsinformationszentrum (BIZ) angeschlossen. Dort gibt es fachkundige Hilfe und umfangreiches Informationsmaterial, z. B. den Ratgeber „Studien- & Berufswahl 2009/10" (jährliche Neuauflage im Herbst).

LINK

Unter www.arbeitsagentur.de, Stichwort „Berufenet" kannst du den gewünschten Beruf eingeben und dich über Anforderungen, Aufgaben und Ausbildungsinhalte des angefragten Berufes erkundigen. Weitere nützliche Internetadressen: www.planet-beruf.de und www.berufswahlheft.de

M2 Ausbildung in neuen Berufen – neue Ausbildungsverträge 2007

Beruf	Anzahl	Beruf	Anzahl
Fachinformatiker/in	8.655	Informatikkaufmann/-frau	1.508
Mechatroniker/in	7.563	Fertigungsmechaniker/in	1.379
Automobilkaufmann/-frau	4.063	Kaufmann/-frau für Dialogmarketing	1.272
Maschinen- und Anlagenführer/in	3.284	Fachkraft für Veranstaltungstechnik	1.152
Fahrzeuglackierer/in	3.268	Fachkraft für Schutz und Sicherheit	1.063
Fachmann/-frau für Systemgastronomie	2.851	Informationselektroniker/in	1.059
IT-Systemelektroniker/in	2.396	Kaufmann/-frau im Gesundheitswesen	1.037
IT-Systemkaufmann/-frau	2.250	Mediengestalter/in Bild und Ton	731
Veranstaltungskaufmann/-frau	1.875	Servicefachkraft für Dialogmarketing	665
Kraftfahrzeugservicemechaniker/in	1.800	Fachang. Medien-/Informationsdienste	654
Bauten- und Objektbeschichter/in	1.797	Fahrradmonteur/in	494
Sport- und Fitnesskaufmann/-frau	1.757		

in 1996 oder später entstandenen Berufen

Bundesinstitut für Berufsbildung (BIBB) 2008

AUFGABEN

1. Welcher der in M2 genannten Berufe würde dich am ehesten ansprechen? Warum? Beschreibe das Berufsbild einzelner Berufe mithilfe des Internets.
2. Erläutere in eigenen Worten heutige Qualifikationsanforderungen. (M3, M4, M5) Erfüllen die Auszubildenden in M1 diese Anforderungen? Begründe.
3. Schreibe eine (fiktive) E-Mail an den Arbeitgeber und erbitte weitere Angaben zur Ausbildung über einen der vier in M1 vorgestellten Berufe. Schreibe auch, warum dich dieser Beruf interessiert.
4. Formuliere in einem griffigen Slogan dein Fazit aus M1 bis M5.

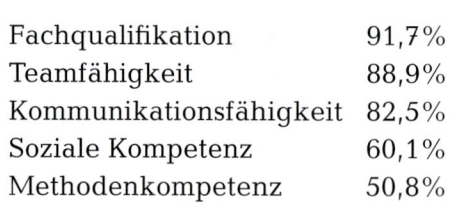

M3 Qualifikationsanforderungen an Mitarbeiter

Fachqualifikation	91,7%
Teamfähigkeit	88,9%
Kommunikationsfähigkeit	82,5%
Soziale Kompetenz	60,1%
Methodenkompetenz	50,8%

Start frei! Der Weg zum Wunschberuf (hg. vom Bundesverband deutscher Banken) 2009, S. 93

M4 Immer wichtiger: Bildung!

Schülerinnen und Schüler der 7. Klasse im Schuljahr 2004/2005

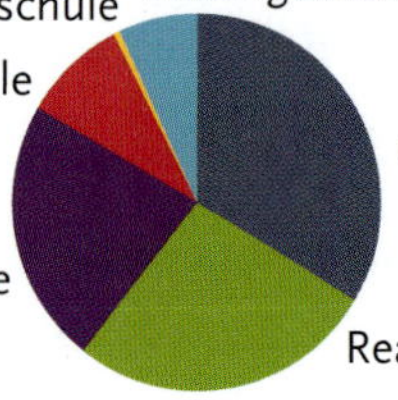

(Waldorfschule, Schularten mit mehreren Bildungsabschlüssen, Gesamtschule, Gymnasium, Hauptschule, Realschule)

Datenreport 2008

M5 Anforderungsprofile im Vergleich

höher qualifizierte Tätigkeiten		mittelqualifizierte Tätigkeiten		einfache Tätigkeiten	
1985	2010	1985	2010	1985	2010
28%	40%	45%	43%	27%	17%
Führungsaufgaben, Organisation und Management, qualifizierte Forschung und Entwicklung, Betreuung, Beratung, Lehre		Fachtätigkeiten in der Produktion, Maschinen einrichten, reparieren, Fachverkäufer, Sachbearbeiter, Assistententätigkeiten		Hilfstätigkeiten in Produktion, Reinigung, Bewirtung, Lagerhaltung, Transport, einfache Bürotätigkeiten, Verkaufshilfen	

Start frei! Der Weg zum Wunschberuf (hg. vom Bundesverband deutscher Banken) 2009, S. 91

M6 Trends in der Arbeitswelt – Chancen und Gefahren

A Flexible Arbeitszeiten
Für 200 Mitarbeiter des IT-Konzerns IBM begann die Zukunft schon 1991. Sie verloren von heute auf morgen ihren festen Arbeitsplatz. Freiwillig. Das Unternehmen wurde damit zum Pionier für Telearbeit. Heute können alle 20.000 IBM-Mitarbeiter in Deutschland jederzeit von zu Hause aus arbeiten – egal, ob sie Geschäftsführer oder Sachbearbeiter sind. Dadurch können die Unternehmen Kosten für Büros sparen.

B Virtuelle Arbeitswelt
Für den Arbeitnehmer der Zukunft ist es essenziell, in allen wichtigen sozialen Netzwerken im Internet vertreten zu sein und dort Kontakte zu pflegen. Sie ermöglichen es den Mitarbeitern produktiver zu kommunizieren – ohne sich persönlich zu treffen. Ein Fünftel der weltweiten Geschäftsreisen könnte durch web-basierte Technologien und Videokonferenzen wegfallen. Allein die IT-Beratung Accenture verzichtete durch virtuelle Besprechungen im vergangenen Mai auf 240 internationale Geschäftsreisen und 120 Inlandsflüge.

C „Multitasking" und die ständige Erreichbarkeit
Mit der modernen Technik verschwimmt weitgehend die Grenze zwischen Beruf und Privatleben. Das Handy ist immer an, berufliche E-Mails werden auch abends und am Wochenende bearbeitet.
E-Mails schreiben, chatten, telefonieren, konferieren, Kaffee trinken – am besten alles gleichzeitig? Psychologen warnen davor, es zu übertreiben. Multitasking macht nicht produktiver – es bewirkt das glatte Gegenteil. Die US-Beratungsfirma Basex hat ausgerechnet, dass amerikanische Manager im Jahr 28 Milliarden Arbeitsstunden mit Unterbrechungen verdaddeln, die durch ständiges Wechseln der Tätigkeit verursacht werden.

D Voller Einsatz für wenig Geld
Oliver, 32 Jahre, Architekt, leistete vollen Einsatz für wenig Geld, so wie es von ihm und den anderen 60 jungen Architekten erwartet wurde, die im Auftrag eines angesehenen Architekturbüros Entwürfe lieferten. Sie wurden ausgebeutet, beuteten sich selbst aus, für etwa 2.000 Euro brutto, 70-Stunden-Woche. Im Februar 2009 lasen sie in der Zeitung, dass ihr Büro geschlossen werden solle, von einem Tag auf den anderen. Man konnte sie rausschmeißen, weil sie jung waren, befristete Verträge hatten.

E Zeitarbeit – Arbeiter zweiter Klasse?!
Hagen, 35 Jahre, ist gelernter Maurer aus Sachsen mit Realschulabschluss. Im März 2007 fing er bei Audi in Ingolstadt an, angestellt über die Zeitarbeitsfirma Adecco. Es war eine Zwei-Klassen-Gesellschaft. Dabei musste Hagen Festangestellte anlernen, wenn sie aus anderen Abteilungen kamen. Bei Samstagsarbeit waren meist die Adeccos dran. Hagen hat sich um eine Festanstellung bei Audi beworben. „Ich wollte auch alles andere machen, auch für weniger Lohn, damit ich endlich Sicherheit hatte, nicht kurzfristig entlassen werden zu können." Im Februar 2009 erhielt er die Kündigung.

F Spezialisierung/Fachkräfte
Angebote für einfache Tätigkeiten und für gering Qualifizierte werden künftig in Deutschland von Maschinen oder Arbeitern im Ausland erledigt. [...] Auf der sicheren Seite sind entsprechend Fachkräfte aus dem Bereich der Hochtechnologien, wie Licht- und Lasertechnik, Bio- und Nanotechnologie oder auch der Werkzeugmaschinenbau sowie die Metallindustrie. [...] Vorteile besitzen aber auch all jene Berufe, in denen körperliche Präsenz erforderlich ist: Alten- und Krankenpfleger genauso wie Erzieher, Kindergärtner und Lehrer.

Texte A, B, C + F: nach: Daniel Rettig auf www.wiwo.de vom 25.8.08; Texte D + E: nach: Philipp Oehmke u. a., Die Krisenprofis, in: Der Spiegel 25/09, S. 49 (15.6.09)

AUFGABEN

1. Erarbeitet in Kleingruppen die in M6 dargestellten Erscheinungen der heutigen Arbeitswelt und sortiert diese nach „Chancen" und „Gefahren". Begründet euch gegenseitig, warum ihr diese eher positiv oder negativ bewertet. Gibt es Entwicklungen, die sowohl positiv als auch negativ eingeschätzt werden?

2. Überlegt, wie sich das zukünftige Leben von Oliver (M6, D) bzw. Hagen (M6, E) eurer Meinung nach entwickeln wird. Verfasst eine positive Variante, in der die beruflichen Perspektiven günstig verlaufen und eine negative Variante, in der es wenig Hoffnung auf eine zufriedenstellende berufliche Situation gibt. (→ Kompetenz: Kapitel 4.1, Szenariotechnik)

Neue Arbeitswelten

Kompetenz: Analyse

Prioritäten bei der Berufswahl

Zwei bis drei Jahre vor Schulende sollte man mit der Recherche nach dem geeigneten Beruf anfangen. Wer direkt nach der Schule mit einer Ausbildung starten will, muss sich bei vielen Unternehmen im April oder Mai des Vorjahres bewerben. Selbsttests formulieren zentrale Fragen und sind ein möglicher Ansatz, um die eigenen Prioritäten zu analysieren. Weitere Tipps und Internetadressen findet ihr im Leitfaden.

M7 Test Nr. 1: Wie gut bin ich auf meine Berufswahl vorbereitet?

Wo liegen die Stärken und wo gibt es noch Lücken? In jeder Zeile wird jeweils nur eine Antwort angekreuzt. Ausgezählt wird am Schluss.

Ich mache mir große Sorgen, ob ich den richtigen Job für mich finde.		
A. Ja.	C. Nein, ich lasse mich nicht verrückt machen.	B. Ja, aber jetzt zählt erst mal die Schule.
Ich lasse die Zeit nach der Schule auf mich zukommen, man kann sowieso wenig tun.		
C. Genau.	A. Nein, meine Zukunft will ich planen.	A. Nein. Nur wer sich informiert, macht Karriere.
Bisher ist in meinem Leben alles gut gegangen, das wird auch bei der Berufwahl so sein.		
C. Stimmt genau.	A. Nein. Ich überleg, was später kommt.	E. Glück reicht nicht. Ich informiere mich.
Es ist ja nett, dass einem viele Menschen bei der Entscheidung helfen wollen, aber das kann ich gut allein.		
D. Stimmt!	E. Nein. Ich freue mich über jeden Hinweis.	B. Ratschläge okay, aber erst die Schule fertig machen.
Wenn ich nicht gleich das Richtige finde, kann ich immer noch ein Praktikum oder ein soziales Jahr machen.		
A. Stimmt.	D. Nein. Praktikum ist reine Zeitverschwendung.	C. Bevor ich rumhänge, ist ein Praktikum besser.
Erst beende ich die Schule, dann mache ich mir Gedanken über den Beruf.		
C. Stimmt genau.	A. Nein. Ich wähle Fächer, die zum Beruf passen.	E. Nein. Ich informiere mich schon vorher.
Sich frühzeitig gut über Berufe informieren ist sehr wichtig.		
E. Ja, ich sammle viele Infos.	B. Nein, ich konzentriere mich auf die Schule.	D. Keine Infos! Ich weiß, welcher Job zu mir passt.
Ich fange einfach mit irgendetwas an. Wenn es mir nicht gefällt, wechsle ich.		
C. Genau.	E. Nein, ich informiere mich gut, dann entscheide ich.	A. Wechseln nur im Notfall. Keine Zeit verlieren!
Die Frage „Was kommt nach der Schule?" nervt.		
C. Meine Freiheit genießen.	B. Nach der Schule starte ich durch.	D. Solche Fragen blocke ich ab.
Ob im Internet oder bei Berufsberatern: Ich informiere mich gründlich.		
E. Stimmt.	D. Nein, ich weiß selbst, was zu mir passt.	B. Nein, erst nach dem Schulabschluss.
Ich denke viel nach, schließlich will ich nicht irgendeinen Job.		
A. Genau.	C. Nein, man muss das machen, was sich gerade bietet.	B. Nein, was aus mir wird, mache ich von meinen Noten abhängig.

TIPP

Gespräche zwischen Eltern und Kindern über deren berufliche Zukunft sind oft nicht einfach. Hier findet man Tipps für konstruktive Gespräche: „Erfolgreich zum Traumjob" von Eva Schmitz-Gümbel und Karin Wistuba, Linde, 167 S., 9,90 €

M8 Test Nr. 2: Was will ich – und was meine Eltern?

Erst sollen die Schüler, danach die Eltern aus jeder Zeile nur einen Buchstaben notieren.

Ich will/Ich glaube, mein Kind will	E		E*
einen Job, der sicher ist	A	oder	B viel Geld verdienen
viel Zeit für Hobbys haben	C	oder	A einen Beruf mit guten Zukunftsaussichten
einen Job, der gut für das Image ist	B	oder	D Spaß bei der Arbeit haben
mich/sich über den späteren Job selbst verwirklichen	D	oder	A eine krisensichere Anstellung
Karriere machen	B	oder	C Familie und Beruf unter einen Hut bringen
arbeiten, um zu leben, nicht leben, um zu arbeiten	C	oder	D meine/seine Ideale im Beruf verwirklichen
nie arbeitslos werden	A	oder	B einen Beruf, der sozial gut angesehen ist
keine Existenzängste haben	A	oder	C viel Zeit für die Familie haben
dauerhaft in einem Unternehmen bleiben	B	oder	D anderen mit meiner/seiner Arbeit nutzen
einen Beruf, der mir/ihm erlaubt, Einfluss zu nehmen	B	oder	C Zeit für meine/seine Freunde haben
mir/sich Luxus erlauben können	B	oder	D eine Arbeit, hinter der ich/er voll und ganz stehen kann
mein/sein Privatleben nicht durch den Beruf bestimmen lassen	C	oder	D eine sinnvolle Arbeit haben

beide Tests wurden entwickelt von Professor Heinrich Wottawa, Psychologe an der Universität Bochum, in: stern, 17/2009, S. 100/102

Kompetenz: Analyse

Leitfaden – Prioritäten bei der Berufswahl

mit Eltern, Freunden, Lehrern reden
Wie sehen mich die anderen? Glauben sie, dass man Talente hat, die man ausbauen sollte? Für alle Gesprächspartner gilt: Sie erzählen nur die halbe Wahrheit. Die Eltern raten oft zu einem sicheren Beruf – oder zu dem, den sie gern selbst ergriffen hätten. Der Lehrer sagt, man sei mathematisch nicht begabt, aber vielleicht konnte er es nur nicht vermitteln? Auch die eigenen Ideen müssen überprüft werden: Was sind Klischees und Wunschbilder?

ein „Entscheidungsheft" anlegen
Sammle in einem Ordner alle Informationen und Gedanken nach aufschlussreichen Gesprächen, Beratungsterminen u.Ä. Halte hier auch deine Träume fest. Vorlagen gibt es z. B. unter www.berufswahlpass.de (→ Materialien → pdfs).

sich selbst testen
Die Arbeitsagenturen bieten kostenlos einen Interessentest sowie Studieneignungstests an.
Kostenlose Tests für Haupt- und Realschüler findet man auch unter: www.ausbildungsoffensive-bayern.de und http://portal.berufe-universum.de.

auf Jobmessen gehen
Termine für Jobmessen und Informationstage oder -vorträge findet man z. B. unter www.einstieg.com und www.azubitage.de

in Firmen und Unis hineinschnuppern
Vielleicht gibt es die Möglichkeit, ein Schnupperpraktikum in einem Betrieb zu machen. Informationen für alle, die als Erste in ihrer Familie studieren wollen, und Adressen von Mentoren in vielen Städten gibt es unter www.arbeiterkind.de.

Nach: Stern 17/2009, S. 98

M9 Test Nr. 1 – Auswertung

Überwiegend A: der Verplante
Deine Karriere ist von A bis Z durchgeplant. Für den Notfall hast du Plan B in der Tasche. Hoffentlich halten sich auch alle anderen und der Arbeitsmarkt an deine Vorgaben. Wenn nicht: Klammere dich nicht ängstlich an ein Konzept, sondern blicke auch mal nach rechts und links, vielleicht entdeckst du dort ja deine große Chance.

Überwiegend B: der Schulfixierte
Ich denk an Schule nur – und sonst gar nichts! Vielleicht ist dein schulischer Ehrgeiz auch eine willkommene Ausrede, um die Auseinandersetzung mit der Zukunft noch ein bisschen aufzuschieben? Aber du verlierst so wichtige Zeit zum Nachdenken – und verpasst vielleicht auch einige Bewerbungsfristen.

Überwiegend C: der Lässige
Dein Motto: „Dont worry, be happy". Irgendetwas wird sich schon ergeben. Oder Mama und Papa werden es richten und dein Leben organisieren. Es wird langsam Zeit, dass du erwachsen wirst und Verantwortung für deine Zukunft übernimmst. Sonst trauerst du ungenutzten Chancen womöglich später nach.

Überwiegend D: der Allwissende
Du weißt alles, du kannst alles – da benötigst du doch keine Hilfe! Wow. Aber Einzelkämpfer haben es schwer – auch später im Job. Unterstützung heißt ja nicht automatisch Bevormundung. Profitiere ruhig vom Wissen anderer. Entscheiden kannst du dann immer noch allein.

Überwiegend E: der Überinformierte
Keine Broschüre, keine Internetseite ist vor dir sicher. Du kennst jede Ausbildung – nur eine/n kennst du nicht: dich selbst. Nimm dir Zeit, dir über deine Wünsche klar zu werden – erst dann wirst du einen Weg durch den Informationsdschungel finden. Berufseignungstests können bei der Suche helfen.

Nach: stern, 17/2009, S. 100 ff.

M10 Test Nr. 2 – Auswertung für SCHÜLER

Überwiegend A: Sicherheit
Jetzt schon an die Rente denken: Du willst vor allem einen sicheren Job. Ansehen, Karriere oder Spaß sind nicht so wichtig. Sehr vernünftig. Nur: Man verbringt viel Zeit bei der Arbeit. Ein Job, der langweilt, wird zur Qual. Lass deine Interessen bei der Berufswahl nicht ganz außen vor.

Überwiegend B: Karriere
Ein Leben in Luxus, bestimmen können, wo es langgeht, und von allen bewundert werden – das würde dir gefallen. Aber dieses Ziel erfordert einen hohen Einsatz. Es könnte sein, dass du irgendwann an einen Punkt kommst, wo dir der Preis zu hoch erscheint. Informiere dich weniger voreingenommen! Vielleicht wird der vermeintlich uncoole Job ja noch zum Traumberuf.

Überwiegend C: Privatleben

Du bist ein Familientier und der beste Kumpel, den man sich denken kann. Zu viel Zeit willst du nicht für deinen Job opfern. Aber anspruchsvollere Tätigkeiten, die meistens auch die interessanteren sind, erfordern Einsatz. Überleg dir genau, was dir wirklich wichtig ist, und versuche, die richtige Balance zwischen Beruf und Privatleben zu finden. Schließlich soll ein Beruf Spaß machen, und auch du brauchst Geld, um davon zu leben.

Überwiegend D: Selbstverwirklichung

Du bist ein Idealist. Du möchtest voll und ganz hinter deiner Arbeit stehen können und etwas mit ihr bewirken. Das ist dir wichtiger als Karriere, Ansehen oder Geld. Aber auch du musst von deiner Arbeit leben. Und in jedem Beruf gibt es Routinearbeiten, die nicht sonderlich interessant sind. Vergiss bei aller Begeisterung für den Beruf nicht, dass es auch noch anderes im Leben gibt!

Mehrere Bereiche gleichmäßig stark besetzt

Du möchtest Spaß, Karriere machen, Zeit für Familie und Freunde haben, und sicher sollte der Job auch sein. Natürlich wäre es ideal, wenn sich alles unter einen Hut bringen ließe. Leider gelingt das selten. Werde dir darüber klar, was dir wirklich wichtig ist und wo du zu Abstrichen bereit bist. So ersparst du dir Enttäuschungen.

Nach: stern, 17/2009, S. 100 ff.

M11 Test Nr. 2 – Auswertung für ELTERN UND SCHÜLER – Vergleich der Antworten:

Kind und Eltern haben ähnlich geantwortet:

Ihr scheint euch gut zu kennen, die Eltern können also gute Berufsberater sein. Bei ähnlichen Antworten sollten sich beide allerdings auch fragen, ob die Antworten des Kindes nicht vielleicht von vornherein von den Erwartungen der Eltern beeinflusst waren. Vielleicht hat Tochter oder Sohn Angst davor, die Eltern zu enttäuschen? Wenn dies der Fall ist, solltet ihr darüber sprechen. Denn es geht um die Zukunft des Kindes und nicht um die Träume der Eltern. Außerdem gilt: Tipps der Eltern gegen die „größten Dummheiten" sind okay – aber nehmen Sie Ihrem Kind nie den Freiraum für eigene Erfahrungen.

Kind und Eltern haben sehr unterschiedlich geantwortet:

Das solltet ihr nicht als Bestätigung dafür ansehen, dass ihr einander sowieso nicht kennt und nicht miteinander reden könnt. Im Gegenteil: Führt ein offenes Gespräch über eure unterschiedlichen Vorstellungen und Träume. Erst wenn sich Eltern unvoreingenommen anhören, was ihr Kind in seinem Leben erreichen möchte und was ihm wirklich wichtig ist, können sie dabei helfen, die richtige Berufswahl zu treffen.

Nach: stern, 17/2009, S. 100 ff.

TIPP

Nutzt Informationen Dritter. Diese sehen vielleicht Talente und Fähigkeiten, für die die Eltern bisher blind waren. Und möglicherweise führen die vermeintlichen „Flausen" ja zum Traumjob.
Den Eltern hilft oft ein Wechsel der Perspektive: Denken Sie immer daran, wie genervt Sie in dem Alter Ihres Kindes waren, wenn Ihre Eltern mit guten Ratschlägen und Ermahnungen ankamen.

Grund-
wissen

Veränderte Arbeitsplatzsituation

Durch den Wandel zur Dienstleistungs- bzw. Informationsgesellschaft hat sich die Arbeitswelt stark verändert. Die Technisierung ermöglicht neue Kommunikationswege und Datentransfers über weite Strecken. Die ständige Präsenz an einem Ort wird für viele Berufe damit unwichtig. Das eröffnet Freiräume und eine flexiblere Gestaltung der Arbeit, evtl. auch eine bessere Vereinbarkeit des Berufs mit der Familie.

Die große Nachfrage nach begehrten Jobs hat teilweise aber auch zu schwierigen Arbeitsbedingungen geführt. Von jungen Arbeitnehmern wird häufig ein sehr hoher Einsatz verlangt. In manchen Branchen sind die Sicherheit und die Bedingungen des Arbeitsplatzes schlechter geworden – und die Belastungen für die Arbeitnehmer damit höher.

Anforderungen an Arbeitnehmer

Dieser Wandel hat Auswirkungen auf die Anforderungen der Wirtschaft an die Persönlichkeit des Arbeitnehmers. Eine fachlich gute Ausbildung, die Fachqualifikation, wird ebenso erwartet wie die Beherrschung „weicher" Faktoren. Dazu zählen: Teamfähigkeit, die Bereitschaft Verantwortung zu übernehmen, Selbstsicherheit und Flexibilität. Auch Methodenkompetenz, das heißt sich selbst Lernziele zu setzen, die dafür nötigen Lernschritte zu planen und selbstständig durchzuführen, wird erwartet. Wichtig sind auch soziale Kompetenz, der umsichtige Umgang mit anderen Menschen sowie Kommunikationsfähigkeit, die zeigt, dass man seine Meinung äußern und die Meinung anderer respektieren kann.

Berufsausbildung planen

Bereits in der Schule sollte man sich Gedanken über den späteren Beruf machen. Geeignete Betriebspraktika oder Ferienjobs können Einblicke in die Berufspraxis geben. Die Wahl bestimmter Fächer und Wahlkurse oder AGs dient der Vertiefung vorhandener Interessen.

Eine breit angelegte Ausbildung ist von Vorteil, denn strukturelle Veränderungen in Wirtschaft und Gesellschaft lassen ganze Berufszweige verschwinden. Der Wechsel in andere Branchen oder angrenzende Berufe fällt bei einer breiten Ausbildung sicherlich leichter.

Je höher man sich qualifiziert, desto besser sind die Aussichten, eine Arbeitsstelle zu bekommen. Gleichzeitig belegen aktuelle Studien, dass Handwerksberufe immer gebraucht werden.

4.3 Eine Schülerfirma gründen

M1 Echte Unternehmer!

76 Firmen mit circa 800 Schülern von Bad Tölz bis Würzburg kamen zur Schülerfirmenmesse in die Fürther Stadthalle.

Die Schüler sollten sich und ihre Firmen möglichst professionell präsentieren. Dazu gehören vor allem zwei Dinge: ein ansprechender Stand und ein überzeugender Werbespot. […]

Alle 76 Schülerfirmen gibt es wirklich! Sie nehmen Bestellungen auf, produzieren, bewerben und verkaufen ihr selbst entworfenes Produkt. So stellen zum Beispiel die Schüler des St.-Thomas-Gymnasiums aus Wettenhausen individuell gestaltete Wanduhren her. […]

Ihre Erlöse spenden die Schüler für einen guten Zweck. Einer sagt: „Das Projekt hat uns echten Teamgeist gelehrt." […]

Eine der originellsten Ideen war die Schülerfirma „4 Festivals" des Gymnasiums Pfaffenkirchen. Sie bietet ein Büchlein mit Tipps und Tricks für den Besuch eines Festivals an. Darin werden Fragen beantwortet wie „Wo stelle ich mein Zelt am besten auf?" oder „Wie komme ich ohne Karte in den VIP-Bereich?". Außerdem haben die Schüler ein Survival-Paket für Festivals entworfen. Darin befinden sich etwa Zahnbürste, Zahnpasta, Handtücher oder ein Regencape – Dinge, die man einfach immer vergisst. […]

Nach: Lisa Sollfrank auf: www.szene-extra.de

M2 Möglicher Aufgabenverteilungsplan

Abteilungen	Mögliche Aufgaben
Geschäftsführung	Controlling, Begleitung und Unterstützung in allen Aufgabenbereichen
Finanzen/Verkauf	Kredit aufnehmen, Sparkasse, Bank, Förderverein anfragen, Konto eröffnen, Rechnungen/Belege erstellen, Kassenbuch führen
Lohn/Personal	Einstellung der Mitarbeiter, Arbeitsverträge, Anwesenheitsliste
Einkauf	Bezugsquellen auswählen, Kosten/Angebote einholen, Mengen bestellen, Lieferung kontrollieren, Rechnungen bezahlen
Marketing	Namen finden, Briefkopf erstellen, E-Mail-Adresse erstellen und Verteiler einrichten, Produkt vermarkten
Planung/Werkstatt	Planung des Produkts, Stückliste erstellen, Prototyp herstellen, Produktion vorbereiten

Fokus: Wirtschaft

AUFGABEN

1. Welche der in M1 genannten Schülerfirmen spricht dich mehr an? Warum? Sammelt in der Klasse eigene Ideen für eine Schülerfirma.

2. Welche Ziele verfolgen Schülerfirmen – nicht nur auf der Messe? (M1)

TIPP

Unternehmensverbände und wirtschaftsnahe Institute fördern Schülerfirmen, z. B. können sie zum Start von Banken Kredite bekommen.
Das Institut der deutschen Wirtschaft Köln unterstützt mit Workshops die Gründung von Schülerbetrieben, unter www.juniorprojekt.de erfährt man die Teilnahmebedingungen.
Auf dem Hessischen Bildungsserver können Hilfsangebote zur Gründung einer Schülerfirma abgerufen werden.

Fokus: Wirtschaft

M3 Der Schlüssel zum Erfolg: eine gute Vorbereitung

Organisation der schulischen Rahmenbedingungen	Ein Konzept erarbeiten	Betriebliche Merkmale erarbeiten
- Absprache mit der Schulleitung - Absprache mit Lehrkräften, u.U. fächerübergreifendes Arbeiten - Organisieren der Räume	- Einrichten eines Betriebstages pro Woche - Vorplanen weiterer Betriebstage, z. B. zur Produktion (je nach Bedarf) - langfristige Planung über das Schuljahr hinaus - Vorbereitung der Betriebsgründung in der Klasse bzw. AG	- Angebot von Waren oder Dienstleistungen - Herstellen von Kundenkontakten (Werbung, Beratung, Service, Kundenbefragung) - Geld für erbrachte Leistungen - Buchhaltung, Girokonto/Barkasse - Rechtsform (AG, GmbH etc.) - Satzung - Beteiligung der Schüler am Grundkapital - Erstellen von Geschäftsbereichen - Einsatz von Informations- und Kommunikationstechnologie - Zusammenarbeit mit Partnerbetrieben

AUFGABEN

1. Prüft, ob sich in eurer Klasse die Idee zu einer Schülerfirma durchsetzt und ob sie sich an eurer Schule realisieren lässt. (M2, M3)
2. Stellt für eines der folgenden Beispiele einen Aufgabenverteilungsplan (M2) in eurer Klasse auf: schuleigene Fahrradwerkstatt, schuleigene Werbeagentur, Schülerzeitung, Schulkiosk.
3. Der Anteil der Selbstständigen an den Erwerbstätigen ist in Deutschland im Vergleich zu anderen Industrieländern relativ niedrig. Diskutiert in der Klasse, ob Schülerfirmen eine „Kultur der Selbstständigkeit" fördern bzw. eine spätere, berufliche Unternehmensgründung positiv beeinflussen können.

M4 Schülerfirma – und was bringt der Aufwand?

Unternehmen müssen oft Entscheidungen treffen und neue Ideen aufgreifen, um konkurrenzfähig zu bleiben. Die Gründung eines Schülerbetriebes in der Schule ermöglicht es, die Perspektive der Firmenleitung einzunehmen und damit unternehmerisches und wirtschaftliches Handeln zu erproben und Verantwortung zu tragen. Um eine Schülerfirma zu gründen und zu führen ist es notwendig, sich Fachwissen zu erwerben, zu kooperieren, zu planen und Entscheidungen zu treffen, neue Ideen aufzugreifen und weiterzuentwickeln.

Schülerfirmen entsprechen tatsächlichen Firmen mit realen Aufträgen, d.h. sie haben Einnahmen und Ausgaben, ihre Produktion berücksichtigt qualitative Ansprüche. Jedoch unterliegen sie bestimmten schulischen Einschränkungen. Bestimmte Folgen des betrieblichen Handelns sind ausgeschlossen, z.B. Konkurs oder Entlassung von Mitarbeitern.

4.4 Chancen und Gefahren der Informations- und Wissensgesellschaft

M1 Ganz neue Möglichkeiten...

„Ich suche einen günstigen Hausaufgabendienst in Singapur."

Karl Gerd

M2 Neue Zukunftstechnologien

Technologien, die das Potenzial haben, in den nächsten Jahren die Welt zu verändern, stellt das Fachmagazin Technology Review, das vom Massachusetts Institute of Technology veröffentlicht wird, jedes Jahr vor. […] Medizinische Verfahren gehören ebenso zu der Liste wie Computeranwendungen, kabelloser Stromempfang und Nanoradios. […]

Musik aus dem Nanoradio
Die winzigen Radios bestehen nur aus einem einzigen Nanoröhrchen und könnten sich sowohl in Handys als auch in der Medizin einsetzen lassen. Ein einziges Nanoröhrchen liefert das, was gewöhnlich wenigstens iPod-Größe hat. Der Vorteil: Je kleiner die Elektronik, desto weniger Strom verbraucht sie. Eingebaut in Handys oder Computer könnte es den Energieverbrauch deutlich senken. Doch das Nanoradio verspricht noch mehr. Als Sensor könnte es in Blutgefäße implantiert werden und dort etwa den Zuckerspiegel messen und bei Bedarf Insulin aus einem Reservoir freisetzen. […]

Pflanzen im Tank
Mit neuem Protein-Design die Treibhausgase reduzieren: Neue Enzyme können Pflanzen so zersetzen, dass sich Emissionen um bis zu 87 Prozent senken ließen. Doch der Sprit aus Zellulose ist noch zu teuer. Derzeit kostet es etwa fünf bis zehn Cent, um einen Liter Zellulose-Ethanol herzustellen. Um ihn aber industriell nutzen zu können, müsste der Preis etwa um die Hälfte fallen, damit er dem Getreideethanol tatsächlich Konkurrenz macht. Das Problem: Während der Schritt vom Getreide in Zucker von einem einzigen Enzym erledigt wird, braucht man für die Stärkeproduktion eine ganze Kette aus sogenannten Zellulasen. Wissenschaftler arbeiten mit Hochdruck daran, diese Enzyme gentechnisch zu tunen.

Nach: Edda Grabar auf www.focus.de vom 21.2.08

AUFGABEN

1. Versetze dich in die Rolle des rechten Jungen: Wie würdest du auf diese Äußerung reagieren? Formuliere deine Antwort in einer Sprechblase. (M1)

2. Spielt die Szene in M1 nach. Lasst eure Erfahrungen einfließen, die ihr mit dem Internet als „Servicebetrieb" bereits gemacht habt. Versucht in dieser szenischen Darstellung auch mögliche Kritik anzudeuten.

3. Beschreibe das Besondere an den neuen Technologien. (M2)

4. Die neuen Technologien bergen auch Gefahren. Erläutere, bei welchem der beiden Beispiele dies deutlich wird. (M2)

5. Erstelle eine Übersicht – z. B. in Form einer Mindmap – in welchen Bereichen die neuen Technologien zum Einsatz kommen. Ergänze diese Übersicht, indem du dich z. B. auf der Homepage des Bundesforschungsministeriums (www.bmbf.de) über weitere Bereiche und Beispiele für neue Technologien informierst.

Neue Arbeitswelten

M3 Horrorszenario oder technischer Segen?

Das Szenario: Ein internationales Terror-Netzwerk kopiert Iris und Netzhaut des amerikanischen Präsidenten. Diese werden einem Terroristen eingepflanzt – der Zugang zum Atomwaffenarsenal – per Iris-Scan – ist somit frei.

Dieses Szenario aus einem James-Bond Film der Achtzigerjahre ist bereits Realität. Biometrische Daten lassen sich fälschen, z. B. können Fingerabdrücke durch eine simple Papierkopie nachgebildet werden, auch Transplantationen oder detailgenaue Nachbildungen von Iris und Netzhaut sind denkbar. „Jede technische Neuerung wird ständig attackiert und gefälscht – selbst die sichersten IT-Systeme werden irgendwann geknackt", sagt ein Vertreter des unabhängigen Zentrums für Datenschutz. [...]

Beim Iris-Scan können nicht nur die Identität, sondern auch Krankheiten eines Menschen festgestellt werden. Private Firmen, wie zum Beispiel Sicherheitsfirmen am Flughafen, könnten dann diese biometrischen Daten speichern und weitergeben. Firmen, Banken, Fluggesellschaften hätten so Zugang zu sehr privaten Daten.

Sandra Fiene auf: www.tagesschau.de vom 26.8.07

M4 Du stehst auf blonde Frauen, oder?

Der Artikel fängt nett an: „Herzlichen Glückwunsch zum Geburtstag", wünscht der Verfasser. „Wir dürfen doch du sagen, Michel, nicht wahr? Gewiss, du kennst uns nicht. Aber wir wissen sehr viel über dich. Du bist heterosexuell und Single. Im Frühjahr 2008 hattest du eine Geschichte mit Claudia, charmant, kleine Brüste, kurzes Haar, schöne Beine." Dazu druckte das Magazin Bilder: Eine Umarmung am 31. Mai, Händchenhalten am 22. Juni.

Als der 29-jährige Michel aus Mérignac seine Geschichte im Magazin „Le Tigre" gelesen hatte, konnte er mehrere Nächte nicht schlafen. Danach entschloss er sich, gegen das Medium, das so ungeniert aus seiner Privatsphäre geplaudert hatte, zu klagen. Doch die Anwälte machten ihm wenig Hoffnung: Denn alles, was „Le Tigre" verbreitet hatte, war zuvor von Michel selbst ins Netz gestellt worden; auf Seiten wie „Youtube", „Facebook" und „Flickr".

[...] Die Redakteure von „Le Tigre" haben es sich in der Rubrik „Das Google-Porträt" zur Aufgabe gemacht, ihre Leser für das Thema Datenschutz zu sensibilisieren. Bei Michel hat die Lektion gewirkt, er versuchte anschließend, im Internet so viel wie möglich von sich zu löschen.

Nur eines hatten die Magazin-Redakteure nicht von ihm herausgefunden – seine Adresse, um ihm das Porträt per Post zu schicken. „Aber", so schließt der Artikel, „die brauchen wir auch nicht, um dir dein Porträt zu schicken. Du kennst es ja schon, dein Leben."

Nach: Constantin Wißmann, in: fluter, Juli 2009, S. 13

TIPP

Antworten auf häufig gestellte Fragen zum Bereich Biometrie und Datenschutz findet man auch unter www.datenschutzzentrum.de/faq/biometri.htm

AUFGABEN

1. Lest arbeitsteilig M3 und M4 und informiert euch gegenseitig über den Inhalt der Texte. Klärt dabei genau, welche Gefahren und welchen Nutzen die dargestellten technischen Errungenschaften bergen.

2. Versetzt euch in die Rolle eines „Hackers". Welche Daten würdet ihr durchleuchten wollen? Wozu würdet ihr sie verwenden? Schreibt eine Reportage und haltet euer Vorgehen fest. (M4)

3. Im Internet finden sich viele persönliche Daten auf die jeder – auch der Staat – Zugriff hat und für unterschiedliche Zwecke nutzen kann. Können wir uns vor diesem Zugriff überhaupt noch schützen? Oder andersherum gefragt: Brauchen wir überhaupt noch den Datenschutz? Verfasse einen Leserbrief aus der Sicht eines Datenschützers. Informiere dich vorab zur Aufgabe des Datenschutzes.

M5 Viel Wissen über Organismen: Bio- und Gentechnik

Who is who: Bio- und Gentechnik

Biotechnik
Anwendung von biologischen, chemischen sowie verfahrenstechnischen Methoden zur
– Veränderung von Eigenschaften von gezüchteten Mikroorganismen, Pflanzen und Tieren
– Weiter- und Neuentwicklung der industriellen Stoffproduktion

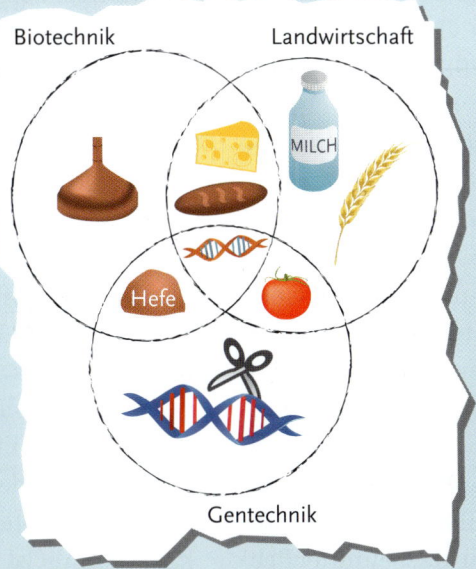

Gentechnik
Anwendung von molekularbiologischen Methoden zur direkten und gezielten Neukombination von Erbinformationen verschiedener Organismen durch kontrollierten Eingriff

Die Gentechnik stellt eine Methode zur direkten Veränderung von Erbinformationen dar und ist Teilgebiet der Biotechnik. Sie beschränkt sich nicht nur auf den landwirtschaftlichen Bereich, die Lebensmittelherstellung und -verarbeitung. Wichtige Anwendungsfelder liegen insbesondere im Umwelt- und im medizinisch-pharmazeutischen Bereich.

Allgemein umfasst der Begriff Gentechnik alle Techniken, mit deren Hilfe DNA[1] im Reagenzglas neu kombiniert und auf einen anderen Organismus übertragen werden kann. Mithilfe der Gentechnik ist der gezielte Eingriff in die DNA möglich. Entgegen der herkömmlichen Züchtung, bei der alle Eigenschaften der Elternteile kombiniert werden, ist also gentechnisch eine Auswahl der gewünschten Eigenschaften möglich. Die Entdeckung, dass der genetische Code universell für alle Lebewesen gilt, eröffnete zudem die Möglichkeit, DNA auch über biologische Artgrenzen hinweg zu übertragen.

Veränderungen und Übertragungen von Erbmaterial sind auch ohne Gentechnik möglich. Sie werden z. B. in der klassischen Züchtung von Pflanzen und Tieren schon sehr lange durchgeführt. Seit Jahrtausenden werden verschiedene Organismen miteinander gekreuzt, ausgewählt und weitergezüchtet – sonst sähen Boxer, Dackel und Schäferhund immer noch wie Schakale bzw. Wölfe aus.

[1] Das Erbmaterial besteht aus der chemischen Substanz Desoxyribonucleinsäure. Angepasst an den internationalen Standard wird heute auch in Deutschland die Abkürzung DNA verwendet.

Nach: Wolfgang Stanik auf http://lbs.hh.schule.de

LINKS

www.gesetze-im-internet.de/gentg - vollständiger Gesetzestext des Gentechnikgesetzes

www.gentechnik.bayern.de - ausführliche und allgemeinverständliche Informationen rund um die Gentechnik vom Bayerischen Staatsministerium für Umwelt, Gesundheit und Verbraucherschutz

http://lbs.hh.schule.de (→ Themen → Biotechnologie) - Der Hamburger Bildungsserver informiert über verschiedene Bereiche der Bio- und Gentechnologie und deren Einsatz bei Mensch, Tier, Pflanze und Lebensmitteln, mit weiteren Linksammlungen

M6 Das Gruseln vor dem „Genmais"

Genmais, allein das Wort klingt schaurig. Dabei ist genau genommen jeder Mais Genmais – Gene enthält jede Pflanze. In rauen Mengen. Dieser Fakt ist nicht unbedingt allgemein bekannt, wie die europaweite Umfrage „Eurobarometer" zeigt: Im Jahr 2005 hielten rund 35 Prozent der Befragten die – falsche – Aussage „Normale Tomaten enthalten keine Gene, während genetisch modifizierte welche haben" für korrekt. Und etwa jeder vierte hielt die – falsche – Befürchtung für wahr, dass das Essen manipulierter Früchte auch das eigene Erbgut verändern könne. Da ist es nicht verwunderlich, dass 70 bis 80 Prozent der Verbraucher gentechnisch veränderte Lebensmittel ablehnen.

Ein mögliches Risiko der veränderten Produkte: Sie könnten Allergien auslösen. Dies wird zwar überprüft, reicht aber nicht aus, um Verbrauchern die Sorge zu nehmen. […] Und die Produkte bieten dem Kunden bislang keinen Vorteil, weil sie weder günstiger noch gesünder sind. Und was nutzt es dem Verbraucher, wenn der Mais weniger Probleme mit einer Schmetterlingsraupe hat?

Gentechnisch veränderte Nutzpflanzen sind unempfindlicher gegen Schädlinge, so können Bauern Pestizide [Schädlingsbekämpfungsmittel] einsparen, die sonst die Umwelt belasten würden. Auch in der ökologischen Landwirtschaft wird der Einsatz von Dünger und Pflanzenschutzmitteln deutlich reduziert, doch die Erträge sind im Vergleich schlecht. Beim Getreide erreicht man nur die Hälfte des Ertrags. Deshalb bietet hier die grüne Gentechnik eine Alternative.

Das Risiko, dass veränderte Gene auf wild wachsende Pflanzen übertragen werden, ist hoch. Jedoch haben viele der Nutzpflanzen in Deutschland keine „wilden Verwandten", mit denen dies geschehen kann. Möglich ist dagegen, dass umstehende Maisfelder beeinträchtigt werden. Daher wurden Mindestabstände festgelegt: 150 Meter zu konventionell [herkömmlich] angebautem Mais, 300 Meter zum Feld eines Biobauern. […]

Nach: Nina Bublitz auf: www.stern.de vom 2.3.09

M7 GEN-au hingeschaut

»Ich fürchte, da kommen Sie zu spät!«

Horst Haitzinger

AUFGABEN

1. Hat die Züchtung von Dackeln, Schäferhunden oder Maultieren etwas mit Gentechnologie zu tun? Begründe mithilfe von M5.
2. „Normale Tomaten enthalten keine Gene." Stimmt diese Aussage? (M6)
3. Arbeite aus M6 heraus, warum viele Verbraucher gentechnisch veränderte Lebensmittel ablehnen.
4. Wie beurteilt die Autorin des Artikels M6 die Gentechnik? An welchen Formulierungen im Text lässt sich ihre Haltung erkennen? Liste diese auf.
5. a) Beschreibe, auf welche Möglichkeiten der Gentechnik die Karikatur aufmerksam macht. Wie werden diese bewertet? (M7)
   b) Hältst du die dargestellte Entwicklung für realistisch bzw. wünschenswert? Erläutere deine Ansicht.

Sach- und Werturteil unterscheiden

Wenn du dir zu einem komplizierten Thema, wie z. B. der Gentechnologie, ein Urteil bilden und Stellung beziehen willst, musst du zunächst die Argumente herausarbeiten, um dir ein Sachurteil zu bilden. Unter Einbeziehen von Alternativen und durch Überprüfung von Kriterien gelangst du zu einem Werturteil.

M8 Kriterien für ein Werturteil

Bei der Urteilsbildung unterscheidet man in Sach- und Werturteile. Beim Sachurteil werden Argumente und Feststellungen daraufhin überprüft, ob sie inhaltlich vertretbar sind. Beim Werturteil können verschiedene Kriterien herangezogen werden, um begründet einen eigenen Standpunkt zu entwickeln:

Grundrechte	Grundwerte / Legitimität
Ist das Urteil • vereinbar mit Menschen- und Bürgerrechten des Grundgesetzes? • vereinbar mit der verfassungsmäßigen Ordnung?	Ist das Urteil vereinbar mit demokratischen Grundwerten? - Leben und Frieden - Freiheit - Gleichheit/Gerechtigkeit - Solidarität

M9 Sach- oder Werturteil?

1. Immer mehr Menschen nutzen das Internet. Dessen Bedeutung nimmt zu.

2. Man sollte nicht zulassen, dass Unternehmen mit Ölbohrungen eine Umweltkatastrophe riskieren, um Geld zu verdienen.

3. Das Flugzeug abzuschießen, verstößt gegen das Grundgesetz.

Leitfaden – Sach- und Werturteil unterscheiden

Sachurteil
In einem Sachurteil werden sachliche Feststellungen getroffen und Schlussfolgerungen gezogen („Dies ist inhaltlich vertretbar oder nicht ...", „Daraus folgt ...").

Werturteil
In einem Werturteil werden Kategorien (z. B. Legitimität, Grundwerte) mit verschiedenen Kriterien herangezogen, an denen der zu beurteilende Sachverhalt gemessen wird.

Mögliche Kriterien, um zu einem Werturteil zu kommen
• Vereinbarkeit mit Menschenrechten prüfen
• Vereinbarkeit mit der verfassungsmäßigen Ordnung prüfen
• Vereinbarkeit mit Grundwerten prüfen

Kompetenz: Urteilen

AUFGABEN

1. Ordne zu, welche der Aussagen in M9 ein Sach- und welche ein Werturteil darstellen.

2. Arbeite aus M5 und M6 grundlegende Informationen zur Debatte um die Gentechnologie heraus und recherchiere zu dem Thema weiter unter den angegebenen Links.

3. Ordne die Informationen und Argumente zu, ob sie zu einem Sach- oder Werturteil führen.

4. Welchen kritischen Blick eröffnet die Karikatur in M7 auf die Debatte? Recherchiere weitere Argumente zu diesem Aspekt.

5. Wie beurteilst du die mögliche Ausbreitung von Gentechnologie? Formuliere ein Urteil und kennzeichne dabei, wo es sich um ein Sach- und wo um ein Werturteil handelt.

Neue Arbeitswelten

Grundwissen

Neue Technologien – was versteht man darunter?

Technische Verfahren und Prozesse, die z. B. auf dem Gebiet der Medizin, der Kommunikation oder der Produktion einen (rasanten) Entwicklungsschub leisten und so die Welt verändern, fasst man unter dem Begriff „neue Technologien" zusammen.

Datenschutz und Datenmissbrauch

Im Bereich der Kommunikationstechnologie eröffnen die scheinbar unbegrenzten Möglichkeiten auch den Missbrauch. Häufig stellen Nutzer persönliche Daten freigiebig ins Internet. Hacker können diese mühelos kopieren, veröffentlichen und so die jeweilige(n) Person(en) bloßstellen oder deren Daten zu kriminellen Zwecken missbrauchen.

Die technischen Möglichkeiten werden auch von staatlicher Seite genutzt. Es ist geplant, biometrische Daten aller Bundesbürger auf dem elektronischen Personalausweis zu speichern („genetischer Fingerabdruck") mit dem Ziel, die Sicherheit zu erhöhen und der Datenkriminalität vorzubeugen. Kritiker befürchten, dass diese Daten weitergegeben werden könnten, z. B. an Krankenkassen oder Werbeagenturen.

Anwendungsbereiche und Gefahren der Gentechnologie

Die Gentechnik ermöglicht es, bei der Neukombination von Erbmaterial die Artengrenzen zu umgehen: Als gentechnisch verändert werden Organismen bezeichnet, wenn ihre Erbsubstanz in einer Weise verändert wurde, die in der Natur nicht vorkommt.

Zahlreiche pharmazeutische Produkte, z. B. Insulin für Diabetiker oder Impfstoffe, werden gentechnisch hergestellt. Mit Methoden der Gentherapie wird versucht, Erbkrankheiten zu behandeln (rote Gentechnik).

In der Landwirtschaft wird die Gentechnik hauptsächlich zur Entwicklung verbesserter Nutzpflanzen eingesetzt (grüne Gentechnik) mit dem Ziel, Pflanzen mit höherer Widerstandsfähigkeit gegen Schädlinge herzustellen und eine Steigerung der Erträge zu erreichen. In der Tierproduktion werden gentechnisch erzeugte Stoffe zur Maximierung der Fleisch- und Milcherträge eingesetzt, im Umweltschutz zum Abbau umweltschädlicher Stoffe (z. B. bei einer Ölpest).

Ein Risiko der Gentechnologie besteht darin, dass widerstandsfähige Erbanlagen unabsichtlich auf Organismen übertragen werden könnten, die eigentlich bekämpft werden sollen (z. B. Unkräuter), oder neue widerstandsfähigere Schädlinge entstehen. Neuartige Stoffe in gentechnisch veränderten Lebensmitteln führen u. U. zu Allergien. Die genetische Durchleuchtung von Menschen („gläserner Mensch") könnte für staatliche oder wirtschaftliche Interessen missbraucht werden.

4.5 Globalisierung und Welthandel

M1 Der deutsche WM-Fußball – ein internationales Produkt?

Der offizielle Fußball der Firma adidas zur FIFA Fußball-WM 2006 mit Namen „Teamgeist" wurde in Deutschland entwickelt, getestet und vermarktet – und weltweit hergestellt. Die Entstehung des Spielballs „Teamgeist" ist ein Paradebeispiel der Globalisierung:

Neu Delhi, Indien: Aus einheimischem Kautschuk wird maschinell durch Walzen und Vulkanisieren die sogenannte Blase, die innere Haut des Fußballs, hergestellt.

Haipong, Vietnam: Maschinell wird ein Polyester-Garn gewebt, welches später zur Herstellung der Karkasse, der ersten Außenhülle für die Blase, verwendet wird.

Osaka, Japan: Eine Farbfabrik liefert die Farben Gold, Schwarz und Grau nach Thailand, wo per Hand das Design auf die Außenhaut des Balls gedruckt wird.

Leverkusen, Deutschland: Hier werden die sogenannten Polyurethane hergestellt, die die Basis für den Überzug des Balls bilden – die allerletzte Schicht also, die von den Spielern „mit Füßen getreten" wird.

Suwaon, Südkorea: Der Kunststoff aus Leverkusen wird hier zu einer Folie verarbeitet, aus der später die propellerförmigen Einzelteile hergestellt werden.

Sriracha, Thailand: Alle Vorprodukte werden hier zusammengesetzt, verklebt und mittels Hitze und Druck in die richtige Passform gebracht.

Bangkok, Thailand: Mit französischen und dänischen Schiffen werden die Bälle nach Europa transportiert und anschließend per Lkw und Bahn zum adidas-Zentrallager in Uffenheim gebracht.

Uffenheim, Deutschland: In dem computergesteuerten Hochregallager werden die Bälle eingelagert und anschließend verschickt.

Herzogenaurach, Deutschland: In der adidas-Zentrale wird der Verkauf angekurbelt: Die Marketingabteilung plant Werbemaßnahmen und Strategien, um den fertigen WM-Ball (Verkaufspreis: 110 Euro) den potenziellen Kunden zu präsentieren.

Wie? Wirtschaft erleben 2 (hg. vom Bundesverband deutscher Banken), Gütersloh 2006, S. 88

AUFGABEN

1. Warum ist der WM-Ball ein „Paradebeispiel für die Globalisierung"? Erläutere, was hier unter Globalisierung verstanden wird. (M1)

2. Am WM-Fußball wird deutlich, dass Deutschland Waren und Dienstleistungen importieren muss. Überlegt gemeinsam, warum der Ball nicht nur in Deutschland hergestellt wird. (M1)

Neue Arbeitswelten

M2 Große Unternehmen mit großen Geschäften

Dank des Wasserverkaufs ist die Region um Evian-les-Bains heute eine der reichsten in Frankreich. Das Geschäft boomt, Evian ist inzwischen weltweit das meistgetrunkene stille Mineralwasser. Rund 1,7 Milliarden Liter Evian-Wasser verkauft das Unternehmen Danone jedes Jahr, in 120 Länder der Welt. [...] Jeden Werktag verlassen rund 150 Zugwaggons die Fabrik, sie transportieren sechs Millionen Evian-Flaschen. Mehr als die Hälfte davon geht ins Ausland – vor allem in die USA, nach Großbritannien, Deutschland, Belgien und Japan. [...] Weltweit besitzt der Lebensmittelriese inzwischen mehr als 100 Abfüllanlagen in 13 verschiedenen Ländern der Welt. [...] 2001 erwarb Danone die Mehrheitsanteile an dem indonesischen Tafelwasser der Marke Aqua. [...]

Weil Unternehmen wie Danone, Nestlé, Coca-Cola oder PepsiCola einen Markt mit enormer Gewinnspanne im Blick haben, investieren sie. Sie kaufen lokale Unternehmen auf und bemühen sich um die Rechte an natürlichen Wasserspeichern. China erscheint dabei besonders vielversprechend: Der Pro-Kopf-Verbrauch von Flaschenwasser liegt hier bei gerade einmal zehn Litern im Jahr. Zudem locken eine Milliarde potenzielle Kunden. [...]

Kritiker halten es für unmoralisch, Menschen aus ärmeren Bevölkerungsschichten zum überteuerten Flaschenwasserkauf zu animieren. [...] Wie die Einführung eines neuen Flaschenwassers in einem Land der Dritten Welt funktioniert, hat Nestlé vor einigen Jahren eindrucksvoll demonstriert. [...] Um Markenbewusstsein zu wecken, soll Nestlé innerhalb von drei Jahren rund 100 Millionen Euro in das Marketing für das Tafelwasser investiert haben. Neben der konventionellen Werbung veranstaltete der Konzern Gesundheitsseminare, in denen etwa Krankenschwestern über die negativen Folgen des Leitungswasserkonsums aufgeklärt wurden. In Pakistan hat Nestlé auf diese Weise binnen eines halben Jahres 50 Prozent des Marktes erobert.

Staat und Privatwirtschaft spielen sich gelegentlich die Karten zu: Die Flaschenwasserkonzerne haben ein gesteigertes Interesse daran, dass die öffentlichen Wasserleitungen heruntergekommen sind. Und der jeweilige Staat ist froh, wenn er eine Ausrede hat – nämlich das Flaschenwasser –, um so wenig wie möglich sanieren zu müssen. [...]

Isabell Kroth, Grenzenloser Gewinn, in: fluter, Nr. 23/Juni 2007, S. 19 f.

M3 Was genau ist Globalisierung?

Die Turnschuhe, die in Hongkong hergestellt wurden, das Bücherregal aus Schweden und vor allem die Jeans, deren Bestandteile und Arbeitsschritte sich über die ganze Welt erstrecken – das alles sind Beispiele für die Globalisierung: Sie bezeichnet in erster Linie eine stärkere Arbeitsteilung und wirtschaftliche Verknüpfung weltweit. Länder verzahnen sich wirtschaftlich über alle möglichen Kanäle: Handel, Geldanlagen, Wanderung von Arbeitnehmern.

Eine Ursache für diesen Prozess ist, dass Waren, Dienstleistungen und Kapital zunehmend frei gehandelt werden können, also ohne Beschränkungen an den Grenzen: Beim Bau eines Autos werden z.B. die einzelnen Teile weltweit je nach Qualität und Kosten eingekauft und hergestellt. Das Anlegen und das Leihen von Geld kennen keine Ländergrenzen. Auch der technische Fortschritt spielt eine große Rolle: Die Transporte per Schiff und Flugzeug werden immer einfacher und billiger. Die technischen Möglichkeiten der Kommunikation und Datenübertragung erleichtern den Austausch.

All diese Faktoren haben natürlich auch großen Einfluss auf die Kultur, die Umwelt und die Handlungsspielräume der Politik – all dies ist beeinflusst von der Globalisierung.

Als Folge wachsen die Chancen für die Bevölkerung vieler Länder, am Wohlstand teilzunehmen. Für die „alten" Industrieländer werden dagegen die Konkurrenz und der Wettbewerbsdruck größer.

Die Bewertung der Globalisierung ist komplex. Beispielsweise profitieren deutsche Verbraucher durch niedrige Preise von Waren, die in Entwicklungsländern hergestellt werden. Dort führen sie zu Arbeitsplätzen und wirtschaftlichem Aufschwung. Andererseits werden Arbeitsplätze in Deutschland gefährdet.

AUFGABEN

1. Zeige auf, mit welchen Mitteln große Unternehmen – sogenannte „global player" – wie Danone und Nestlé versuchen, für ihre Produkte neue Märkte zu erobern. (M2)

2. Erläutere, welche Folgen das Engagement der Unternehmen auf die Politik, die Wirtschaft und die Kultur des Ziellandes hat. (M2)

3. Was erfährst du aus der Kollage über das Produkt „Evian"? Beschreibe, wie der Künstler das Produkt sieht. (M2)

4. Zeichne eine Mindmap, in der die Ursachen, Ausprägungen und Folgen der Globalisierung dargestellt werden. (M1-M3)

5. Welche Formen nimmt die Globalisierung in den Bereichen Kultur, Umwelt und Politik an? Arbeitet in Gruppen und stellt eure Beispiele und Ergebnisse in der Klasse vor. (M2, M3)

M4 Deutsche Exporte

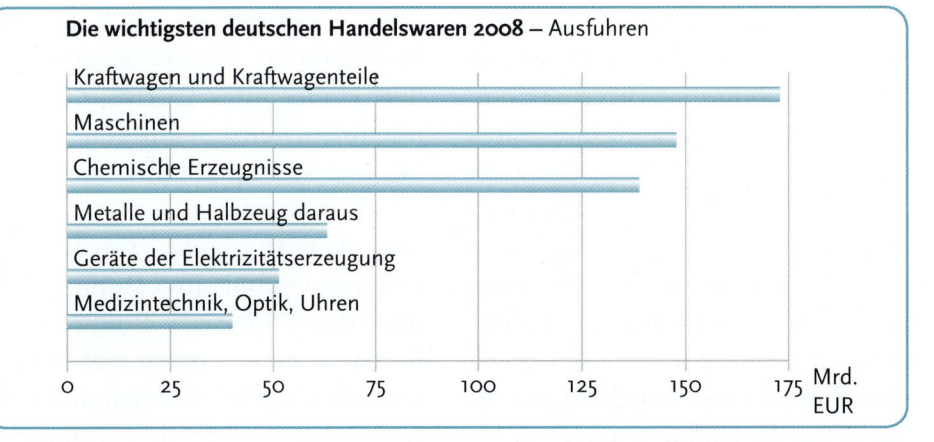

Die wichtigsten deutschen Handelswaren 2008 – Ausfuhren

- Kraftwagen und Kraftwagenteile: ~175 Mrd. EUR
- Maschinen: ~150 Mrd. EUR
- Chemische Erzeugnisse: ~140 Mrd. EUR
- Metalle und Halbzeug daraus: ~65 Mrd. EUR
- Geräte der Elektrizitätserzeugung: ~50 Mrd. EUR
- Medizintechnik, Optik, Uhren: ~40 Mrd. EUR

Statistisches Bundesamt, Wiesbaden 2009

M5 Der internationale Handel

AUFGABEN

1. Welche Produkte stehen an der Spitze der deutschen „Export-Palette"? Erkläre, warum sie einen Spitzenplatz einnehmen. (M4)

2. Recherchiert im Internet zum Thema „Außenhandel". Folgende Internetadressen geben hier Auskunft bzw. bieten eine Suchanfrage an: www.bdex.de (Bundesverband des deutschen Exporthandels e. V.), www.bmwi.de (Bundeswirtschaftsministerium), www.bga.de (Deutsche Außenhandelskammern), www.destatis.de (Statistisches Bundesamt)
   a) Auf welchem Platz liegt Deutschland im internationalen Export und Import?
   b) Welche Produkte werden häufig exportiert, welche importiert?

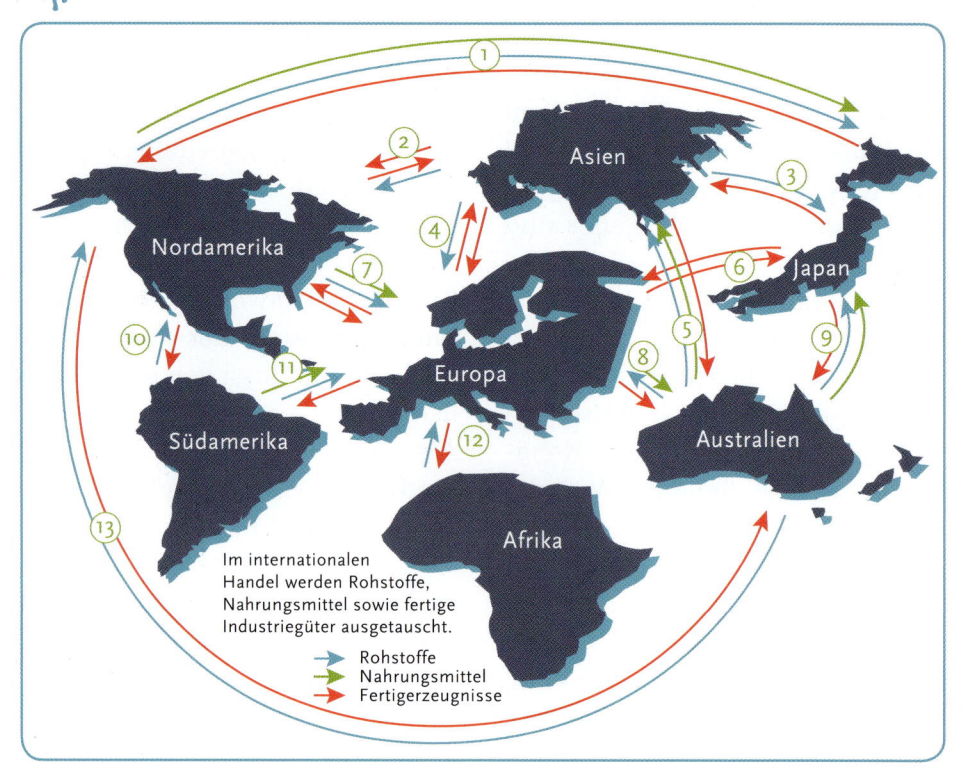

3. a) Sucht gemeinsam nach Beispielen für die mit farbigen Pfeilen angedeuteten Produkte/ Dienstleistungen, die gehandelt werden. Notiert zu jeder Ziffer mindestens ein Beispiel. (M5)
   b) Zeichnet eine ähnliche Weltkarte wie in M5 (die Kontinente könnt ihr z.B. durch Kreise ersetzen) und rekonstruiert die Herstellung des WM-Balls. Der zeitliche Ablauf sowie die einzelnen Bestandteile des Balls sollen in der Karte ablesbar sein.

Im internationalen Handel werden Rohstoffe, Nahrungsmittel sowie fertige Industriegüter ausgetauscht.
→ Rohstoffe
→ Nahrungsmittel
→ Fertigerzeugnisse

Nach: Wie? Wirtschaft erleben 2 (hg. vom Bundesverband deutscher Banken), Gütersloh 2006, S. 85

M6 Einmal um die Welt versichert

Die Allianz, einst ein urdeutsches Unternehmen, mittlerweile eines der globalsten Unternehmen Deutschlands, versichert in über 70 Ländern auf der Welt Menschen. Diese zahlen regelmäßig ihre Prämien, die Allianz verspricht, das Geld plus Zinsen in 20 oder 30 Jahren zurückzuzahlen und dazu einen bestimmten Zins. Stirbt der Kunde vor der Auszahlung, dann bekommen Angehörige das Geld. Damit die Allianz ihre Versprechen einhalten kann, muss sie das Geld geschickt anlegen. Das macht sie vor allem an den Börsen rund um den Globus. Doch wie funktioniert das?
Die Suche nach einer Antwort auf diese Frage führt in das Frankfurter Bankenviertel. Hier entscheidet eine Allianz-Einheit darüber, was mit unvorstellbar viel Geld passieren soll. 969 Milliarden Euro verwaltet die Allianz weltweit – und das meiste davon für ihre Kunden. Das entspricht fast der Hälfte des Wertes an Waren und Dienstleistungen, die in Deutschland Jahr für Jahr geschaffen werden.
Das Unternehmen nennt sich Allianz Global Investors (AGI), und der Name ist Programm – keine andere Sparte des Versicherers arbeitet ähnlich international. Wenn sich die Frankfurter AGI-Experten morgens um Viertel

nach neun im Konferenzraum mit Blick auf den verglasten Innenhof treffen, sind sie nicht allein: Auf einem Fernsehschirm ist das Livebild eines Konferenzraums in London zu sehen, und per Telefon sind diverse Kollegen aus Hongkong in China und Tokio in Japan zugeschaltet. Die Experten aus Amerika fehlen, weil es bei ihnen um diese Uhrzeit gerade mitten in der Nacht ist. Zuerst berichtet einer der uniformartig mit hellen Hemden und dunklen Krawatten ausgestatteten Männer, dass die Börsenkurse in Japan an diesem Morgen um drei Prozent abgestürzt seien und dass das eher an Amerika als an den Schwächen der japanischen Wirtschaft selbst liege. Dann stellt ein Kollege aus Hongkong eine Chemiefirma vor, der er viel zutraut und in die man durchaus Geld stecken könnte.

Im Alltag profitiere man jeden Tag von der Globalisierung, sagt Matthieu Louanges, der einen kleinen Teil der AGI-Anlagen verwaltet. Wenn man etwa Geld in amerikanische Firmen anlegen wolle, sei es ein großer Vorteil, wenn man eigene Leute vor Ort habe, die die Unternehmen gut kennen.

Nach: Sebastian Jost, Einmal um die Welt versichert, in: Welt am Sonntag, 25.1.09, S. 25

AUFGABEN

1. Welche Vorteile bietet der globale Finanzmarkt der Allianz? Wo verbergen sich Unsicherheiten und Gefahren? Beschreibe, warum und wie die Allianz „mit Geld handelt". (M6)

2. Recherchiere im Internet, in welchen Ländern die Allianz Menschen versichert und welche Versicherungen die Menschen in den verschiedenen Ländern überwiegend in Anspruch nehmen.

M7 Die Globalisierung verbessert das Leben der meisten Menschen

Joseph E. Stiglitz gewann 2001 den Wirtschaftsnobelpreis für seine Arbeiten über das Verhältnis von Information und Märkten. Er war Berater von US-Präsident Bill Clinton und von 1997 bis 2000 Chefökonom der Weltbank.

fluter: [...] Ist die Globalisierung überhaupt gut?
Stiglitz: Globalisierung hat dazu beigetragen, die Einkommen in vielen Teilen der Welt zu erhöhen. Die Wirtschaft in Indien und China zum Beispiel wächst in einer noch nie da gewesenen Art und Weise, das hat Hunderten Millionen Menschen aus der Armut geholfen. Zugleich hat sie das Wachstum in den Industriestaaten gefördert.

fluter: Warum wird sie dann von vielen Menschen so skeptisch betrachtet?
Stiglitz: Weil durch die Art und Weise, wie die Globalisierung gemanagt wurde, viele Menschen auf der Strecke geblieben sind. Dabei könnte die Globalisierung, zumindest für die meisten Menschen, das Leben verbessern. Das Hauptproblem ist: Die wirtschaftliche Globalisierung hat die Globalisierung der Politik längst abgehängt. Wir sind immer stärker voneinander abhängig. Also müssen wir mehr und besser zusammenarbeiten. Aber es gibt keinen institutionellen Rahmen, um diese

TIPP

Der Film „Let´s make money" (Regie: Erwin Wagenhofer, Österreich 2008) zeigt anhand verschiedener Beispiele beeindruckend die Entartung der modernen Geldwirtschaft.

Kooperation effektiv und demokratisch zu gestalten.

fluter: Können nationale Regierungen dann überhaupt etwas bewirken?

Stiglitz: Selbstverständlich. Regierungen erlassen Gesetze, schaffen Anreize, erheben Steuern und können so Einfluss nehmen. […]

fluter: Die Weltwirtschaft ist sehr kompliziert. Was kann ich selbst tun, um auf dem Markt bestehen zu können?

Stiglitz: Man muss mit der Marktwirtschaft in all ihren Formen umgehen können, es geht eben mal aufwärts und dann wieder abwärts. Dazu gehört der Arbeitsmarkt: Je mehr Fähigkeiten man hat, je besser die Ausbildung, desto besser findet man sich auf ihm zurecht, desto leichter fällt es einem, darauf zu reagieren, dass manche Jobs zerstört werden, während neue geschaffen werden. Und junge Leute haben schon immer eine sehr wichtige Rolle als Bürger gespielt.

Das Interview führte Dirk Schönlebe, in: fluter, Nr. 22 (März 2007), S. 22 f.

M8 Globalisierung – eine moderne Form der Sklaverei!

Als ich hier vor 13 Jahren meine Ausbildung begonnen habe, war ich mir sicher, in dieser Firma alt werden zu können. Meine Freunde haben gesagt: Respekt, Siemens, das ist was Bodenständiges. Damals gehörten wir ja noch zu Siemens. 1999 wurde unsere Kabelproduktion ausgegliedert, 2000 dann an die amerikanische Firma Corning Systems verkauft. Unsere Fertigung wurde dann nach Polen verlagert. Aus Kostengründen. Ich habe eine riesige Wut auf die Leute, die diese Entscheidung getroffen haben. Ich glaube, das ist eine politische Entscheidung. Es ist schon auffällig, dass viele amerikanische Firmen nach Beginn des Irakkrieges nach Polen gingen, das treu an Amerikas Seite stand. Dafür gibt es dann auch noch EU-Fördermittel.

Ende September ist mein Arbeitsplatz weg. Für ein Jahr komme ich in einer Auffanggesellschaft unter, bei achtzig Prozent meines Gehalts, dann bin ich arbeitslos. Mit zwei kleinen Kindern, dreieinhalb Jahre und sechs Monate alt, und einem Haufen Schulden auf meinem Haus, das gerade fertig ist. Hier in der Region sieht es nicht rosig aus mit Arbeitsplätzen. Sicher: Ich hätte erst mal nach Polen mitgehen können. Aber ich gebe mein Haus hier nicht auf. Ich will den Zwängen nicht folgen, die uns die Wirtschaft aufdrücken will: Mobilität, Flexibilität und so. […]

Die Maschinen, die ich bediene, kenne ich in- und auswendig. Für mich ist die Globalisierung eine moderne Form der Sklaverei. Die großen Konzerne wissen nicht mehr, was soziale Verantwortung bedeutet. Ich will nur meinen Kopf über Wasser halten können und eine ruhigere Zukunft. Mit nicht zu viel und nicht zu wenig zum Leben.

Das Protokoll führte Bastian Obermayer, in: fluter, Nr. 22 (März 2007), S. 31

AUFGABEN

1. Wie beurteilen der Nobelpreisträger (M7) und der Elektroniker (M8) den Prozess der Globalisierung? Stellt euch vor, die beiden treffen aufeinander und unterhalten sich.
   a) Bereitet die Rollenkarten für die beiden Personen in zwei Gruppen vor.
   b) Stellt das Gespräch in einem Rollenspiel dar.

2. Gestaltet Plakate zum Thema „Globalisierung". Die Plakate sollten einen Teilaspekt der Globalisierung bearbeiten, z. B. „Entstehung/Hintergründe" oder „Folgen für Wirtschaft und Gesellschaft", „Chancen", „Gefahren" oder „Zukunftsprognose". (M1-M10) (Vgl. auch → Kompetenz: Eine ansprechende Präsentation)

Präsentationen gestalten

Präsentationen können schrecklich langweilig sein – oder ein Thema gerade besonders attraktiv vermitteln. Dabei ist auch die Gestaltung (Visualisierung) wichtig.

M9 Grundregeln der Visualisierung

KISS (keep it small and simple): Beschränke dich auf die wesentlichen Punkte und halte deine Visualisierung möglichst knapp.

ICH: Du stehst im Zentrum, denn der Präsentierende ist wichtiger als seine Visualisierung. Du überzeugst das Publikum und nicht deine Folien.

PUBLIKUM: Alle Elemente deiner Visualisierung müssen von jedem gesehen werden können.

L	Lesbarkeit	Druckbuchstaben in Groß- und Kleinschreibung verwenden Stichworte, keine ganzen Sätze PC: Schriftgröße nicht unter 18 Punkt; Arial Handschrift: Schriftstärke bei Filzstift 1 cm
A	Anordnung	logische Struktur (vergleichen/kontrastierend – chronologisch – reihend – hierarchisierend) Übersichtlichkeit, möglichst einfache Darstellung Leserichtung: links → rechts/oben → unten
G	Gestaltung	sinnvoller Farbeinsatz: dunkle Töne (schwarz und blau) für die Schrift; max. drei Farben, Symbolcharakter der Farben beachten Blattaufteilung vornehmen Gestaltungselemente (Pfeile, Symbole, Diagramme, Karten, Grafiken, Bilder...) sinnvoll einsetzen ausgewogenes Verhältnis zwischen Schrift und Bild
O	Organisation	Dauer der Präsentation einzelner Darstellungen vorher überlegen; eigenen Standort festlegen

Volker Herrmann, Visualisierung, in: Selbstständig arbeiten, überzeugend präsentieren, Bamberg 2007, S. 86 f.

Leitfaden – Präsentationen gestalten

1. Auf dem Weg zum eigenen Thema
1.1 Überlege für dich: Wovon bin ich sofort berührt? Was möchte ich untersuchen bzw. klären? Welche Fragen stellen sich mir?
1.2 Überlege zum Thema: Worum geht es? Habe ich schon Vorkenntnisse? Welche unterschiedlichen Auffassungen zum Thema gibt es? In welchem Zusammenhang mit dem Unterricht steht mein Thema?
1.3 Daraus folgen Überlegungen zum Publikum: Was wissen meine Mitschüler schon über das Thema? Wo kann ich anknüpfen? Wie kann ich ihr Interesse wecken?

2. Wer sucht, der findet: Recherche
(→ vgl. Band 1, Kap 1.4, Kompetenz: Internetrecherche)
3. Wie sag ich´s dir?: Rhetorik
(→ vgl. Kap. 1.4, Kompetenz: Eine Rede halten)
4. Das will ich sehen!: Visualisierung
4.1 Beachte die Grundregeln der Visualisierung (Material)
4.2 Setze Medien und Anschauungsmaterial ein, um deine Präsentation zu unterstützen. Überlege dir, welche Medien für deinen Vortrag sinnvoll sind, und übertreibe nicht mit dem Medieneinsatz.

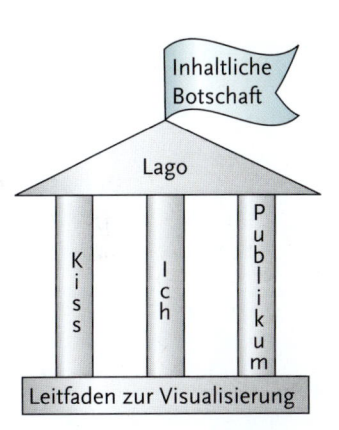

Kompetenz: Methode

Leitfaden zur Visualisierung (Inhaltliche Botschaft – Lago – Kiss, Ich, Publikum)

AUFGABE

1. Erstelle eine kleine Präsentation zu einem Thema deiner Wahl, das zu diesem Kapitel „Globalisierung und Welthandel" passt.
a) Sprich das Thema mit deinem Lehrer ab.
b) Achte insbesondere auf die Gestaltung der Präsentation.

Neue Arbeitswelten 139

Grund- wissen

Wie zeigt sich Globalisierung?
Wir leben in einem globalen Zeitalter, viele unserer täglichen Konsumgüter werden in unterschiedlichen Teilen der Erde angebaut oder hergestellt. Gleichzeitig sorgen moderne Kommunikationswege (z. B. das Internet) für eine Vernetzung der Welt, an der wir täglich teilhaben. Allgemein bezeichnet Globalisierung also die zunehmende internationale Verflechtung vor allem durch den grenzüberschreitenden Handel mit Gütern, Dienstleistungen, Kapital und Wissen.

Ist Globalisierung ein neues Phänomen?
Ein gänzlich neues Phänomen stellt diese Form der Internationalisierung, die seit den 1990ern als Phänomen „Globalisierung" in aller Munde ist, nicht dar. Dennoch unterscheidet sich die Globalisierung der Gegenwart signifikant von ähnlichen Entwicklungen in der Vergangenheit. Der Austausch von Handelsgütern wird zunehmend ergänzt durch die Internationalisierung der Produktion und des Kapitals. Außerdem sind größere Teile der Welt an diesem Prozess beteiligt. Die neuen Kommunikationsmöglichkeiten haben dazu geführt, dass eine Art Weltgesellschaft entsteht.

Welche Rolle spielen gobal player?
Multinationale Unternehmen bzw. global player sind Unternehmen, die weltweit Produktions- und Vertriebsstätten betreiben, um Absatzmärkte und Standortvorteile, wie z. B. preiswerte Rohstoffe und Arbeitskosten, zu nutzen. Die Großunternehmen liefern dem Gastland Technologien und schaffen Arbeitsplätze. Problematisch ist, dass sie aufgrund ihrer Finanzkraft gleichzeitig erheblichen ökonomischen und politischen Einfluss ausüben können. Ihr Umsatz übersteigt nicht selten den gesamten öffentlichen Haushalt eines kleinen Staates. Häufig gründen Unternehmen auch Tochterunternehmen, um Steuerzahlungen zu umgehen.

Warum wird Globalisierung kontrovers diskutiert?
Für ihre Befürworter ist Globalisierung in erster Linie der Weg zu einem effizienteren Wirtschaften durch den Abbau von Handelsbeschränkungen und damit mehr Wohlstand für alle. Auch eröffnet die Globalisierung die Chance, z. B. Umweltprobleme gemeinsam anzugehen.
Nach Meinung ihrer Kritiker verringert die wachsende internationale Verflechtung dagegen die staatliche Steuerungsfähigkeit. Sie bemängeln, dass ihre Akteure (wie etwa weltweit operierende Wirtschaftsunternehmen) keiner wirksamen Kontrolle unterworfen sind. Die Diskussion entzündet sich in den Industriestaaten in erster Linie an dem Abbau von Arbeitsplätzen, welche die Konzerne aus Kostengründen zunehmend in andere Länder verlegen.

5 Sozialstaat Deutschland

Im Kinder- und Jugendwerk „Die Arche" in Berlin, das sich vollständig aus Spenden finanziert, bekommen viele Hundert Kinder täglich kostenlos eine warme Mahlzeit, Hausaufgabenhilfe, sinnvolle Freizeitbeschäftigungen mit Sport und Musik, Aufmerksamkeit und vieles mehr. Hier werden gerade Weihnachtsgeschenke verteilt. Die Eltern der Kinder sind häufig arbeitslos und auf staatliche Unterstützung angewiesen. Von dem Geld können sich viele eine solche Förderung ihrer Kinder nicht leisten.

Kompetenzen: Am Ende des Kapitels kannst du unter anderem …
- Solidarität und Gerechtigkeit als grundlegende Werte unserer Gesellschaft wahrnehmen und Schlussfolgerunden daraus ziehen.
- die demografische Entwicklung als mögliche Ursache für gesellschaftspolitische Konflikte bearbeiten.
- Thesen zur Entwicklung des Sozialstaats formulieren und kritisch überprüfen.
- Herausforderungen für den deutschen Sozialstaat analysieren und darauf bezogene Lösungskonzepte beurteilen.
- in einer Lerngruppe das deutsche Sozialversicherungssystem mithilfe eines Gruppenpuzzles eigenständig erarbeiten.

5.1 Gesellschaft im Wandel

M1 Mein Leben im Jahr 2030 ... ?

AUFGABE

1. Nimm dir ca. 10 Minuten Zeit. Schreibe auf, wie du dir dein Leben im Jahre 2030 vorstellst. Beschreibe dabei auch einen typischen Tag, deinen Beruf, deine Familie im Jahre 2030, wo du wohnst (eigenes Haus, Wohnung, Stadt oder Land), deine Hobbys...

M2 Deutschlands Zukunft?

M3 Kinder – nein danke?

Geburten (in 1.000):
1946: 922 · 1957: 1 166 · 1964: 1 357 · 1971: 1 013 · 1975: 782 · 1984: 812 · 1990: 906 · 1995: 765 · 2000: 767 · 2004: 706 · 2009*: 651

Sterbefälle (in 1.000):
1946: 1 002 · 1957: 840 · 1964: 870 · 1971: 966 · 1975: 990 · 1984: 917 · 1990: 921 · 1995: 885 · 2000: 839 · 2004: 818 · 2009*: 842

*vorläufig. Zahlen: Stat. Bundesamt
© Globus 3534
dpa-Infografik 3534

M4 Einwohner in Deutschland – immer weniger und immer älter

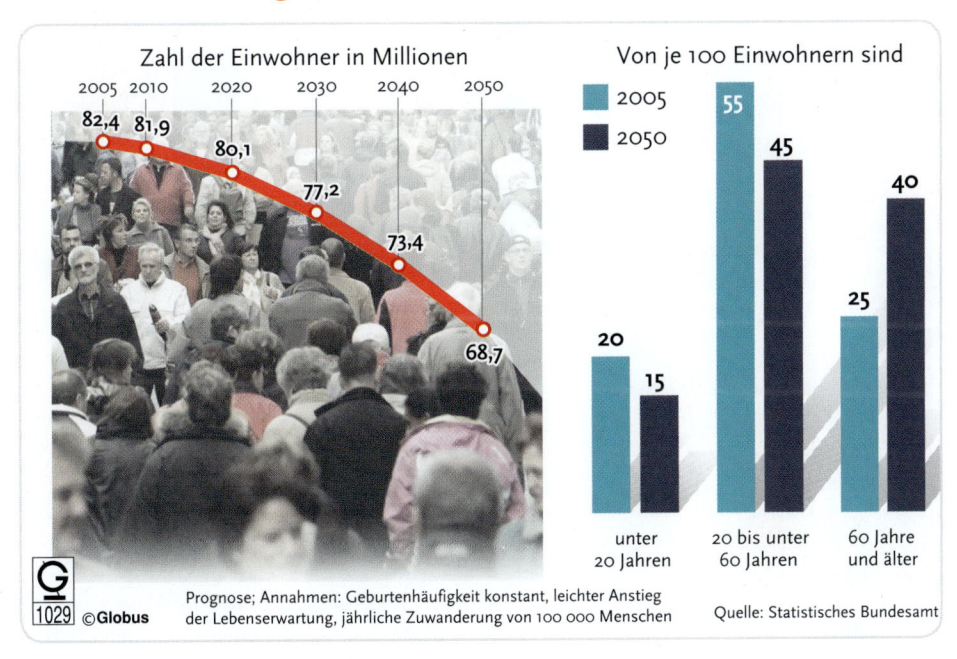

Zahl der Einwohner in Millionen:
2005: 82,4 · 2010: 81,9 · 2020: 80,1 · 2030: 77,2 · 2040: 73,4 · 2050: 68,7

Prognose; Annahmen: Geburtenhäufigkeit konstant, leichter Anstieg der Lebenserwartung, jährliche Zuwanderung von 100 000 Menschen

Von je 100 Einwohnern sind:

Alter	2005	2050
unter 20 Jahren	20	15
20 bis unter 60 Jahren	55	45
60 Jahre und älter	25	40

Quelle: Statistisches Bundesamt
© Globus 1029

AUFGABEN

1. Welche Zukunft (bzw. Gegenwart) stellen die Bilder in M2 dar? Diskutiert in der Klasse darüber.

2. a) Beschreibe die Grafiken M3 und M4.
   b) Formuliere jeweils die Kernaussagen der Grafiken M3 und M4 in einem Satz.

3. Überlege, welche Ursachen die in den Grafiken dargestellten Entwicklungen haben könnten.

4. a) Diskutiere mit einem Partner, welche Folgen die in den Grafiken dargestellten gesellschaftlichen Entwicklungen für den deutschen Sozialstaat haben können, und notiert eure Ergebnisse. (M3, M4)
   b) Stellt eure Ergebnisse im Plenum zur Diskussion. Gibt es Gemeinsamkeiten zwischen den Ergebnissen der einzelnen Gruppen? Wo liegen die Unterschiede?

Sozialstaat Deutschland

M5 Alterspyramiden: Veranschaulichung der demografischen Entwicklung

AUFGABEN

1. Bildet vier Gruppen.
   a) Jede Gruppe beschreibt eine Alterspyramide (1910, 1950, 2008 oder 2060). Arbeitet dabei vor allem die auffälligsten Merkmale heraus. (M5)
   b) Formuliert eure Ergebnisse in wenigen Sätzen und stellt sie den anderen Gruppen vor.

2. Vergleiche die Alterpyramiden von 1910 und 2060 miteinander. (M5)

3. Aus der Anordnung der Achsen und Werte entstehen verschiedene grafische Formen. Die Auswölbungen und Einkerbungen haben unterschiedlichste Ursachen. Findet gemeinsam Ursachen für die Formen zwischen 1910 und 2008. (M5)

4. a) Nenne mögliche Probleme, die sich aus der vorausgesagten Bevölkerungsstruktur im Jahr 2060 ergeben könnten. (M5)
   b) Stelle einen Maßnahmenkatalog auf, mithilfe dessen sich die Alterspyramide für das Jahr 2060 noch verändern ließe. Vergleicht anschließend eure Vorschläge.

5. Beschreibe in eigenen Worten, was mit der Bezeichnung „demografischer Wandel" gemeint sein kann.

Der Begriff Demografie stammt aus dem Griechischen und bedeutet „Bevölkerungswissenschaft". Diese Wissenschaft untersucht unter anderem, wie viele Menschen in Deutschland (oder anderswo) leben, wie viele Junge und Alte darunter sind und wie sich die Bevölkerungszahl durch Geburten und Sterbefälle verändert. Die Alterspyramide oder Bevölkerungspyramide zeigt grafisch die demografische Entwicklung, d.h. die Altersstruktur einer Bevölkerung, getrennt nach Frauen und Männern.

Der Begriff Alterspyramide ist aus den ersten derartigen Darstellungen entstanden, die pyramidenförmig aussehen. Die jüngsten Jahrgänge stellen hier noch die meisten Vertreter und die Zahl der Angehörigen eines Jahrgangs nimmt mit zunehmendem Alter ab.

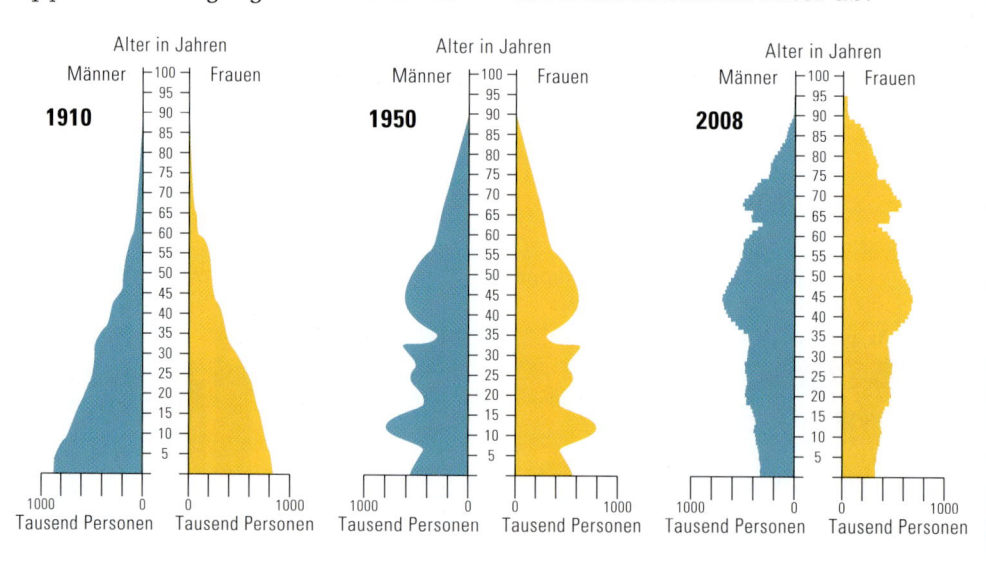

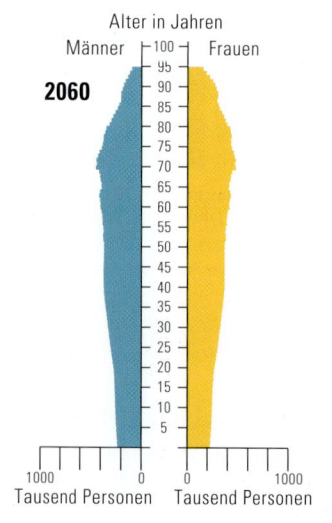

Erklärung zur Lesart der Alterspyramide:
X-Achse: Anzahl oder Anteil Menschen zu einem Jahrgang
Y-Achse: Lebensalter der Menschen
Durch die Anordnung der Y-Achse in der Mitte der X-Achse werden in die eine Richtung der X-Achse die Anteile der Frauen (rechts) und in die andere Richtung der X-Achse die Anteile der Männer (links) dargestellt.

Statistisches Bundesamt, Wiesbaden 2010

M6 Wer hat hier ein Problem?

NEIN, MEINE!
HA! DA KOMMT MEINE RENTE!
NEIN, MEINE!

— Roger Schmidt

M7 Demografischer Wandel: Herausforderung oder Problem für den Sozialstaat?

fluter hat mit der Demografie-Expertin Kerstin Schmidt (Bertelsmann-Stiftung) gesprochen:

Sie haben die Bevölkerungsentwicklung in Deutschland untersucht. Wie sieht es bei uns denn 2050 aus?
Wir haben 3.000 Kommunen analysiert, das sind alle mit mehr als 5.000 Einwohnern, damit haben wir insgesamt rund 85 Prozent der Bevölkerung abgedeckt. Und in über der Hälfte der untersuchten Kommunen wird es bis zum Jahr 2020 enorme Schrumpfungsprozesse geben, teilweise bis zu 56 Prozent. Die Zukunft wird sich jedenfalls in den Städten abspielen, ich würde jungen Leuten schon jetzt raten, in die Stadt zu ziehen. Diese Art der Landflucht zeichnet sich beispielsweise in Leipzig und Umgebung schon sehr konkret ab. [...]

Zum Jahr 2050. Worauf müssen sich die heute 20-Jährigen einstellen?
Ich bin 40, ich weiß, wenn ich 60 oder 70 bin, werde ich wahrscheinlich nichts mehr von der Rente bekommen, die ich jahrelang in die Kasse eingezahlt habe. Und die Belastungen für die künftigen Generationen werden weiter steigen: Junge Leute, die heute 20 sind, müssen im Prinzip von Anfang an selbst vorsorgen. Und dann müssen sie auch noch ihre Familien ernähren. Der Vorteil ist: Die jungen Leute von heute können sich besser darauf einstellen, weil sie damit aufgewachsen sind. Bei all dem muss man wahnsinnig aufpassen, dass der Dialog der Generationen nicht nur durch Kämpfe bestimmt sein wird. Die Jungen werden sehr viel Mühe haben, ihre Interessen durchzusetzen. Denn die Alten sind zahlenmäßig überlegen – und haben einfach die größere Lobby.

Das Interview führte Anne Haeming, auf: www.fluter.de vom 12.4.06

AUFGABEN

1. Überlege, was der kleine Junge in M6 den „Alten" sagen möchte, und schreibe deinen Vorschlag in dein Heft.
2. a) Formuliere die Aussage der Karikatur. (M6)
   b) Überlege, wessen Probleme die Karikatur thematisiert, die der Älteren oder die der Jüngeren.
   c) Formuliere eine passende Überschrift bzw. einen Untertitel zu M6.
3. Nenne die in der Karikatur thematisierte Herausforderung für die deutsche Gesellschaft.
4. Beschreibe die Bundesrepublik Deutschland im Jahre 2050, wie sie in M7 dargestellt wird.
5. Nenne die Probleme, die Frau Schmidt mit Blick auf das Schrumpfen der Bevölkerung für die nachfolgenden Generationen sieht. (M7)
6. Überlege, inwieweit dein eigener Alltag im Jahre 2050 von diesen Problemen betroffen sein könnte. Beziehe deine Notizen aus M1 in deine Überlegungen mit ein. (M7)

Kompetenz: Handeln

Forschung vor Ort

Bei Themen, die uns alle betreffen, wie z.B. dem demografischen Wandel, kann es besonders aufschlussreich sein, nicht nur allgemein, sondern im eigenen Umfeld, also direkt vor Ort, zu recherchieren. So kannst du dir über einen Sachverhalt oder eine aktuelle Problemlage klar werden und dich ganz konkret und in überschaubarem Rahmen mit möglichen Lösungsansätzen auseinandersetzen.

M8 Shrinking cities: ein internationales Forschungsprojekt

Das Projekt „Shrinking Cities" (Schrumpfende Städte) untersuchte von 2002 bis 2008, wie sich Städte mit sinkender Einwohnerzahl und abnehmender Wirtschaftsaktivität entwickeln. Neben Städten in den USA, Großbritannien, Russland und Asien wurde auch die Region Halle-Leipzig untersucht.

Dieses bisher einmalige internationale Projekt sollte die Diskussion um schrumpfende Städte vorantreiben und gleichzeitig neue Aspekte zum Umgang mit dieser Entwicklung ermöglichen. Die Resultate des umfassenden Forschungsprojekts wurden seit 2004 in 14 Ausstellungen und mehreren Publikationen international präsentiert und diskutiert: Wie wird sich der demografische Wandel im 21. Jahrhundert weiterentwickeln? Wie sieht die Zukunft aus? Wie kann das Wissen um den demografischen Wandel die Politik und Gesellschaft positiv beeinflussen?

AUFGABEN

1. Beschreibe knapp das Forschungsprojekt „shrinking cities". (M8 und www.shrinking-cities.com)
2. Überlege, inwiefern auch deine eigene Region vom Phänomen des demografischen Wandels betroffen sein wird. Notiere deine Gedanken stichpunktartig. (Vielleicht kannst du sie auch für ein Interview zu diesem Thema weiter verwenden ...)
3. Forscht vor Ort zur demografischen Entwicklung in eurer Region, den daraus resultierenden Problemen für eure Region sowie zu politischen Lösungsansätzen. Bereitet euch inhaltlich darauf vor, indem ihr im Internet unter www.wegweiser-demographie.de recherchiert und euch die Prognose der zu erwartenden Bevölkerungsentwicklung für eure Region anschaut.

Leitfaden – Forschung vor Ort

- Lege das Thema, zu dem du forschen möchtest, genau fest.
- Informiere dich möglichst breit über die Thematik.
- Formuliere Fragen, die du an das Thema stellst und die du für dich klären möchtest.
- Erstelle zusätzlich eine Liste mit Aspekten, zu denen du gerne mehr Sachkenntnis bzw. konkrete Daten und Fakten erhalten möchtest.
- Überlege dann, welche Institution bzw. wer vor Ort über die entsprechende Sachkenntnis verfügt, um deine Fragen auch beantworten zu können.
- Vielleicht können dir die entsprechenden Stellen auch sagen, wo du weiter recherchieren kannst, welche Zahlen verfügbar sind...
- Entscheide dich für eine konkrete Vorgehensweise, z.B. auf das Rathaus gehen, einen Kommunalpolitiker befragen etc. (→ Kompetenz: Expertenbefragung)
 (Bereite dich darauf vor, dass du auch deinem Gegenüber zu Beginn erklären musst, zu welchem Zwecke du forschen möchtest, wofür z. B. Daten, Informationen oder auch Antworten auf deine Fragen verwendet werden und wo sie gegebenenfalls veröffentlicht werden.)
- Überarbeite anschließend deine Fragestellungen. Überprüfe, ob sie inhaltlich zu dem von dir formulierten Thema passen – und los kann es gehen.

Grund-
wissen

Deutschland – Land der Alten?

In Deutschland werden seit einigen Jahren sehr wenige Kinder geboren. Zudem werden die Menschen immer älter. Dadurch verändert sich die Zusammensetzung, also die Altersstruktur der Bevölkerung. Das Ergebnis ist eine schrumpfende und zugleich alternde Bevölkerung.
Die Gründe hierfür sind vielschichtig: Viele junge Frauen und Männer möchten ihre berufliche Karriere planen, dabei tritt die Familienplanung in den Hintergrund. Die Vereinbarkeit von Familie und Beruf bleibt schwierig. Parallel zu dieser Entwicklung steigt aufgrund des medizinisch-technischen Fortschritts die Lebenserwartung der Menschen.
Diese Veränderungen in der Bevölkerungsstruktur werden auch als demografischer Wandel bezeichnet und mithilfe der Alterpyramide grafisch veranschaulicht.

Der demografische Wandel – eine Herausforderung für die deutsche Gesellschaft

Die Veränderungen in der Bevölkerungsstruktur stellen das Zusammenleben in unserer Gesellschaft zunehmend auf eine Probe: Die Politik muss für Jung und Alt gleichermaßen sorgen, auch wenn die Älteren zahlenmäßig deutlich überlegen sind.
Die jungen, arbeitenden Menschen in unserer Gesellschaft sind es, die die sogenannten Sozialabgaben finanzieren, so z. B. die Renten der Älteren und die Zahlungen an Krankenkassen. Verschiebt sich das Verhältnis von jungen zu alten Menschen, kommt es zu einem Finanzierungsproblem.

Politik konkret

Die demografische Struktur innerhalb Deutschlands ist regional sehr unterschiedlich. Es gibt Regionen, die nach derzeitigem Stand „vergreisen" werden, und andere, die für die jüngere Generation attraktiv sind und diese Probleme nicht bekommen werden. Wieder andere wirken durch gezielte politische Maßnahmen der Überalterung bereits entgegen. Mögliche Maßnahmen sind z. B. ein besonders gutes und kostengünstiges Betreuungsangebot für Kinder. Dadurch werden diese Regionen für junge Familien attraktiver.

5.2 Deutschland – ein moderner Sozialstaat?

M1 Solidarität?

AUFGABEN

1. a) Beschreibe die Karikatur. (M1)
   b) Formuliere die Aussage der Karikatur.
2. Tausche dich mit einem Partner aus, was für eine Darstellung du zum Thema Solidarität erwarten würdest. Begründe.

Jules Stauber / Baaske Cartoons

M2 Was bedeutet Solidarität für dich?

In öffentlichen Debatten wird gerne ein Wertezerfall unter Jugendlichen und jungen Erwachsenen diagnostiziert. Sie würden sich in erster Linie nur noch für sich selbst interessieren. Mit anderen solidarisch zu sein, davon wollten die meisten nichts wissen. Was ist heute Solidarität? [...] Um diese und andere Fragen ging es, als Luise (16), Jan (19), Paula (15, zurzeit im Praktikum als Journalistin) und Marek (16) zusammen mit Maja Schuster und Jürgen Weber in der Wohnküche eines Wohnprojekts in Berlin/Mitte, in dem Paula und Marek seit Langem leben, über den Begriff und die Bedeutung von Solidarität sprachen. Was verbinden sie mit dem Begriff Solidarität?

Marek: Das ist für mich ein unglaublich umfassender Begriff. Es ist ganz schwer zu sagen – das ist einfach das Miteinander leben und das gut Miteinander auskommen.

Luise: Für mich heißt Solidarität hinter jemandem zu stehen, zum Beispiel wenn Paula meine Hilfe braucht, dann unterstütze ich sie.

Paula: Solidarität bedeutet für mich eigentlich Zusammenhalt, andere Menschen zu unterstützen, zu helfen und füreinander da zu sein.

Jan: Dem kann ich mich eigentlich nur anschließen. Solidarität hat viel mit Zusammenleben und Unterstützung zu tun, egal ob in Gruppen oder zum Beispiel beim Sport. Auf jeden Fall hat Solidarität etwas mit Stärke und Gemeinsamkeit zu tun. [...]

Das Interview führten Maja Schuster und Jürgen Weber, auf: www.fluter.de vom 11.12.07

AUFGABEN

1. Notiere deine Antwort auf die Frage „Und was bedeutet Solidarität für dich?" in deinem Heft. (M2)
2. Stellt eure Antworten in der Klasse vor. Könnt ihr euch auf eine gemeinsame „Klassenantwort" festlegen?

M3 Solidarität in der Gesellschaft – heute überflüssig?

„Heute versteht man unter solidarischem Handeln etwas anderes als noch vor einigen Jahrzehnten", erklärt Professor Steinvorth, Professor für angewandte Philosophie an der Universität Hamburg. Er beschäftigt sich insbesondere mit Fragen der Verteilungsgerechtigkeit und der Solidarität. „Solidargemeinschaften waren früher Gesellschaften, die nach Tod, Unfall oder Unglück eines Mitglieds für den Lebensunterhalt seiner Familie oder auch die Schulden des Mitglieds einspringen." Dazu waren die Mitglieder durch Vertrag oder Geburt rechtlich verpflichtet. „Heute haben die Aufgaben solcher Gemeinschaften Versicherungen und der Sozialstaat übernommen", erklärt Steinvorth.

Anne Améri-Siemens, Weltmeister der Herzen, in: fluter, Dezember 2007, S. 30

M4 Solidargemeinschaft – was ist das?

Die Solidarität zwischen den Bevölkerungsgruppen und den Generationen zu erhalten ist die wichtigste Grundlage unseres Sozialstaates. Solidargemeinschaft – das bedeutet: Die Gesunden helfen den Kranken, die Jungen unterstützen die Alten, die Arbeitenden leisten Beiträge für die Arbeitslosen. Alle geben etwas, sorgen damit für sich selbst und helfen im Notfall dem Einzelnen.

So wie wir uns weiterentwickeln, so verändern sich auch die Gesellschaft und das Sozialsystem. Sicherte Ende des 19. Jahrhunderts die Sozialversicherung gerade einmal das Überleben, bekommen wir heute Lohn, auch wenn wir krank sind; Rehabilitation, wenn wir einen Unfall in der Schule oder bei der Arbeit hatten; Unterstützung, wenn wir arbeitslos werden.

Das hat seinen Preis. Um alle Leistungen bezahlen zu können, müssen die Wirtschaft und der Arbeitsmarkt gut funktionieren. In einer Gesellschaft, die immer älter wird, steigen logischerweise auch die Kosten für Altersvorsorge und Gesundheit. Verschärft wird die Situation durch den Geburtenrückgang und die Arbeitslosigkeit. Auch bei sinkender Zahl der Erwerbslosen gibt es immer noch zu viele Menschen, die keine Beiträge zur Sozialversicherung leisten. Folge: Das Geld für soziale Leistungen bleibt knapp.

Arbeitsgemeinschaft Jugend und Bildung e.V., Sozialpolitik, Juni 2008, S. 3

AUFGABEN

1. Stell dir vor, du sollst einem jüngeren Geschwister den Begriff „Solidargemeinschaft" erklären. Formuliere eine knappe, leicht verständliche Definition. (M3, M4)

2. a) Arbeite aus M4 die Bedingungen für ein funktionierendes Sozialsystem heraus.
b) Überlege, welche Probleme ein funktionierendes Sozialsystem stören könnten.
c) Diskutiere mit einem Partner mögliche Lösungsansätze, um den in b) genannten Problemen entgegenzuwirken.

M5 Ist soziale Absicherung für die Deutschen wichtig?

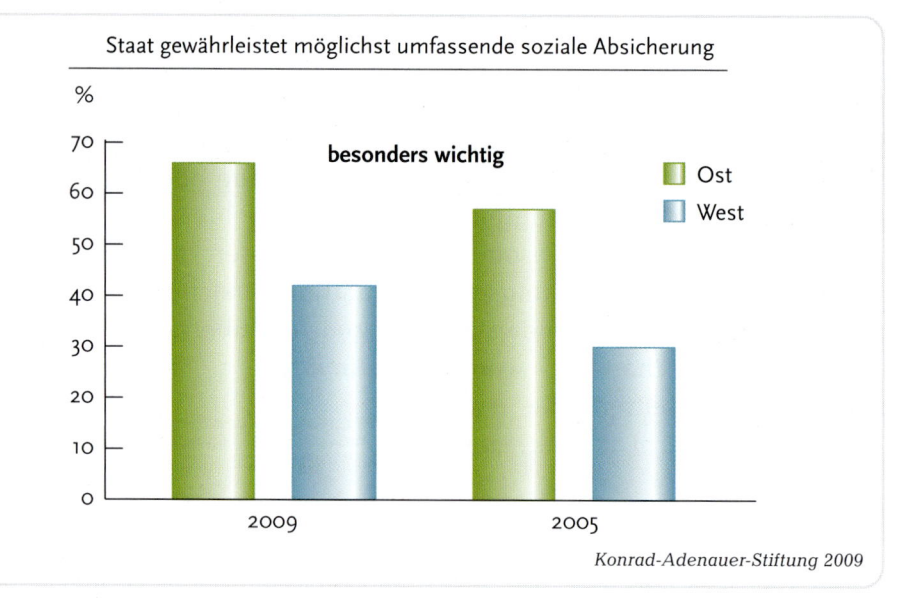

Staat gewährleistet möglichst umfassende soziale Absicherung

besonders wichtig (Ost/West), 2009: ca. 66% / 42%; 2005: ca. 57% / 30%

Konrad-Adenauer-Stiftung 2009

M6 Der Sozialstaatsgedanke im Grundgesetz

> Art. 20 (1) GG
> Die Bundesrepublik ist ein demokratischer und sozialer Bundesstaat.

Viele denken zuerst an sich, dann erst an den Nächsten. Schlecht für die, die alt, krank, arm oder in Not sind. Schlecht für uns, wenn wir plötzlich selbst betroffen sind. Daher ist es gut, dass wir in einem sozialen Staat leben. Unsere sozialen Sicherungsgesetze bauen nämlich gegen die Folgen solcher Lebensrisiken vor.

In unserem Grundgesetz ist das „Sozialstaatsprinzip" verankert: Es verpflichtet die Politik, die Existenzgrundlagen seiner Bürgerinnen und Bürger zu sichern und für einen gerechten Ausgleich zwischen den sozial Schwachen und den sozial Starken zu sorgen. Die Sozialversicherung gibt den Menschen Sicherheit und Schutz vor den existenziellen Risiken im Leben: Sie unterstützt sie bei Krankheit, Alter, Unfällen, Pflegebedürftigkeit oder Arbeitslosigkeit. [...]

Was ist „sozial"? auf: www.sozialpolitik.com

AUFGABEN

1. a) Formuliere die wesentlichen Aussagen der Grafik. (M5)
   b) Diskutiert gemeinsam, welche Ereignisse oder Entwicklungen zwischen 2005 und 2009 zu dem starken Anstieg der Werte geführt haben könnten.

2. Verfasse eine knappe Definition für Wikipedia, in der du das „Sozialstaatsgebot des Grundgesetzes" erklärst. (M6)

3. Erkläre, inwiefern sich der im Grundgesetz formulierte Sozialstaatsgedanke (M6) in den Erwartungen der Bürgerinnen und Bürger (M5) widerspiegelt.

Gruppenpuzzle durchführen

Ein Gruppenpuzzle empfiehlt sich, wenn ihr ein besonders umfangreiches Thema bzw. eine komplexe Aufgabenstellung bearbeiten möchtet, wie z. B. hier die Aufgabe: „Stellt die fünf Säulen des deutschen Sozialversicherungssystems in einem Schaubild übersichtlich dar". Beim Gruppenpuzzle eignet ihr euch zunächst spezielles Wissen an, um es dann als Experte an Mitschüler weiterzugeben. Es ist also besonders wichtig, dass wirklich jeder konzentriert mitarbeitet – sonst fehlt euren Mitschülern zentrales Wissen.

M7 Die fünf Säulen des deutschen Sozialversicherungssystems

Sozialer Frieden in einer Gesellschaft ist nicht ohne ein gewisses Maß an Grundsicherung und Umverteilung zu erreichen. Das erkannte schon Bismarck im späten 19. Jahrhundert und führte deshalb die Kranken-, Unfall- und Rentenversicherung ein. Später kamen Arbeitslosen- und Pflegeversicherung hinzu, sodass das Sozialversicherungssystem heute aus fünf „Säulen" besteht:

Die gesetzliche Arbeitslosenversicherung sichert Arbeitnehmer für einen bestimmten Zeitraum im Falle von Arbeitslosigkeit ab. Die gesetzliche Rentenversicherung sichert die Mitglieder im Alter sowie im Falle von Berufs- und Erwerbsunfähigkeit und im Falle des Todes deren Hinterbliebene ab. Die gesetzliche Krankenversicherung unterstützt die Gewährleistung und Wiederherstellung der Gesundheit und lindert die Folgen von Krankheit. Die gesetzliche Unfallversicherung stellt im Falle eines (Arbeits-)Unfalls die Erwerbsfähigkeit wieder her. Die gesetzliche Pflegeversicherung sichert dauerhaft pflegebedürftigen Menschen finanzielle Unterstützung zu.

Sozialstaat Deutschland

Kompetenz: Methode

Leitfaden – Gruppenpuzzle durchführen

Das Gruppenpuzzle umfasst wenigstens zwei Arbeitsphasen: Die Phase der Arbeit in den Expertengruppen und die Phase der Arbeit in den Stammgruppen.

Gruppen einteilen: Zur Gruppeneinteilung und damit ihr den Überblick behaltet, wer wann mit wem arbeitet, tragt ihr euch in die Tabelle ein, die euer Lehrer (evtl. auf Folie) kopiert hat. Selbst bei nicht direkt aufeinanderfolgenden Unterrichtsstunden ist auf diese Weise ein problemloser Überblick über die Mitglieder der einzelnen Stamm- bzw. Expertengruppen gewährleistet. Jeder darf sich dabei nur einmal eintragen (es sei denn, ihr seid mehr als 30 Schüler). Bei einer deutlich geringeren Klassenstärke benötigt ihr eine Stammgruppe weniger.

Ein Thema in der Expertengruppe erarbeiten: Ihr trefft euch zunächst in den Expertengruppen, um eine spezifische Fragestellung zu bearbeiten, z. B. arbeitet Expertengruppe A zur Arbeitslosenversicherung, Expertengruppe B zur gesetzlichen Rentenversicherung etc. Achtet darauf, dass aus jeder Stammgruppe ein Experte anwesend ist, sodass ihr in folgender Konstellation arbeitet:

Expertengruppen:
- Ⓐ A_1, A_2, A_3, A_4, A_5, A_6
- Ⓑ B_1, B_2, B_3, B_4, B_5, B_6 …
- … E_3, E_4, E_6

Ein Thema in der Stammgruppe präsentieren: Jetzt trefft ihr euch in den Stammgruppen, um eure Ergebnisse aus der ersten Arbeitsphase vorzustellen. Hierbei sitzt ihr wie folgt zusammen:

Stammgruppen:
- ① A_1, B_1, C_1, D_1, E_1
- ② A_2, B_2, C_2, D_2, E_2 …
- … C_6, D_6, E_6

Am Ende dieser Arbeitsphase liegt in jeder Stammgruppe ein möglichst umfassendes Ergebnis in Bezug auf die Aufgabenstellung vor.

AUFGABEN

1. Wendet die Methode des Gruppenpuzzles an.
2. Arbeitet in euren Expertengruppen aus den Materialien M7–M12 jeweils Informationen zu folgenden Fragen heraus:
   - Wer ist versichert?
   - Was leistet die Versicherung?
   - Wie finanziert sich die Versicherung?
3. a) Präsentiert euch im Anschluss an diese Erarbeitungsphase die Ergebnisse in euren Stammgruppen.
   b) Stellt anschließend in eurer Stammgruppe die fünf Säulen des Sozialversicherungssystems Deutschlands in einem Bild übersichtlich dar.
4. Präsentiert eure Bilder in der Klasse.

Expertengruppen / Stammgruppen	A	B	C	D	E
1					
2					
3					
4					
5					
6					

auf die Folie

M8 Arbeitslosenversicherung (AV)

Die Arbeitslosenversicherung ist eine Pflichtversicherung. Versichert sind alle Arbeitnehmer, die einer bezahlten, mehr als geringfügigen Beschäftigung (Monatsverdienst bis zu 400 €) nachgehen. Das betrifft den Arbeiter ebenso wie die Angestellte oder einen Auszubildenden. Besondere Personengruppen, z. B. Beamte, Soldaten oder Personen, die das 65. Lebensjahr vollendet haben, müssen sich nicht versichern.

Die Leistungen dieser Versicherung, das sogenannte Arbeitslosengeld I, erhalten diejenigen, die sich an der Finanzierung der Arbeitslosenversicherung beteiligt hatten.

Die Finanzierung erfolgt in erster Linie durch die Beiträge der Arbeitnehmer und der Arbeitgeber. Hinzu kommen Umlagen bzw. Mittel des Bundes. Der Beitragssatz beträgt seit dem 1.1.2009 2,8 Prozent des Arbeitsentgeltes[1] der Beschäftigten. Arbeitgeber und Arbeitnehmer zahlen den Beitrag in der Regel je zur Hälfte. Dieser wird direkt vom Bruttolohn eingezogen und an die zuständige Bundesagentur für Arbeit weitergeleitet.

Nach: www.deutsche-sozialversicherung.de

M9 Rentenversicherung (RV)

Die gesetzliche Rente folgt dem solidarischen Prinzip „Einer für alle – alle für einen". In der Rentenversicherung sind alle Personen, die in einem beruflichen, unselbstständigen Beschäftigungsverhältnis stehen oder sich in der Berufsausbildung befinden (mit Ausnahme der Beamten) versicherungspflichtig. Dies gilt auch für Behinderte, die in anerkannten Werkstätten beschäftigt sind, sowie für Wehr- und Zivildienstleistende. Auch Selbstständige können unter bestimmten Umständen pflichtversichert sein.

Zahlungen aus der Rentenversicherung erhalten nicht nur Alte (Regelaltersrente), sondern z. B. auch Witwen oder (Halb-)Waisen. Die Rentenzahlung soll den Lohn ersetzen und somit den versicherten Menschen eine ausreichende Lebensgrundlage bieten.

In der Rentenversicherung gilt der Generationenvertrag zwischen Jung und Alt: Vom laufenden Beitrag werden die laufenden Renten gezahlt, d. h. die Beiträge der (gegenwärtig berufstätigen) Rentenversicherten werden direkt an die Rentner ausbezahlt. Dieses Verfahren nennt man auch Umlageverfahren. Arbeitnehmer und Arbeitgeber tragen die Beiträge entsprechend dem jeweils gültigen Beitragssatz je zur Hälfte. Die Höhe der Zahlungen aus der Rentenversicherung richtet sich – anders als bei den anderen Säulen der Sozialversicherung – nach der Höhe der eingezahlten Beiträge. Dies nennt man Äquivalenzprinzip (äquivalent = gleichwertig).

Nach: www.deutsche-sozialversicherung.de

[1] *Arbeitsentgelt ist das Geld, was der Arbeitnehmer für seine geleistete Arbeit erhält. Man unterscheidet hier in Lohn und Gehalt. Der Lohn ist ein vertraglich geregeltes und regelmäßig gezahltes Geld für die Ausführung einer klar festgelegten Tätigkeit. Der Lohn wird entweder in Abhängigkeit der geleisteten Arbeitsstunden (Zeitlohn), Stückzahlen (Stücklohn) oder als festes monatliches Gehalt ausgezahlt. Die Höhe des monatlichen Gehalts wird in einem zwischen Arbeitgeber und Arbeitnehmer geschlossenen Arbeitsvertrag geregelt.*

Sozialstaat Deutschland

M10 Krankenversicherung (KV)

Eine Krankheit könnte schnell zu einem finanziellen Risiko werden. Deshalb sichern die gesetzlichen Krankenkassen ihre Mitglieder und deren Familie im Krankheitsfall ab. Als Solidargemeinschaft übernimmt die Krankenversicherung in der Regel die Leistungen für die notwendige medizinische Hilfe im Falle einer Krankheit (Ausnahme: beruflich bedingte Unfälle) und zahlt ein Krankengeld, wenn der Arbeitgeber das Gehalt während einer Arbeitsunfähigkeit nicht weiterbezahlt.

Als Arbeitnehmer ist man in der Bundesrepublik Deutschland in der Regel versicherungspflichtig, d.h. man ist automatisch gesetzlich krankenversichert. Darüber hinaus gibt es in der Krankenversicherung auch freiwillig Versicherte (z.B. Selbstständige) und Familienversicherte. In der Bundesrepublik Deutschland sind etwa 90 Prozent der Bevölkerung gesetzlich krankenversichert. Besondere Leistungen allerdings müssen zusätzlich bezahlt bzw. versichert werden. Die gesetzliche Krankenversicherung finanziert sich weitestgehend selbst, insbesondere durch die Beiträge von Arbeitnehmern und Arbeitgebern. Wie hoch der Beitrag ist, hängt vom Einkommen der Versicherten ab. Grundsätzlich gilt: Der finanziell Stärkere unterstützt den Schwächeren. Die einheitlichen Beitragssätze werden je zur Hälfte vom Arbeitgeber und vom Arbeitnehmer aufgebracht.

Nach: www.deutsche-sozialversicherung.de

M11 Pflegeversicherung (PV)

Die Pflegeversicherung bietet eine Absicherung gegen die Folgen der Pflegebedürftigkeit, d. h. wenn man voraussichtlich mindestens für sechs Monate, in erheblichem Maße Hilfe bei den Verrichtungen des täglichen Lebens braucht. Die Pflegeversicherung ist eine Pflichtversicherung. Im Grundsatz gilt: Wer gesetzlich krankenversichert ist, der gehört auch der Pflegeversicherung an. Dies gilt auch für mitversicherte Familienangehörige. Wer z.B. privat krankenversichert ist, muss folglich auch eine private Pflegeversicherung abschließen.

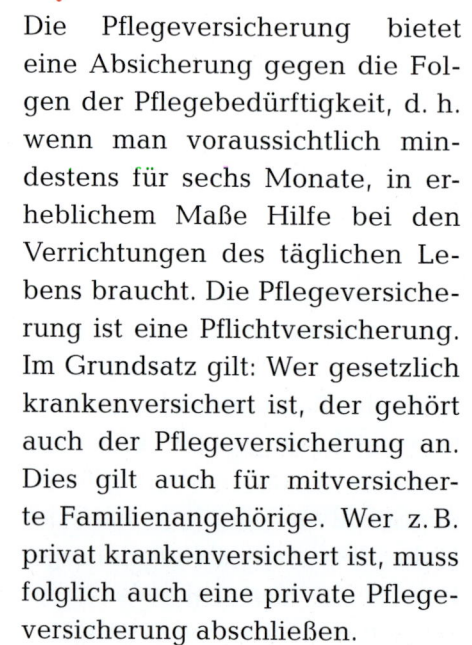

Die Finanzierung der Pflegeversicherung ist genauso organisiert wie für die gesetzliche Krankenversicherung: Arbeitnehmer und Arbeitgeber zahlen je die Hälfte des Beitrags. Kinderlose zahlen einen Beitragszuschlag. Es gibt einen – wie in der gesetzlichen Krankenversicherung – gesetzlich festgelegten Beitragssatz. Arbeitgeber und Arbeitnehmer übernehmen jeweils den gleichen Anteil. Der Beitrag wird mit den übrigen Sozialabgaben automatisch bei der Lohn- oder Gehaltsabrechnung einbehalten. Für versicherte Familienangehörige werden keine Beiträge erhoben.

Nach: www.deutsche-sozialversicherung.de

M12 Unfallversicherung (UV)

Die gesetzliche Unfallversicherung – eine der ältesten „Säulen" der deutschen Sozialversicherung – soll vorbeugen, d. h. Arbeitsunfälle, Berufskrankheiten und arbeitsbedingte Gesundheitsgefahren sollen mit allen geeigneten Mitteln verhütet werden. Die Beratung von Unternehmen in allen Fragen der Gesundheit steht im Mittelpunkt. Sie bietet z. B. kostenlose Veranstaltungen zum Thema Arbeitsschutz an.

Die gesetzliche Unfallversicherung bietet Arbeitnehmern, auch Auszubildenden, Unternehmern, Kindern in Tageseinrichtungen, Schülern und Studierenden und weiteren Personen einen umfassenden Versicherungsschutz. Unter den Versicherungsschutz fallen Unfälle, die sich am Arbeitsplatz oder in der Schule sowie auf dem Weg dorthin und zurück ereignen – auch Berufskrankheiten sind versichert.

Renten an Versicherte werden dann gezahlt, wenn die Erwerbsfähigkeit nicht vollständig wiederhergestellt werden kann, d. h. eine Minderung von mindestens 20 Prozent vorliegt.

Im Gegensatz zur Kranken-, Pflege-, Renten- und Arbeitslosenversicherung ist die gesetzliche Unfallversicherung für die Versicherten beitragsfrei. Die Kosten für diesen Versicherungsschutz tragen die Arbeitgeber bzw. der Bund, die Länder und Gemeinden im öffentlichen Bereich.

Nach: www.deutsche-sozialversicherung.de

M13 Das deutsche Sozialversicherungssystem: Ein Grund zu feiern?

Das deutsche Sozialversicherungssystem hat zum Ziel, für alle gleichwertige Lebensverhältnisse zu gewährleisten. Das System hat sich in der Vergangenheit bewährt und diente lange als Vorbild für andere Staaten. Allerdings gerät es zunehmend unter den Druck der Finanzierbarkeit: Vor allem eine zu geringe Geburtenrate und die steigende Lebenserwartung haben problematische Auswirkungen.

Neben der Rentenversicherung geraten vor allem die Krankenversicherung (u.a. durch kostenintensive High-Tech-Medizin), aber auch die Pflegeversicherung in Finanzierungsnot.

Zwar müssen auch Rentner Beiträge an die Kranken- und Pflegeversicherung abführen. Sie verdienen durchschnittlich jedoch weniger als die meisten Arbeitnehmer, sodass ihre Beiträge deutlich niedriger ausfallen. Eine Folge der zunehmenden Alterung für die Kassen der Sozialversicherungen: weniger Einnahmen bei deutlich höheren Ausgaben. Nicht zuletzt stellt eine hohe Arbeitslosigkeit die Zukunftsfähigkeit unseres „Sozialstaatsmodells" zusätzlich in Frage.

AUFGABEN

1. Arbeite aus M13 Faktoren heraus, die unser Sozialstaatsmodell gefährden.

2. Diskutiere mit einem Partner, ob vor dem Hintergrund von M13 unser in M8 - M12 dargestelltes Sozialversicherungssystem möglicherweise ein „Auslaufmodell" ist.

3. Im Zusammenhang mit den Feierlichkeiten zum 60. Jahrestag des Bestehens der Bundesrepublik ist in Umfragen immer wieder auch die Frage nach dem Erfolg der Bundesrepublik auf den verschiedensten Gebieten gestellt worden. Was meinst du, wie viel Grund zu feiern haben wir in Bezug auf das deutsche Sozialversicherungssystem? Formuliere eine knappe Stellungnahme.

Grundwissen

Was ist ein Sozialstaat?

Das Grundgesetz legt in Artikel 20, Absatz 1 fest: „Die Bundesrepublik Deutschland ist ein demokratischer und sozialer Bundesstaat." Wir leben also in einem Land, in dem – neben der Garantie der Menschenwürde und der Menschenrechte – das Sozialstaatsprinzip die Basis der freiheitlich-demokratischen Grundordnung bildet. Alle Bürger sollen im Stande sein, aktiv an den gesellschaftlichen und politischen Entwicklungen teilzuhaben.
Das deutsche Sozialversicherungsmodell ist über viele Jahrzehnte gewachsen. Es basiert im Wesentlichen auf dem Sozialversicherungssystem und dem Fürsorgesystem. Das sogenannte Fürsorgesystem, das z. B. die Sozialhilfe und das Arbeitslosengeld II (umgangssprachlich Hartz IV) umfasst und aus Steuermitteln finanziert wird, sorgt nach einer Bedürftigkeitsprüfung für ein festes Einkommen zur Existenzsicherung.

Die fünf Säulen der Sozialversicherung

Ziel der Sozialversicherungen ist es, den Bürgerinnen und Bürgern menschenwürdige Lebensverhältnisse zu ermöglichen und sie gegen größere Lebensrisiken abzusichern. Die Umsetzung dieses Ziels wird durch die gesetzlich geregelte Arbeitslosen-, Unfall-, Kranken- und Pflege- sowie die gesetzliche Rentenversicherung angestrebt.

Wie finanzieren sich die Sozialversicherungen?

Die Finanzierung erfolgt neben gesetzlich geregelten, einheitlichen Beitragssätzen auch über Steuereinnahmen. Hintergrund ist der Gedanke, dass alle füreinander einstehen: Der finanziell Stärkere unterstützt den Schwächeren (Solidarprinzip).
Die Rentenversicherung beruht dagegen auf dem Äquivalenzprinzip: Die Höhe der Zahlungen richtet sich nach der Höhe der eingezahlten Beiträge; die laufenden Rentenzahlungen werden im Umlageverfahren durch den laufenden Beitrag finanziert. Man spricht vom Generationenvertrag, einem Vertrag zwischen Jung und Alt.
Grundsätzlich gilt, der Staat allein trägt nicht die Kosten, er übernimmt nur die Organisation der sozialen Absicherung. So werden vom Bruttolohn/-gehalt sämtliche Sozialversicherungsbeiträge einbehalten; der Betrag, den ein Arbeitnehmer nach den Abzügen von Lohnsteuer und Sozialversicherung ausbezahlt bekommt, ist der Nettolohn bzw. das Nettogehalt.
Vor dem Hintergrund steigender Kosten geraten mehrere Säulen unseres Sozialversicherungssystems zunehmend unter Finanzierungsdruck. Es stellt sich deshalb die Frage, ob das derzeitige System ein Auslaufmodell ist oder durch effektive Reformen gerettet werden kann.

5.3 Vom Brutto- zum Nettolohn

M1 Das bleibt übrig vom Lohn

Mit deinem ersten Lohn kommt auch die erste Lohnabrechnung. Darauf steht, was vom sogenannten Bruttolohn für die gesetzliche Sozialversicherung abgezogen wird. Mit diesem Geld werden die gesetzlich verpflichtenden staatlichen Sozialleistungen finanziert. Der Betrag, der nach Abzug dieser Sozialversicherungsbeiträge und gegebenenfalls der Lohnsteuer übrig bleibt, ist der sogenannte Nettolohn.

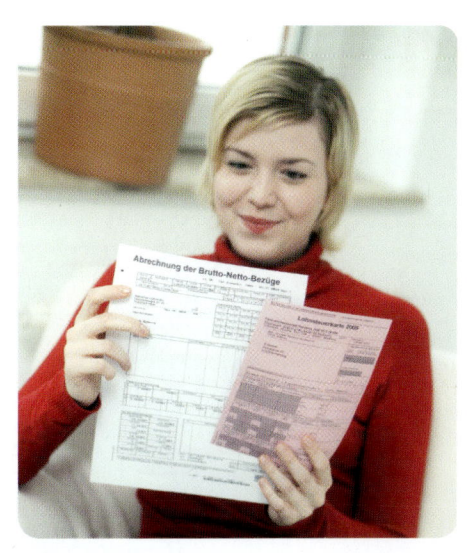

Beispielhafte Gehaltsabrechnung

Hier können noch weitere Leistungen des Arbeitgebers hinzukommen, z. B. vermögenswirksame Leistungen.

Steuern fallen erst ab einem Bruttogehalt von 899 Euro an.

Steuer/Sozialversicherung:							624,00
Steuer-Brutto	Lohnsteuer		Kirchensteuer		SolZ		Steuerrechtl. Abzüge
624,00	0,00		0,00		0,00		0,00
KV/PV-Brutto	RV/AV-Brutto	KV-Beitrag	PV-Beitrag		RV-Beitrag	AV-Beitrag	SV-rechtl. Abzüge
624,00	624,00	51,17	6,08		62,09	8,74	128,00
						Netto-Verdienst	495,92

Die zweite Hälfte der Sozialabgaben übernimmt jeweils der Arbeitgeber.

Nach: http://plus.safety1st.de

Fokus: Wirtschaft

AUFGABEN

1. Erkläre die Begriffe Netto- und Bruttolohn.

2. Beschreibe den Lohnbescheid M1. Wie hoch waren die Beitragssätze zur gesetzlichen Kranken- bzw. Pflegeversicherung, Arbeitslosenversicherung und zur Rentenversicherung, die diesem Lohnbescheid zugrunde liegen?

3. Recherchiert unter www.deutsche-sozialversicherung.de die aktuellen Beitragssätze.

4. Passt die Gehaltsmitteilung M1 an die aktuellen Beitragssätze an. Rechnet aus, wie viel Geld jeweils in die Sozialversicherungen einbezahlt wird bzw. wie viel Geld vom Lohn tatsächlich übrig bleibt.

5. Begründet, weshalb der Arbeitgeber gesetzlich verpflichtet ist, sich an den Beiträgen seiner Arbeitnehmer je zur Hälfte zu beteiligen.

Sozialstaat Deutschland

5.4 Das deutsche Sozialversicherungssystem unter Druck: (K)eine Chance für den Generationenvertrag?

M1 Zum Stand der sozialen Sicherung

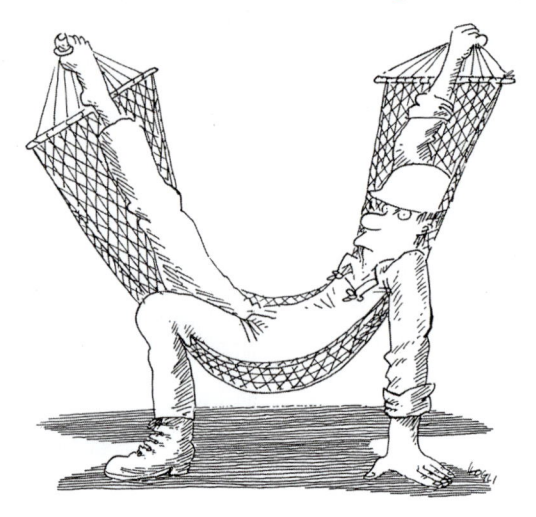

SOZIALES NETZ

M2 Staatliche Fürsorge oder Initiative des Einzelnen?

In der Nachkriegszeit ist in Deutschland ein Versorgungsstaat entstanden, der sich im Hinblick auf die gesellschaftlichen Veränderungen in seiner bisherigen Form nicht mehr aufrechterhalten lässt, ohne die Bürger durch immer höhere Abgaben zu belasten. Immer mehr Menschen werden sich an Einschnitte oder Belastungen gewöhnen müssen: Sich laufend neue Qualifikationen aneignen, häufiger den Job wechseln oder vielleicht auch mal eine Zeit lang arbeitslos sein, im Krankheitsfall mehr als bisher selber zahlen müssen, von der gesetzlichen Rente allein nicht mehr leben können – diese Situationen werden von Ausnahmen zum Normalfall.

Wirtschaftswissenschaftler und Soziologen sind sich darin einig, dass Bürgerinnen und Bürger künftig flexibler sein müssen, auch was z. B. ihre Absicherung für das Alter oder im Krankheitsfall betrifft. Die gesetzliche Sozialversicherung allein wird zukünftig keine zufriedenstellende Versorgung ermöglichen können. Zusätzliche private (Kranken- bzw. Renten-)Versicherungen werden einen immer höheren Stellenwert bekommen. Jeder Einzelne spielt künftig mit einem höheren Einsatz, und nur wer sich persönlich gut abgesichert hat, hat entspannte Aussichten.

AUFGABEN

1. a) Wie geht es dem Mann in der Karikatur? Formuliere einen Satz. (M1)
   b) Überlegt dann, was der Zeichner zeigen möchte. Tauscht euch dazu mit einem Partner aus und formuliert ein gemeinsames Ergebnis.

2. Arbeite aus M2 heraus, wie die gegenwärtige Situation in Deutschland beschrieben wird.

3. Recherchiert im Internet auf den Seiten des Bundesministeriums für Arbeit und Soziales (BMAS), welche Möglichkeiten der privaten Rentenversicherung es gibt, um die gesetzliche Rente zu ergänzen.

LINK

Bundesministerium für Arbeit und Soziales: www.bmas.de → Unsere Themen → Rente → ...

Eine politische Dokumentation zum Thema „Demografischer Wandel – Sozialstaat in der Krise?"

Häufig sind politische Probleme auf den ersten Blick aufgrund ihrer Komplexität kaum zufriedenstellend zu beurteilen. Zuvor ist eine gründliche Analyse notwendig. Die politische Dokumentation ist eine schriftliche Ausarbeitung von 8-10 Seiten, in der du dich intensiv und über einen längeren Zeitraum, z. B. 4 Wochen, mit einem politischen Problem beschäftigen kannst.

Kompetenz: Urteilen

M3 (K)Eine Zukunft für die deutsche Rente?

Aufgrund des demografischen Wandels und damit fehlender Einnahmen in den Sozialversicherungskassen sowie aufgrund fehlender Steuereinnahmen gerät das deutsche Sozialversicherungssystem zunehmend unter Druck. Die Politiker streiten insbesondere darüber, wie viel Rente unseren Senioren garantiert werden kann bzw. soll und welche Auswirkungen das auf unsere Gesellschaft haben wird. Nach einem Bericht der OECD, der internationalen Organisation für wirtschaftliche Zusammenarbeit, ist die finanzielle Situation der Rentner in Deutschland bisher wesentlich besser als in vielen anderen Industrieländern. Demnach hat sich in der Finanz- und Wirtschaftskrise 2009 das Einkommen der Rentner nicht negativ verändert, denn die gesetzliche Rente ist für die meisten deutschen Senioren die wichtigste Einnahmequelle. Diese hängt nämlich nicht von den internationalen Finanzmärkten ab; entscheidende Größen sind vielmehr Lohnentwicklung und Beschäftigung. So erhielten zum Beispiel neun von zehn Männern ab 65 Jahren im Jahr 2007 (Westdeutschland) eine Rente, die im Schnitt netto 1.091 Euro im Monat betrug, so die Zahlen, die das Bundesarbeitsministerium Ende 2008 vorlegte.

Allerdings können auch in Deutschland Ältere von Armut betroffen sein: Ende 2007 erhielten rund 392.000 Männer und Frauen ab 65 Jahren die sogenannte Grundsicherung im Alter. Sie entspricht der Höhe Hartz IV – gegenwärtig 359 Euro im Monat plus Miete von etwa 360 Euro (Stand: 2009). Unter den Empfängern der Grundsicherung waren zwei Drittel Rentenbezieher. Konkret bedeutet das, dass 1,3 Prozent der männlichen und 2,1 Prozent der weiblichen Rentner so wenig Rente erhalten, dass diese mit der Grundsicherung aufgestockt werden musste.

Politiker und andere Experten sagen voraus, dass Senioren das heutige Versicherungsniveau nur dann erreichen können, wenn sie mindestens die Riester-Rente nutzen, also die staatlich geförderte private Altersvorsorge.

Nach: Dieter Keller, Robust in der Krise, SÜDWEST PRESSE, 21.7.09, S.4

AUFGABEN

1. Erkläre, weshalb die Höhe der deutschen Rente trotz der Wirtschafts- und Finanzkrise relativ stabil bleibt.

2. Recherchiert im Internet auf den Seiten des Bundesministeriums für Arbeit und Soziales (www.bmas.de), was unter der „Riester-Rente" verstanden wird.

3. Erläutere vor dem Hintergrund des Sozialstaatsgedanken des Grundgesetzes, weshalb die sogenannte Riester-Rente, eine private Altersvorsorge, dennoch staatlich gefördert wird.

4. Formuliere die Überschrift von M3 „(K)Eine Zukunft für die deutsche Rente?" so um, dass sie deiner Meinung nach zutrifft. Begründe deine Entscheidung.

Sozialstaat Deutschland

Kompetenz: urteilen

Leitfaden – Politische Dokumentation

Vorgehen

- **Thema auswählen:** Wähle dein Thema in Absprache mit deinem Fachlehrer aus. Achte darauf, dass du dein Thema als Frage formulierst. Die Analyse fällt dir dann leichter, denn alle Schritte in deiner Dokumentation dienen dem Ziel, diese Frage klar und für alle nachvollziehbar zu beantworten.
- **Einleitung formulieren:** Formuliere eine knappe Einleitung, in der du die Struktur deiner Dokumentation vorstellst.
- **Problem beschreiben:** Beschreibe zunächst den Sachverhalt bzw. das Problem, mit dem du dich beschäftigst. Achte darauf, dass du nichts behauptest, was du nicht belegen kannst. Die notwendigen Informationen findest du z. B. in der Tageszeitung, im Internet oder in der Bibliothek.
- **Problem analysieren:** Für die Analyse ist es wichtig, dass du strukturiert vorgehst. Verwende dazu – wenn möglich – Fachbegriffe. Folgende Leitfragen können dir bei deiner Analyse helfen:
  - Wessen Interessen (Konfliktparteien) sind von dem Problem betroffen?
  - Um welches knappe Gut wird gestritten?
  - Welche Lösungsmöglichkeiten gibt es für das Problem?
  - Wer kann Entscheidungen treffen?
  - Was bedeuten die verschiedenen Lösungsmöglichkeiten für die einzelnen Konfliktparteien?
- **Eigenen Standpunkt formulieren:** Am Ende deiner Arbeit solltest du zu einer logisch begründbaren Antwort deiner Problemfrage kommen. Achte darauf, dass du die Positionen der einzelnen Konfliktparteien noch einmal gegeneinander abwägst. Arbeite besonders die Argumente heraus, die zur Begründung deines eigenen Standpunktes zentral sind, damit dein Standpunkt auch für andere nachvollziehbar wird. Formuliere schließlich deinen eigenen Standpunkt als konkrete Antwort auf deine Ausgangsfrage.
- **Fazit ziehen:** Fasse am Ende deiner Arbeit die wichtigsten Gedankengänge noch einmal zusammen.

formale Spielregeln

- Hefte deine Dokumentation in einen Ordner, damit die einzelnen Blätter nicht lose herumfliegen.
- Folgende Bestandteile muss deine Dokumentation aufweisen: Titelblatt, Inhaltsverzeichnis, Einleitung, Hauptteil, Schluss, Literaturverzeichnis.
- Entwirf ein Titelblatt und ein Inhaltsverzeichnis, nach Möglichkeit mit Nennung der Seitenzahlen.
- Schreibe eine Einleitung, in der du auch begründest, warum du dich gerade für dieses Thema entschieden hast.
- Verfasse einen Schluss, in dem du deine wichtigsten Gedankengänge noch einmal zusammenfasst.
- Gib im Text oder mit Fußnoten an, auf welche Materialien (Quellen) du dich beziehst.
- Nenne alle verwendeten Materialien im Literaturverzeichnis: z. B. *http://www.bundesregierung.de, zuletzt aufgerufen am xx.yy.zzzz* oder *Mrusek, Konrad, Frankfurter Allgemeine Zeitung vom 3.7.2006, Nr. 151, S. 15.*

AUFGABEN

Fertige eine politische Dokumentation an.
Du kannst aus folgenden Themen auswählen:
a) „Reicht die gesetzliche Rente zukünftig noch aus?"
b) „Zu alt, zu teurer: Wie stabil ist das gesetzliche Krankenversicherungssystem?"
c) „Zuwanderung zur Rettung des Sozialstaats?"
d) „Alltag im Jahre 2050 in meiner Region – Herausforderung für alle."
e) Oder aber du suchst dir eine eigene Fragestellung…

M4 Alt in Amerika: 70-Jährige stehen bei McDonalds noch am Hamburgergrill

Amerikas Rentner müssen um ihre Zukunft bangen. Die Kassen des sogenannten Sozialversicherungsfonds, der gesetzlichen Rentenversicherung, sind so gut wie leer. Immer häufiger arbeiten Menschen weit über das 65. Lebensjahr hinaus, um Miete und Nebenkosten wie etwa die Stromrechnung bezahlen zu können. Die derzeitige Wirtschaftskrise [2009], die schlimmste seit 80 Jahren, trifft ältere Amerikaner besonders hart. Zwar erhalten rund 37 Millionen Rentner jeden Monat Schecks vom Staat. Doch in der Regel handelt es sich um ein paar hundert bis maximal 1.000 Dollar (ca. 715 Euro). Schließlich zielt diese unter Präsident Roosevelt eingeführte Rentenversicherung nicht darauf ab, Senioren vollständig zu versorgen. Sie sollte vielmehr eine Aufstockung der privaten Altersvorsorge sein. Da aber in Folge der Finanzkrise und der drastischen Einbrüche Aktien einen großen Teil ihres Werts verloren haben, müssen sich Rentner in zunehmendem Maße auf Jobsuche begeben. Laut einer Regierungsstatistik gingen im Jahre 2008 etwa 5 Millionen Rentner einer beruflichen Tätigkeit nach. Der jüngste Bericht des Senats zu diesem Thema sagt gar voraus, dass diese Zahl in den kommenden fünf Jahren um nahezu 75 Prozent steigen wird – das wären dann gut 8 Millionen arbeitende Rentner. Der 71-Jährige Immobilienmakler Jim Kelly spricht vielen Altersgenossen aus der Seele: „Lieber arbeite ich bis zum 75. oder 80. Lebensjahr und habe dann finanziell Sicherheit, anstatt mit 65 Jahren aufzuhören und nicht zu wissen, wie ich eigentlich meine Rechnungen zahlen soll."

Diese Fabrikarbeiterin in Wisconsin ist 93 Jahre alt und arbeitet seit über 55 Jahren in dem Unternehmen. Im Zuge der Finanzkrise seit 2007 verloren viele Amerikaner Vermögen, das sie privat für ihre Altersvorsorge angelegt hatten.

Nach: Dieter Keller, 70-Jährige stehen bei McDonalds noch am Hamburgergrill, SÜDWEST PRESSE, 21.7.09, S. 4

AUFGABEN

1. Beschreibe die Situation älterer Bürger in Amerika. (M4)

2. Erkläre, welche Absicht hinter der von Roosevelt (amerik. Präsident von 1933-1945) eingeführten Rentenversicherung steht.

3. a) Nimm Stellung zu der Meinung von Jim Kelly. (M4)
   b) Diskutiere mit einem Partner, ob eine solche Einstellung bei deutschen Rentnern dem deutschen Sozialstaat helfen oder ihn in Frage stellen würde.

4. a) Vergleiche die Aussagen zur finanziellen Situation der Senioren in Deutschland und in Amerika vor dem Hintergrund von M4.
   b) Arbeitet in Gruppen. Entwerft eine Karikatur zur Situation der Senioren in Deutschland und Amerika. Wenn ihr möchtet, könnt ihr euch dabei an der Karikatur M1 orientieren.

M5 Gesundheitsreform: Privat oder gesetzlich krankenversichert – oder besser beides?

Dass eine Absicherung für den Krankheitsfall extrem wichtig ist, merkt man spätestens dann, wenn man krank wird und keine hat. Zwar waren bisher die meisten Einwohner in Deutschland über eine Krankenversicherung abgesichert, aber die Zahl derer, die ohne jegliche Absicherung im Krankheitsfall waren, war immer noch zu groß. Ihnen konnte es bisher jederzeit so gehen, dass sie bei Krankheit nicht wussten, wie sie die notwendigen Behandlungskosten bezahlen sollten. Damit dies in Zukunft anders wird, sind seit dem 1. Januar 2009 alle Bundesbürger per Gesetz verpflichtet, eine Krankenversicherung abzuschließen. Die gesetzlichen Krankenversicherungen jedoch zahlen aufgrund ständig steigender Kosten immer weniger. Dies führt zu hohen Eigenbeteiligungen an Behandlungskosten oder Medikamentenzuzahlungen. Bürgerinnen und Bürger können zusätzlich eine private Krankenzusatzversicherung abschließen und – je nach Tarifwahl – die Kosten z. T. vollständig abfedern.

AUFGABE
1. Erkläre, weshalb seit Januar 2009 in der Bundesrepublik jeder verpflichtet ist, eine Krankenversicherung abzuschließen. (M5)

M6 Zuwanderung als Rettung des Sozialstaats?

Wir werden den demografischen Wandel in Deutschland und die damit verbundene Änderung der Altersstruktur durch Zuwanderung nie ausgleichen können. Das ist vollkommen unmöglich. Dann müssten wir Millionen pro Jahr ins Land holen. Wir können die demografischen Folgeeffekte für die Sozialsysteme nur etwas abfedern, mit 150.000 bis 200.000 Zuwanderern im Jahr – sofern es sich um Leute handelt, die von sozialversicherungspflichtiger Arbeit leben und nicht von Sozialleistungen oder Schwarzarbeit.
Doch tatsächlich sind die Einwanderungszahlen im Vergleich zu den Auswanderungszahlen nahezu ausgeglichen, wir haben nur noch ein Plus von 20.000 bis 30.000. Wir müssen uns jetzt auf das konzentrieren, was wir an Zuwanderung am Arbeitsmarkt am dringendsten brauchen. Außerdem müssen wir die Weiterbildung am Arbeitsmarkt fördern. Jahrzehntelang haben wir der Bevölkerung mit Migrationshintergrund zureichende Bildungschancen verwehrt. Dabei haben wir zahllose Talente im Land, die sich wegen Sprachproblemen und der frühen Auslese im Schulsystem nicht entfalten konnten.

Der Historiker und Migrationsforscher Klaus Bade im Interview mit Stefan von Borstel, vom 27.6.07, auf: www.welt.de

M7 Die Chancen des Wandels nutzen

Auszug aus einer Rede des ehemaligen Bundespräsidenten Horst Köhler:

Ich kann mich noch gut an meinen ersten Satz zum Auftakt des Forums Demografischer Wandel vor rund viereinhalb Jahren erinnern. Damals habe ich gesagt: „Das Thema unserer Konferenz ist im Grunde: die Zukunft." Meine Schlussrede kann ich – im Grunde – mit dem gleichen Satz beginnen. […] Ich bin überzeugt: Wer einmal die „demografische Brille" aufhatte, der erkennt, wie sehr alles mit allem zusammenhängt: Sozialpolitik und Bildungswesen, Stadtentwicklung und Familienpolitik, Engagementförderung und Integration. Und der begreift, wie wichtig es ist, vernetzt zu denken und zu handeln. […]

Seit beim Mikrozensus[1] nicht mehr nur nach dem Pass, sondern auch nach der Herkunft der Eltern gefragt wird (der inzwischen berühmte „Migrationshintergrund"), sind die Tatsachen klarer: Jeder fünfte Einwohner unseres Landes wurde nicht in Deutschland geboren oder stammt aus einer Familie, in der mindestens ein Elternteil aus dem Ausland hierher gekommen ist. Tatsache ist auch: Wir sind (seit Langem) ein Land, in dem aus den unterschiedlichsten Gründen Menschen aus anderen Ländern leben. Das ist schön und spricht für unser Land. Weniger positiv ist, dass viele von ihnen aus den unterschiedlichsten Gründen nicht heimisch geworden sind. […] Aber wir brauchen das Gefühl: Unser Land besteht nicht aus „uns" und „denen" – egal, wer gerade mit „uns" und „denen" gemeint ist. Unsere gemeinsame Zukunft ist wichtiger als Unterschiede bei der Herkunft.

[1] *Der Mikrozensus ist die amtliche Statistik über die Bevölkerung und den Arbeitsmarkt in Deutschland.*

Bulletin der Bundesregierung Nr. 44-1 vom 2. April 2009

Kulturelle Vielfalt in Deutschland: Klingelschilder in Düsseldorf und türkische Geschäfte in Köln.

AUFGABEN

1. Erläutere, ob nach Ansicht des Experten von M6 Zuwanderung eine mögliche Maßnahme zur Rettung des deutschen Sozialstaats darstellt.

2. Begründe, weshalb du Klaus Bade zustimmen kannst bzw. weshalb du ihm widersprechen möchtest. (M6)

3. Erkläre, was Köhler meint, wenn er über das Forum Demografischer Wandel sagt: „Das Thema unserer Konferenz ist im Grunde: die Zukunft." (M7)

4. Laut Mikrozensus 2006 wurde jeder Fünfte Einwohner nicht in Deutschland geboren. Recherchiert für eure Region, wie sich die Bevölkerung dort zusammensetzt. Die notwendigen Informationen hierfür findet ihr in der Regel über die Homepage eures Bürgermeisteramtes oder auf www.wegweiser-kommune.de (z. B. → Themen und Konzepte → Integration → Kommunale Daten…).

5. Erarbeitet ein Programm, damit sich Kinder und Jugendliche, egal woher sie kommen, in eurer Region wohl fühlen können. Überlegt auch, wie ihr selber aktiv werden könntet.

Sozialstaat Deutschland

M8 Integrieren – aber wie?

Integration kann nicht staatlich „verordnet" werden, sondern ist häufig ein langwieriger Prozess, der sich über mehrere Generationen erstreckt. Nicht nur die Einwanderer, sondern auch die aufnehmende Bevölkerung steht dabei vor großen Herausforderungen: Sie muss bereit sein, Einwanderer integrieren zu wollen. Dabei kommt es häufig zu Problemen und Konflikten, die nur dann gelöst werden können, wenn eine tolerante und integrationsfreundliche Atmosphäre herrscht.

Die Rahmenbedingungen hierfür muss die Politik liefern. So wird in Deutschland nach dem Status von Einwanderern (z. B. Asylsuchende, Menschen mit Aufenthaltsgenehmigung etc.) unterschieden. Davon hängt dann ab, ob jemand in Deutschland bleiben darf oder wieder ausgewiesen wird. Umstritten bleibt, was genau Integration heißt. Wie weit sollen oder müssen sich Zuwanderer in die deutsche Gesellschaft eingliedern? Sollen sie die deutsche Kultur nicht nur akzeptieren, sondern sich an sie anpassen, also sich letztlich assimilieren? Oder reicht es, wenn sie Deutsch lernen und die Verfassung und die Gesetze beachten?

AUFGABEN

1. Beende den Satz „Integration bedeutet ...".

2. Arbeitet aus M8 Gründe heraus, weshalb Integration häufig misslingt. Ergänzt eigene Überlegungen.

3. Sammelt zu den von euch genannten Gründen von misslungener Integration Lösungsvorschläge.

4. a) Erläutere, welches Wunschbild eines Zuwanderers in M9 gezeichnet wird.
b) In der Karikatur werden Kriterien angedeutet, die eine Genehmigung der Zuwanderung scheinbar erleichtern. Erläutere vor dem Hintergrund des demografischen Wandels ausführlich, ob diese Kriterien sinnvoll sind.

5. Wie weit müssen sich Zuwanderer an die deutsche Kultur anpassen? Diskutiert die Frage anhand von M9.

M9 Wer soll kommen und wer darf bleiben?

Thomas Plaßmann / Baaske Cartoons

M10 Von der Aufenthaltserlaubnis bis hin zur Staatsbürgerschaft

Die Aufenthaltserlaubnis ist Voraussetzung, um jemals deutscher Staatsbürger werden zu können. Der Weg dahin allerdings ist weit: Man muss bereits acht Jahre in Deutschland gelebt haben und sich durch Arbeit mit genügend Geld zum Leben versorgen können. Außerdem darf man nie mit dem Gesetz in Konflikt gekommen sein. Dass man der deutschen Sprache mächtig ist und die Demokratie in Deutschland anerkennt, wird auch vorausgesetzt.

Seit dem 1. September 08 gibt es in Deutschland den Einbürgerungstest. Er besteht aus einem Fragebogen mit 33 Fragen. Bei jeder Frage muss man aus vier möglichen Antworten die richtige Antwort auswählen. Man hat genau eine Stunde Zeit. Wenn mindestens 17 von 33 Fragen richtig beantwortet worden sind, hat man den Test bestanden. Dann erst kann man die deutsche Staatsbürgerschaft beantragen.

M11 Würdest du eingebürgert werden?

Auszug aus dem Einbürgerungstest des Bundesamtes für Migration und Flüchtlinge

1. Eine Partei im deutschen Bundestag will die Pressefreiheit abschaffen. Ist das möglich?
   - Ja, aber dazu müssen zwei Drittel der Abgeordneten im Bundestag dafür sein.
   - Nein, denn die Pressefreiheit ist ein Grundrecht. Es kann nicht abgeschafft werden.
   - Ja, wenn mehr als die Hälfte der Abgeordneten im Bundestag dafür sind.
   - Nein, denn nur der Bundesrat kann die Pressefreiheit abschaffen.

2. Deutschland ist ein Rechtsstaat. Was ist damit gemeint?
   - Alle Einwohner / Einwohnerinnen und der Staat müssen sich an die Gesetze halten.
   - Der Staat muss sich nicht an die Gesetze halten.
   - Nur Deutsche müssen die Gesetze befolgen.
   - Die Gerichte machen die Gesetze.

3. Wie heißt die deutsche Verfassung?
   - Volksgesetz
   - Bundesgesetz
   - Deutsches Gesetz
   - Grundgesetz

4. Was steht nicht im Grundgesetz von Deutschland?
   - Die Würde des Menschen ist unantastbar.
   - Alle sollen gleich viel Geld haben.
   - Jeder Mensch darf seine Meinung sagen.
   - Alle sind vor dem Gesetz gleich.

5. Wer beschließt in Deutschland ein neues Gesetz?
   - die Regierung
   - das Parlament
   - die Gerichte
   - die Polizei

6. In Deutschland können Eltern bis zum 14. Lebensjahr ihres Kindes entscheiden, ob es in der Schule am …
   - Geschichtsunterricht teilnimmt.
   - Religionsunterricht teilnimmt.
   - Politikunterricht teilnimmt.
   - Sprachunterricht teilnimmt.

AUFGABEN

1. Arbeite aus M10 Bedingungen heraus, die Voraussetzung für eine deutsche Staatsbürgerschaft sind.

2. Beantworte die Fragen in M11.

3. Führt den ganzen Einbürgerungstest durch. Einen (auch interaktiven) Mustertest findest du auf dem Integrationsportal des Bundesamtes für Migration und Flüchtlinge (BAMF): www.integration-in-deutschland.de (z. B. in die Suchmaske „Einbürgerungstest" eingeben)
   a) Sammelt Argumente für bzw. gegen einen Einbürgerungstest. Berücksichtigt dabei, ob sich der Test wohl positiv oder negativ auf die nötige Zuwanderung und die gelungene Integration auswirkt.
   b) Führt eine Debatte durch zum Thema: Braucht Deutschland einen Einbürgerungstest?

Sozialstaat Deutschland

Grund-
wissen

Gesellschaft im Wandel – Herausforderung für den Sozialstaat?

Deutschland ist eine Gesellschaft im Wandel, die Gesellschaftsstruktur verändert sich rasant. Pessimisten sprechen vom „Greisenland Deutschland". Für unser Sozialversicherungssystem bedeutet das u. a. steigende Kosten im Gesundheitswesen durch einen höheren Anteil von Älteren im Verhältnis zu den Jüngeren sowie mehr Ausgaben und weniger Einnahmen in unserem umlagefinanzierten Rentensystem.

Sozialstaat Deutschland – ein Auslaufmodell?

Aus Artikel 20 GG lässt sich eine Verpflichtung des deutschen Staates ableiten, seine Bürger vor den Wechselfällen des Lebens zu schützen und ein Existenzminimum auch für diejenigen zu gewährleisten, die es aus eigener Kraft nicht (mehr) tun können. Dadurch ist ein gewisses Maß an sozialer Absicherung gewährleistet. Von einem Auslaufmodell des deutschen Sozialstaats kann also nicht die Rede sein.
Allerdings ist der Sozialstaat reformbedürftig. Die Bürger müssen sich als Ergänzung zu den gesetzlichen Sozialversicherungen zusätzlich privat absichern, z. B. durch eine private Rentenzusatzversicherung. Auch dann bleibt es eine schwierige Aufgabe für die Politik, Lösungswege aus der Finanznot der Sozialversicherungskassen zu finden, damit der deutsche Sozialstaat seine grundlegenden Aufgaben auch zukünftig erfüllen kann.

Zuwanderung zur Rettung der sozialen Sicherungssysteme?

Der Bedarf an Arbeitskräften kann in Deutschland mittelfristig nicht mehr nur von Deutschen gedeckt werden, dies macht Zuwanderung nötig. Zudem wird Zuwanderung als eine Möglichkeit diskutiert, der demografischen Entwicklung und allen Folgeproblemen (z. B. dem umlagefinanzierten – also von einer Generation für die nächste finanzierten – Rentensystem) entgegenzuwirken. Zuwanderung allein kann den Rückgang der Bevölkerungszahlen nicht verhindern, aber die Zuwanderer könnten mit dafür sorgen, dass dem Arbeitsmarkt qualifizierte Erwerbstätige zur Verfügung stehen. Allerdings bringen sie nicht immer eine geeignete Qualifikation mit, um tatsächlich die Lücken im Arbeitsmarkt zu schließen. Deshalb wird eine gezielte Einwanderungs- und Integrationspolitik gefordert. Die Kriterien, nach welchen Zuwanderung möglich sein soll, sind ebenso umstritten wie die Kriterien, nach welchen die deutsche Staatsbürgerschaft verliehen werden soll.

5.5 Moderne Sozialpolitik in Deutschland

M1 Zwei Männer unterhalten sich über das Leben

Der eine sagt:
„Jeder ist seines Glückes Schmied. Wer sich heute wirklich anstrengt, der kann es auch zu etwas bringen."

Der andere sagt:
„Tatsächlich ist es so, dass die einen oben sind, und die anderen sind unten und kommen bei den heutigen Verhältnissen auch nicht hoch, so sehr sie sich auch anstrengen."

Was würden Sie persönlich sagen – Wer von den beiden hat eher Recht – der erste oder der zweite?

Allensbacher Jahrbuch VIII, 1983

M2 ...ist das Gerechtigkeit?

„Zum Ziele einer gerechten Auslese lautet die Prüfungsaufgabe für Sie alle gleich: Klettern Sie auf den Baum!"

Hans Traxler

AUFGABEN

1. a) Führt ein Meinungsbarometer durch. Dazu markiert ihr zwei Punkte in eurem Klassenzimmer:
Position 1:
Wer sich anstrengt, kann es zu etwas bringen.
↕
Position 2:
So viel man sich auch anstrengt, wenn man unten ist, bleibt man auch unten.
b) Wie beurteilt ihr selber diese Positionen? Stellt euch entsprechend zwischen diesen beiden Positionen auf. (Wer der Meinung ist, Position 1 trifft zu, stellt sich dort hin, wer sich nicht genau entscheiden kann, steht in der Mitte usw.
c) Begründet dann eure Positionen.
d) Haltet anschließend das Ergebnisse dieses Meinungsbarometers schriftlich im Heft fest, damit ihr es in den nachfolgenden Stunden immer wieder überprüfen könnt.

2. a) Beschreibt die Karikatur. (M2)
b) Formuliert die Aussage der Karikatur.
c) Nehmt Stellung zur Aussage der Karikatur.

Kompetenz: Handeln

In einer Simulation Gerechtigkeit erfahrbar machen

Viele Bürgerinnen und Bürger erwarten von dem Staat, in dem sie leben, dass er gerecht mit ihnen umgehen möge. Doch gibt es überhaupt DIE Gerechtigkeit? Die folgende Simulation kann helfen, einer Begriffsdefinition näher zu kommen.

M3 In einer Umfrage

Zum 60. Jahrestag der Bundesrepublik 2009 bewertet die große Mehrheit Deutschland äußerst positiv. [...] Das belegt eine [...] Studie der Konrad-Adenauer-Stiftung. Dazu wurden Menschen aus den alten und neuen Bundesländern befragt, mit welchen Gefühlen sie auf die Geschichte der Bundesrepublik blicken, was sie an ihrem Land schätzen und was sie vom Staat erwarten. Die Bilanz ist durchweg positiv [...].

Auf die Frage nach sozialer Gerechtigkeit, scheiden sich allerdings die Geister. Zwar empfinden 92 Prozent die Bundesrepublik als einen sozialen Staat, jedoch geben mit 73 Prozent deutlich weniger an, dass es tatsächlich sozial gerecht zugehe. [...] Im Vergleich zur letzten Umfrage im Jahr 2005 ist besonders das Bedürfnis nach umfassender sozialer Sicherheit durch den Staat in Ost (+24 Punkte) und West (+27 Punkte) fast gleichermaßen stark angewachsen. [...]

Daniel Schlicht, Deutsche sind stolz auf ihr Land, vom 8.5.09 auf: www.zeit.de

AUFGABE

Arbeitet aus M3 heraus, wie die Bundesbürger die gegenwärtige Situation in unserer Gesellschaft im Hinblick auf soziale Gerechtigkeit beurteilen.

Leitfaden – Durchführung der Simulation

Simulation vorbereiten
(mindestens 1 Tag vorher):
- Ihr benötigt 10 EURO in möglichst kleinen Münzen.
- Außerdem benötigt ihr bei 30 Schülerinnen und Schülern insgesamt: 8 einzelne Tennissocken, 6 dünne (Damen-)Socken, 8 einzelne Fingerhandschuhe, 2 gepolsterte Handschuh-Topflappen, 4 Fausthandschuhe. Achtung: Ihr benötigt genau 2 Utensilien weniger als ihr Schüler in der Klasse seid, bei 30 Schülerinnen und Schülern also genau 28!
- Weiterhin benötigt ihr eine Leinentasche, Tüte o.ä., in der ihr eure Utensilien so verstauen könnt, dass sie von außen nicht zu sehen sind.

Tipp: Bittet euren Lehrer/eure Lehrerin, Spielleiter/-in zu sein.
- Nun setzt ihr euch in einen Stuhlkreis. Achtet darauf, dass das Kreisinnere so groß ist, dass sich 30 Personen gut darin bewegen können.
- Jetzt verteilt der Spielleiter eine Utensilie pro Person, wobei zwei Schülerinnen und Schüler leer ausgehen.
- Zieht die Socken, Handschuhe, Topflappen über eine eurer Hände. Anschließend verteilt der Spielleiter die Münzen willkürlich auf dem Fußboden im Inneren des Stuhlkreises; die Spieler bleiben auf ihren Stühlen sitzen.

Simulation durchführen
(ca. 20 Minuten):
- Ihr dürft nur mit der „bekleideten" Hand spielen.
- Der Spielleiter gibt das Zeichen zum Start: „Für alle lautet die Aufgabe gleich: Sammelt so viele Münzen wie möglich!" Reden ist nicht erlaubt.
- Wenn alle Münzen vom Fußboden aufgesammelt sind, setzt ihr euch wieder auf euren Platz.
- Der Spielleiter wird euch dann auffordern, eure Münzen zu zählen.

Variante: Ihr könnt die Simulation auch ausweiten, indem ihr vor der Auswertung eine weitere Runde spielt. Der Spielleiter gibt euch z. B. 3 Minuten Zeit, in denen ihr nun mit den anderen Teilnehmern in Verhandlung treten dürft, um euer u. U. unbefriedigendes Ergebnis zu maximieren – falls ihr auf großzügige Teilnehmer stoßt.

Simulation auswerten
(ca. 20 Minuten):
- Zählt nun eure Münzen.
- Gibt es große Unterschiede? Weshalb?
- Nennt Gründe, weshalb der eine mehr, der andere weniger Münzen aufsammeln konnte.
- Tauscht euch darüber aus, wie ihr euch während der Simulation gefühlt habt.
- Hat gegebenenfalls die anschließende Verhandlungsrunde euer Ergebnis verbessert? Wie seid Ihr an die Verhandlungen herangegangen?

Kompetenz: Handeln

AUFGABEN

1. Führt die Simulation in eurer Klasse durch.
2. Vergleicht eure Situation während der Simulation mit der Situation der „Prüflinge" in der Karikatur M2.
3. a) Diskutiert mögliche Lösungen, um aus diesem Gerechtigkeitsdilemma herauszukommen.
   b) Überlegt auch, worin konkret die Aufgabe des Staates bestehen könnte. Notiert wesentliche Ergebnisse im Heft.
4. Formuliert gemeinsam eine Definition des Begriffs „(Soziale) Gerechtigkeit".

Sozialstaat Deutschland

M4 Gebot der Gerechtigkeit

„Es ist ein Gebot der Gerechtigkeit, allen die Chance zu geben, ihre Talente zu entwickeln und durch Leistung sozialen Aufstieg zu erreichen."

Der ehemalige Bundespräsident Horst Köhler (bis 2010) in Bonn bei einem Festakt zum 50-jährigen Bestehen der Friedrich-Naumann-Stiftung im Mai 2008

AUFGABEN

1. a) Formuliere in eigenen Worten, was der ehemalige Bundespräsident Köhler mit „Gebot der Gerechtigkeit" meint. (M4)
   b) Überlege, durch welche Maßnahmen Politiker dieses Gebot umsetzen können.

2. Sozialpolitik bedeutet auch Kinder- und Jugendpolitik. Nennt die Aufgabenfelder, mit denen sich das Bundesfamilienministerium auf seiner Internetseite vorstellt: www.bmfsfj.de → Kinder und Jugend.

3. a) Erkläre die Grafik M5.
   b) Notiere die wesentliche Aussage im Heft.

4. Stelle mögliche Konsequenzen aus dem dargestellten Zusammenhang zwischen Bildungsgrad und Herkunft dar. (M5)

5. Vergleicht eure Ergebnisse aus der Simulation zur sozialen Gerechtigkeit mit der Aussage von M5.

6. Erläutere, inwiefern die Ergebnisse der PISA-Studie 2007 (M6) die Aussage der Grafik (M5) belegen.

7. Überprüft eure Definition von „(Sozialer) Gerechtigkeit" (vgl. M3).

M5 Von wegen Chancengleichheit

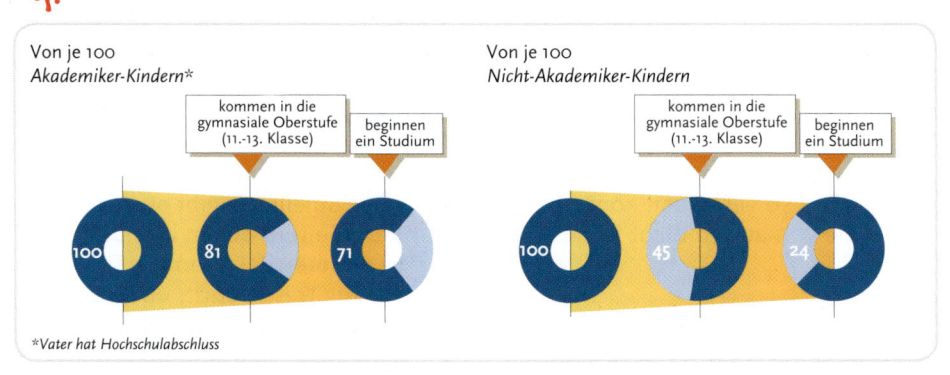

Von je 100 *Akademiker-Kindern**
100 — kommen in die gymnasiale Oberstufe (11.-13. Klasse): 81 — beginnen ein Studium: 71

Von je 100 *Nicht-Akademiker-Kindern*
100 — kommen in die gymnasiale Oberstufe (11.-13. Klasse): 45 — beginnen ein Studium: 24

*Vater hat Hochschulabschluss

Nach: dpa-Infografik 3497, Zahlen: Hochschulinformationssystem HIS (Stand: 2007)

M6 PISA-Studie 2007

Bestimmt besprecht ihr mit Freunden, wie die Klassenarbeiten gelaufen sind. Vielleicht vergleicht ihr auch eure Noten. Um einen Vergleich von Schülern geht es auch bei der PISA-Studie. Darin wird untersucht, was und wie viel 15-jährige Schüler in verschiedenen Ländern wissen. In insgesamt 57 Ländern haben zufällig ausgewählte Schüler deshalb einen Test gemacht. [...]

In der Studie von 2007 liegen die deutschen Schüler insgesamt auf Platz 13 von 57 Ländern. [...]

In den Fächern Mathematik und Lesen, die auch in den Jahren 2000 und 2003 getestet wurden, schnitten deutsche Schüler auch diesmal schlecht ab. Viele Experten meinen deshalb, dass es in deutschen Schulen noch viel zu verbessern gibt. Sie beklagen zum Beispiel, dass manche Schüler kaum Chancen haben, gute Ergebnisse zu erzielen. Die PISA-Studie zeigt, dass Kinder aus ärmeren Familien in der Schule oft Probleme haben. Zum Beispiel, weil sie nicht so viele Bücher haben oder kein Geld für Nachhilfestunden da ist. Auch Kinder, deren Familien aus einem anderen Land stammen, haben es oft in der Schule schwer. Wenn die Eltern wenig oder kein Deutsch sprechen, können sie ihren Kindern nicht so gut beim Lernen helfen.

Auf: www.tivi.de vom 21.10.08

M7 „Ich mach später mal Hartz IV"[1]

In Deutschland sind immer noch gut 900.000 Jugendliche zwischen 15 und 24 Jahren auf staatliche Hilfe in Form von Hartz IV angewiesen. Rechnet man die knapp 300.000 Jugendlichen dazu, die Arbeitslosengeld I beziehen oder bei Förderkursen mitmachen, sind sogar etwa 1,2 Millionen Jugendliche förder- oder hilfebedürftig. Demgegenüber haben etwa 3,4 Millionen Jugendliche unter 25 Jahren einen sozialversicherten Job. Damit kommt auf drei erwerbstätige Jugendliche mindestens einer, den die Arbeitsagenturen, Arbeitsgemeinschaften oder Kommunen innerhalb des Systems der Grundsicherung betreuen. Dies geht aus einer Studie des Deutschen Gewerkschaftsbundes (DGB) hervor. [...]

Das Risiko, eine Armutskarriere zu machen, ist besonders bei Jugendlichen ohne Schulabschluss groß. „Drei Viertel der arbeitslos gemeldeten Jugendlichen ohne Schulabschluss beziehen Hartz IV", heißt es in der Studie. DGB-Experte Adamy kommt deshalb zu dem Schluss, dass „die schlechten Bildungschancen ein entscheidendes Handicap vieler Jugendlicher beim Berufseinstieg sind".

[1] „Hartz IV" ist Teil eines Gesetzespakets (I-IV) und die umgangssprachliche Variante der nach dem Leiter der Kommission zur Gesetzesänderung benannten Gesetze. Das Hartz IV-Gesetz trat 2005 in Kraft.
Das Arbeitslosengeld II (kurz ALG II), die „Grundsicherung für Arbeitssuchende", wird fälschlicherweise häufig synonym mit dem Begriff Hartz IV verwendet. Es unterscheidet sich von dem vorherigen Model aus Arbeitslosengeld und Arbeitslosenhilfe im Wesentlichen dadurch, dass sich die Höhe der Leistung nicht mehr nach dem letzten Nettolohn bestimmt, sondern nach dem Bedarf des Leistungsempfängers. Die Regelleistung des Arbeitslosengeldes II ist damit deutlich niedriger und stellt eben nur noch eine Grundsicherung dar.
Das Arbeitslosengeld I, auch ALG I genannt, ist hingegen keine Sozialleistung, sondern ein sozialversicherungsrechtlicher Anspruch, der längstens für ein Jahr gewährt wird. Zuvor müssen Beiträge zur Arbeitslosenversicherung gezahlt worden sein.

Thomas Öchsner, In der Hartz IV Falle, Süddeutsche Zeitung vom 12.2.09

M8 Armut bedeutet, dass man...

	trifft zu	trifft nicht zu
1. ...kein Taschengeld bekommt.		
2. ...keinen eigenen Fernseher hat.		
3. ...nicht in den Urlaub fahren kann.		
4. ...keine warme Mahlzeit am Tag erhält.		
5. ...kein Geld für den Schulausflug hat.		
6. ...sich nicht die neuesten Markenklamotten kaufen kann.		
7. ...keinen Schulabschluss hat.		
8. ...		

Ins Heft

AUFGABEN

1. a) Arbeite aus M7 Gründe heraus, warum es sich lohnt durchzuhalten, bis man einen Schulabschluss hat.
b) Notiere Gründe, weshalb Kinder und Jugendliche dennoch die Schule schwänzen.
c) Beschreibe mögliche Folgen regelmäßigen Schuleschwänzens.

2. Entwerft zu zweit ein Rollenspiel und spielt es anschließend in der Klasse vor: Einer von euch möchte die Schule im nächsten Jahr „schmeißen", weil er über einen Aushilfsjob Geld verdienen will. Der andere ist völlig schockiert.

3. a) Überlege, was Armut deiner Meinung nach bedeutet. Übertrage dazu die Tabelle in dein Heft. (M8)
b) Kreuze an, was du für zutreffend hältst, und ergänze.
c) Diskutiert eure Ergebnisse in der Klasse.

4. a) Definiere in möglichst einem Satz den Begriff „Armut".
b) Vergleicht eure Definitionen in der Klasse.

M9 Am Rande der Gesellschaft

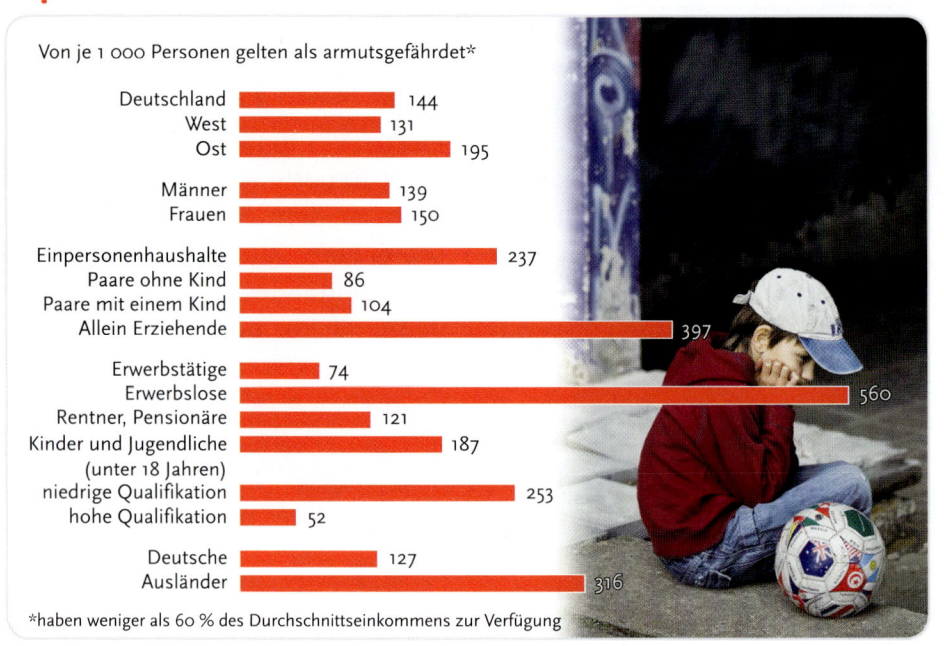

Von je 1 000 Personen gelten als armutsgefährdet*

- Deutschland: 144
- West: 131
- Ost: 195
- Männer: 139
- Frauen: 150
- Einpersonenhaushalte: 237
- Paare ohne Kind: 86
- Paare mit einem Kind: 104
- Allein Erziehende: 397
- Erwerbstätige: 74
- Erwerbslose: 560
- Rentner, Pensionäre: 121
- Kinder und Jugendliche (unter 18 Jahren): 187
- niedrige Qualifikation: 253
- hohe Qualifikation: 52
- Deutsche: 127
- Ausländer: 316

*haben weniger als 60 % des Durchschnittseinkommens zur Verfügung

AUFGABEN

1. Arbeite aus der Grafik M9 heraus, wer in Deutschland „am Rande der Gesellschaft" lebt.
2. Beschreibt in einem Tagebucheintrag einen typischen Tag von Yasmin oder von Florian. (M10)
3. Stelle vor dem Hintergrund von M10 die Merkmale von Kinderarmut in einem (Schau-)Bild dar.
4. Überlege, wie du Kindern wie den Zwillingen begegnen würdest. Nenne konkrete Möglichkeiten, wie du sie in Schule und Freizeit integrieren könntest. (M10)
5. Ein Politiker sagte am Rande einer Spendengala für Katastrophenopfer, er könne angesichts des Elends anderswo das Gejammer der angeblich Armen in Deutschland nicht mehr hören. Was möchtest du diesem Politiker sagen? Schreibe eine kritische Stellungnahme zu dieser Ansicht in dein Heft.

M10 …und du bist raus!

Heute war Yasmin nicht in der Schule. „Angina hat sie", sagt ihre Mutter. Der Teenie mit den langen blonden Haaren lümmelt sich auf dem Sofa. Ihr Zwillingsbruder Florian war auch nicht in der Schule, „Migräne", sagt er vom Sessel aus. Es ist drei Uhr am Nachmittag. […] Das Mittagessen ist ausgefallen.

Florian und Yasmin gehören zu den 17,3 Prozent offiziell armutsgefährdeten Kindern in Deutschland. Sie und ihre Mutter leben von Hartz IV, 1.109 Euro im Monat. […] 300 Euro bleiben zum Leben. Seit ein paar Wochen arbeitet Andrea Thiel vier Stunden für 1,50 Euro Stundenlohn bei BALL e. V. (Betreuung arbeitsloser Leute und Lebenshilfe), gefördert von der Agentur für Arbeit und der Stadt. Die paar Stunden bringen 120 Euro zusätzlich im Monat, immerhin. […]

Die Zwillinge besuchen seit acht Jahren regelmäßig das Kinder- und Jugendzentrum „Arche" in Berlin-Hellersdorf, „es ist wie eine Familie", sagt Florian. Hier gibt es Mittagessen, Erwachsene, die sich kümmern, Freunde, mit denen man spielen kann. „Keiner meiner Klassenkameraden geht in die Arche", sagt er. „Die haben immer überfüllte Brotboxen. Mit Obst und Süßigkeiten und so", er zuckt mit den Achseln. […]

Wenn die Thiels einkaufen, dann beim Discounter oder Läden, die „MäcGeiz" heißen. „Ich will nicht, dass die beiden Klassenkameraden mit nach Hause bringen", sagt Andrea Thiel. „Die sehen ja dann, dass hier alles kaputt ist."

Nach: Anne Haeming, Kinder am Rand, Das Parlament (Nr. 24-25), 9.6.08

M11 „Kinderreiche Familien dürfen nicht in die Armut rutschen"

Kinderarmut ist ein ernstes Thema. Wir sehen eine Zunahme zwischen 1995 und 2006. Das Grundmuster ist stets das gleiche: Armutsgefährdet sind Alleinerziehende, Kinderreiche und Migranten. [...] Familien mit kleinen Einkommen brauchen gezielte finanzielle Hilfen, zum Beispiel den Kinderzuschlag, zum Beispiel das Kindergeld. Und Alleinerziehende brauchen vor allem Kinderbetreuung, damit sie eine Stelle annehmen können. [...] Familien mit Kindern brauchen Chancen am Arbeitsmarkt. Sie haben es oft schwer, diese Chancen zu nutzen, weil Kinderbetreuung oder Ganztagsschulen fehlen.

Und wenn Familien größer sind, darf man gezielte Hilfen wie Kindergeld nicht vernachlässigen, um ein Abrutschen in Armut zu verhindern. Für alle Kinder gilt: Frühe Bildung bietet Schutz vor Armut in der nächsten Generation. [...]

Arme Migrantenfamilien stecken oft zweifach in der Falle. Den Eltern fehlt vergleichsweise oft die berufliche Qualifikation, weshalb sie schlechte Chancen auf dem Arbeitsmarkt haben. Und: In diesen Familien zählt Bildung wenig, weshalb die Kinder nicht früh in den Kindergarten kommen, wo sie eine Chance bekämen, dank früher Förderung der Armut zu entkommen.

Auszüge aus einem Interview mit der ehemaligen Bundesfamilienministerin Ursula van der Leyen, das Interview führte Felix Berth, in: Süddeutsche Zeitung, 26.5.08

M12 Erwartungen an Familienpolitik

die Vereinbarkeit von Familie und Beruf erleichtern	66%
junge Familien fördern	58%
die Betreuungszeiten an Schulen, Kindergärten usw. ausdehnen	57%
Problemfamilien durch den Staat besser überwachen und unterstützen, um zu verhindern, dass die Kinder verwahrlosen	55%
für den kostenlosen Besuch von Kindergärten sorgen	53%

IfD-Allensbach, Familienmonitor 2009

AUFGABEN

1. a) Arbeite aus M11 konkrete familienpolitische Maßnahmen zur Einschränkung der Kinderarmut heraus.
   b) Erläutere die Wirkung der genannten Maßnahmen. Recherchiere hierzu auf www.bmfsfj.de.
   c) Beurteile die Wirksamkeit der genannten Maßnahmen.

2. Beschreibe, weshalb arme Migrantenfamilien häufig zweifach „in der Falle stecken". (M11)

3. Beschreibe anhand der Erwartungen an Familienpolitik, wo die Bevölkerung die größten Probleme sieht. (M12)

4. Recherchiere im Internet die Bedingungen des Elterngeldes (z. B. unter www.bmfsfj.de).

5. Welche Aufgabe ist nach der Durcharbeitung dieses Kapitels die für dich zentrale sozialpolitische Zukunftsaufgabe, die die Politiker unbedingt lösen müssen? Notiere zuerst deine Frage im Heft und tauscht euch dann aus.

Sozialstaat Deutschland

Grund-
wissen

Gleiche Chancen für alle? Die Ausgangsbedingungen für jeden Einzelnen in unserer Gesellschaft sind verschieden. Wenn auch die Möglichkeiten, was man im Leben erreichen kann, unterschiedlich sind, spricht man von Chancenungleichheit. Das deutsche Grundgesetz verpflichtet für diesen Fall die Regierenden durch Artikel 20, sich auch um soziale Gerechtigkeit zu kümmern. Dies geschieht durch das Sozialversicherungssystem, die Familien- und Jugendpolitik, aber z. B. auch durch die Steuerpolitik, die für eine möglichst gerechte Einkommens- und Vermögensverteilung sorgen soll.

Der Faktor Herkunft Das Problem der Chancenungleichheit wird auch an folgenden Angaben deutlich: In Deutschland bleiben Kinder mit größerer Wahrscheinlichkeit in der Gesellschaftsschicht, in die sie hineingeboren wurden. Kinder und Jugendliche aus sozial benachteiligten Familien oder mit Migrationshintergrund sind demnach besonders gefährdet, ohne Schulabschluss oder Berufsausbildung zu bleiben. Studien scheinen diese Behauptung zu bestätigen: Kinder aus Familien mit Migrationshintergrund haben deutlich seltener einen höheren Bildungsabschluss.

Armut trotz moderner Sozialpolitik? Als absolut arm gilt laut den Vereinten Nationen (UNO), wer weniger als 1,25 Dollar pro Tag zur Verfügung hat. In Deutschland kommt diese absolute Armut nicht vor. Bei uns spricht man von relativer Armut, da die Armut des Einzelnen in Relation gesetzt wird zum durchschnittlichen Einkommen der anderen Gesellschaftsmitglieder.
Folgt man dem dritten Armutsbericht der Bundesregierung von 2008, besteht für 13% der Bevölkerung ein erhöhtes Armutsrisiko, weitere 13% sind bereits (relativ) arm.
Erschreckend ist die Tatsache, dass die Zahl derjenigen größer geworden ist, die arbeiten, aber aufgrund geringer Löhne trotzdem von Armut bedroht sind. Für betroffene Kinder bedeutet das neben materieller häufig auch soziale und kulturelle Armut: Sie können nicht am „normalen" gesellschaftlichen Leben teilnehmen, sie haben kein Geld für Klassenfahrten, Kino oder Sportverein.
Hier wird die Wirkung des Sozialstaats spürbar: Laut Armutsbericht hätten wir in Deutschland ohne staatliche Leistungen wie Arbeitslosengeld II (Hartz IV-Gesetz von 2005), Wohn- oder Kindergeld statt 13% sogar 26% Arme.
Bei den Maßnahmen einer modernen Sozialpolitik geht es also nicht nur um die Frage des reinen Überlebens. Die relativ Armen haben auch ein Recht darauf, am gesellschaftlichen Leben teilnehmen zu können.

Leitfäden zu Methodenkompetenzen
Zusammenstellung aus politik.21, Band 1

Kompetenz: Methode

Diagramme und Schaubilder verstehen

1. Fragestellung/Thema bestimmen
Was ist das Thema des Diagramms/Schaubilds? Lies genau die Überschrift der Darstellung.

2. Darstellungsform bestimmen
Um welche Darstellungsform (Schaubild, welche Art von Diagramm) handelt es sich?
Diagramme sind gezeichnete Zahlenwerte. Es gibt verschiedene Arten von Diagrammen:
a) in **Balkendiagrammen** lassen sich verschiedene Zahlenwerte gut miteinander vergleichen,
b) durch **Kurvendiagramme** können zeitliche Entwicklungen gut dargestellt werden,
c) **Kreisdiagramme** lassen die jeweiligen Anteile an der Gesamtmenge gut erkennen.

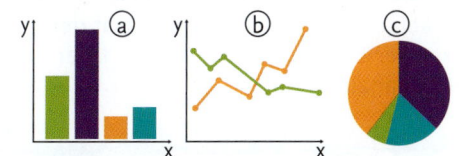

In **Schaubildern** sind die Zahlendiagramme mit grafischen Elementen und Bildern verbunden. Dadurch soll die Aussage der Zahlen deutlicher gemacht und veranschaulicht werden – damit sie sich besser und schneller einprägt.

3. Diagramm/Schaubild beschreiben
- In welcher Maßeinheit sind die Zahlenwerte angegeben? Handelt es sich um absolute Zahlen? Dann steht dort z.B. „in tausend" oder „in Millionen". Oder sind relative Zahlen dargestellt? Diese Angaben erfolgen in Prozent (%) oder „von 100" und geben den Anteil der betrachteten Gruppe an.
- Woher kommen die Zahlen, was ist als Quelle der Darstellung angegeben?
- Ist die Form der Darstellung korrekt? Passen die Abstände im Koordinatensystem, sind die Einheiten nicht gestreckt oder gestaucht, sondern vergleichbar?

4. Aussagen formulieren
- Welcher Zeitpunkt oder Zeitraum ist dargestellt?
- Was zeigen die Zahlen und Daten? Ist eine (zeitliche) Entwicklung zu erkennen?
- Gibt es Besonderheiten oder Auffälligkeiten? Können Höchst-, Tiefst- oder Durchschnittswerte abgelesen werden?
- Was ist die Gesamtaussage des Diagramms? Versuche diese in einem Satz zu formulieren.

5. Schaubild erklären
Wie ist die Aussage des Schaubilds/Diagramms in das Thema einzuordnen? Berücksichtige hierbei, was du schon alles zu dem Thema gelernt hast. Bestätigen sich deine Vorkenntnisse oder sind Widersprüche oder neue Aspekte zu erkennen?

175

Eine Expertenbefragung durchführen

1. Kontaktaufnahme
Wer ist als Experte geeignet? Stellt zusammen, wer persönliche Kontakte hat, und schreibt Anfragen an Organisationen, Parteien, Vereine etc.
Vereinbart Termin, Ort und Ablauf der Befragung.

2. Vorbereitung in der Klasse
Jeder Schüler formuliert im Vorfeld eine oder mehrere Fragen an den Experten. Diese werden zusammengetragen und sortiert.
Macht vorher aus, wer die Fragen an den Experten stellt.
Bereitet den Ablauf der Befragung vor: Wo und in welcher Sitzordnung wird die Befragung durchgeführt? Wie wird sie aufgezeichnet (per Video, Tonband oder Mitschrift)? ...

3. Durchführung / Gesprächsverlauf
Begrüßt zunächst euren Gesprächspartner, erläutert Ziele und Ablauf des Gesprächs und stellt die Gesprächsteilnehmer kurz vor.
Nach den eröffnenden Fragen („Wir interessieren uns für ...", „Können Sie uns sagen ...?") ist es wichtig, auch welche zum Überblick über das Thema (wer, wo, was, wann, wie, wie viel ...) und zu genaueren Informationen („Können Sie das noch weiter ausführen?") zu stellen.
Weitere Frageformen sind sogenannte offene Fragen („Warum / wie / wozu haben Sie das gemacht?"), Einschätzungen betreffende („Was halten Sie von ...", „Welche Erfahrungen haben Sie damit gemacht?") und Bewertungen („Wie beurteilen Sie ...?").
Denkt am Ende der Befragung daran, euch beim jeweiligen Gast für sein Kommen zu bedanken. Wenn es euch sehr gut gefallen hat, könnt ihr ein kleines Präsent überreichen oder einen Dankesbrief zukommen lassen.

4. Auswertung
Die Ergebnisse müssen zusammengefasst und bewertet werden. Hierbei helfen u. a. folgende Fragen:
Welche Informationen wurden gegeben? Gibt es neue Erkenntnisse?
Worüber wurde aus welchen Gründen nicht gesprochen?
Bleiben Informationslücken und können diese geschlossen werden?
Wie war der Aussagewert des Gesprächs, welche Interessen vertrat der Experte? Sind auch noch andere Interessen anzuhören?

Gesetzestexte lesen

- Lies den Gesetzestext insgesamt aufmerksam durch.
- Achte insbesondere auf den Namen des Gesetzes. Er soll anzeigen, für welchen Zusammenhang das Gesetz geschrieben wurde und gültig ist.
- Notiere anschließend die wichtigsten Begriffe auf einem Blatt. Man nennt sie „Schlüsselwörter". Sobald du diese Schlüsselwörter liest, erinnerst du dich später an die wichtigen Informationen des Textes.
- Notiere außerdem (am besten auf einer anderen Seite) die Begriffe, die du nicht sofort verstehst. Schlage diese Wörter in einem Lexikon nach und notiere deine Ergebnisse. Du kannst z. B. in einem Wörterbuch, das andere Begriffe mit der gleichen Bedeutung des Wortes auflistet, nachschlagen („Synonymwörterbuch") oder in einem speziellen Wörterbuch für Recht.
- Lies den Text noch einmal. Überprüfe deine Notizen und ergänze diese eventuell.
- Formuliere nun mithilfe deiner Notizen den Inhalt des Textes in eigenen Worten. So merkst du am besten, ob du den Wortlaut verstanden hast.

Eine Karikatur interpretieren

Karikaturen sind Zeichnungen, die ein Problem zugespitzt und übertrieben darstellen. Meist handelt es sich um ein politisches oder gesellschaftliches Problem, das vom Zeichner dadurch kritisch beleuchtet wird. Die Karikatur ist ein wichtiges Mittel zum Aufzeigen von Missständen in Politik und Gesellschaft.

Wie interpretiere ich eine Karikatur?

1. **Beschreibe** die Karikatur möglichst genau:
   Was ist zu erkennen? Personen, Orte, Symbole ...
   Was wird gesagt?   Ich sehe ...
   Was fällt auf? Was wird besonders übertrieben dargestellt?
   Oft erkennt man wichtige Details erst beim genauen Beschreiben.
2. **Deute** nun die Aussage der Karikatur:
   Um welches Thema geht es?   Ich denke ...
   Was bedeuten die Symbole?   Ich glaube ...
   Auf welches Problem möchte der Karikaturist hinweisen?   Ich frage ...
   Welche Meinung hat der Zeichner?
   Welche Fragen hast du noch an die Karikatur?
3. **Beurteile:** Teilst du die Sichtweise des Zeichners oder bist du
   anderer Meinung? Nimm begründet Stellung.   Ich finde ...
   Wie ist deine Meinung zu dem Thema?
   Wie ist deine Meinung zur Aussage des Karikaturisten?

Eine Mindmap erstellen

1. Verwende ein unliniertes Blatt DIN A4 (oder größer) und lege es quer. Beginne in der Mitte des Blattes und schreibe hier das Thema deiner Arbeit auf.
2. Schreibe nun Oberbegriffe in Großbuchstaben auf die Hauptäste, die direkt vom Kern abgehen. Mit diesen Oberbegriffen strukturierst du das Thema grundlegend, überlege hier also genau, welche Begriffe du wählst.
3. Ergänze nun Nebenarme mit einer zweiten (und evtl. dritten) Gedankenebene.
4. Nun erweitere deine Mindmap: Du kannst an jedem Arm Begriffe und Ideen ergänzen, gerade wo dir etwas einfällt.

Internetrecherche

Zielgerichtetes Vorgehen
- Stell dir zunächst eine detaillierte Liste für Suchbegriffe zusammen. Je enger und genauer du den oder die Begriffe formulierst, desto höher sind deine Erfolgschancen.
- Mithilfe von sogenannten Operatoren kannst du noch genauer suchen:
Schreibe ein +-Zeichen oder „und" zwischen zwei Begriffe, wenn alle Begriffe im Suchergebnis enthalten sein sollen. Setze mehrere Begriffe in Anführungszeichen, wenn du genau diese Formulierung oder den Namen suchst (z. B. „Eintracht Frankfurt" oder „freie Meinungsäußerung").
- Häufig genutzte allgemeine Suchmaschinen sind u. a. www.google.de und www.altavista.de
- Es gibt auch spezialisierte Suchmaschinen z. B. für Bilder, Definitionen (z. B. in Onlinelexika) oder Nachrichten (z. B. in Zeitungsarchiven). Diese findest du auch über die allgemeinen Suchmaschinen.

Fundstellen speichern
- Speichere alle interessanten Informationen bzw. Artikel, die du zu deinem Thema gefunden hast, als Download auf deiner Festplatte oder einem Speichermedium (z. B. USB-Stick) ab. Später kannst du diese Informationen noch einmal genau nachlesen und das für dich Wichtige auswählen.
- Notiere dir stets die gesamte Internetadresse und das Datum deiner Recherche, denn du musst den Fundort deiner Informationen später angeben. Am besten kopierst du den Link in eine Datei.

Vertrauenswürdigkeit prüfen
- Vergewissere dich, ob die Informationen zuverlässig und glaubwürdig sind. Da jedermann im Internet seine Meinung verbreiten kann, findet man hier auch viele Unwahrheiten. Deshalb ist es wichtig Informationen zu vergleichen und ihre Richtigkeit sicherzustellen. Vertrauenswürdige Seiten mit zuverlässigen Informationen sind z. B. die Internetseiten von Behörden und Institutionen, von Tageszeitungen und Nachrichtenagenturen, die überregional bekannt sind.

Zukunftsszenario 1

1. Untersuchungsgegenstand klären
Was genau wollt ihr untersuchen? Formuliert ein Thema.

2. Einflussfaktoren ausmachen und Situation beschreiben
Beschreibt, wie die jetzige Situation sich darstellt. Tragt in Gruppen zusammen, welche Faktoren Einfluss auf den Untersuchungsgegenstand haben.

3. Die Zukunft voraussagen
Nehmt euch die einzelnen Faktoren nacheinander vor und überlegt, wie sie sich in bestimmten Zeitspannen entwickeln werden – z. B. in 10, 20 und 50 Jahren. Welche Folgen hat das für den Untersuchungsgegenstand?

4. Die Zukunft darstellen
Präsentiert anschließend eure Ergebnisse möglichst abwechslungsreich: Entwerft Wandzeitungen, schreibt Nachrichtentexte oder Reiseberichte, übt Rollenspiele ein etc. Eurer Fantasie sind hier keine Grenzen gesetzt!

5. Die Zukunft gestalten
Entwickelt Maßnahmen, um die Probleme, die eure Szenarien deutlich gemacht haben, möglicherweise zu lösen. Die Liste könnt ihr als Plakat im Klassenzimmer oder in einem Schaukasten in der Schule präsentieren.

Nützliche Internetadressen

Grundlagen unserer Demokratie

www.politische-bildung.de
(Informationsportal der Bundeszentrale und der Landeszentralen für politische Bildung, gut sortierte Linkliste zu allen politischen Themen und Politikfeldern)
www.bpb.de
(Bundeszentrale für politische Bildung, zahlreiche Online-Publikationen, Politik-Lexikon)
www.bundesregierung.de
(Bundesregierung)
www.bundestag.de
(Bundestag)
www.mitmischen.de
(Das Jugendportal des Deutschen Bundestages)
www.bundeswahlleiter.de
(Informationen zu Wahlen und Wahlrecht des Statistischen Bundesamtes)
www.hessen.de
(Informationen zu vielen Aspekten Hessens wie Politik und Verwaltung, Events, Land und Leuten)

Jugend in der Gesellschaft

www.jugendkulturen.de
(Das Berliner Archiv der Jugendkulturen sammelt Zeugnisse aus Jugendkulturen, betreibt Jugendforschung und stellt die Ergebnisse (Bücher, Zeitschriften) z. T. auch online zur Verfügung.)
www.juleiqua.de
(Das institut juleiqua (Institut für Jugendleiter und Qualifikation) betreibt eine Website, auf der Projekte und Internetlinks vorgestellt und Jugendbetreuer vermittelt werden.)
http://blog.zeit.de/stoerungsmelder
(Weblog zum Erfahrungsaustausch über Rechtsextremismus)
www.mut-gegen-rechte-gewalt.de
(Internetportal gegen Rechtsextremismus mit Informationen, Debatten, Projekten und vielen Aktionen)

Medien

www.klicksafe.de
(Tipps und (Unterrichts-)Materialien zu den wichtigsten Jugendmedienschutz-Themen, Informationen zu den Chancen und Risiken der Internetnutzung)
www.mpfs.de
(Medienpädagogischer Forschungsverbund Südwest, zahlreiche Downloads und Materialien zu Medienkonsum von Kindern und Jugendlichen)
www.mediendaten.de
(Mediendaten Südwest; aktuelle Daten zur Mediennutzung und umfassendes Informationsangebot zum Thema Medien)
www.medienpaedagogik-online.de
(Seite der Bundeszentrale für politische Bildung zum Thema kritischer Umgang mit Medien)
www.reporter-ohne-grenzen.de
(Informationen und Aktionen der Menschenrechtsorganisation, die sich weltweit für Meinungs- und Pressefreiheit einsetzt)

Neue Arbeitswelten

www.arbeitsagentur.de
(Homepage der Bundesagentur für Arbeit mit regionalen Informationen, Kontakt zu Berufsinformationszentren, Fördermaßnahmen, weiterführenden Links...)
www.berufswahlheft.de
(Homepage des gleichnamigen Magazins mit der Regionalausgabe Rhein-Main, Artikel, Ausbildungsangebote, Musterbewerbung)
www.girlsday.de
(Informationsportal des Zukunftstags für Mädchen, der bei Frauen das Interesse an Berufen im Bereich Technik und Naturwissenschaften wecken soll)
www.iab.de
(Institut für Arbeitsmarkt- und Berufsforschung)
www.planet-beruf.de
(Informationsportal der Bundesagentur für Arbeit, speziell für Jugendliche und alles rund ums Thema Ausbildung, Berufswahl, Bewerbung...)

Deutschland sozial

http://basic.safety1st.de
(Das Schulportal für soziale Sicherung und private Vorsorge, mit Diskussionsforen, ausführlichem Fachlexikon, Schaubildern, Material...)
www.bmas.de
(Bundesministerium für Arbeit und Soziales mit Informationen zu Ausbildung, Arbeitsmarkt, Rente und sozialer Sicherung)
www.sozialpolitik.com
(Arbeitsgemeinschaft Jugend und Bildung e.V. im Auftrag des Bundesministeriums für Gesundheit und Soziale Sicherung; mit Informationen zum Sozialstaat speziell für Schüler)
www.wegweiser-kommune.de
(Informationssystem der Bertelsmannstiftung für Kommunen mit vielen Daten und Prognosen zu demografischem Wandel, sozialer Lage, Bildung u.a., mit interaktiven Grafiken und Karten)

Kleines Politiklexikon

Beruf
Tätigkeit, die ein Mensch in der Regel gegen Entgelt erbringt bzw. für die er ausgebildet, erzogen oder berufen ist. Im Allgemeinen dient die Ausübung eines Berufes der Sicherung des Lebensunterhaltes.

Bund (Bundesstaat)
Der Zusammenschluss mehrerer Staaten zu einem Gesamtstaat, zum Beispiel die Bundesrepublik Deutschland mit allen Bundesländern.

Bundeskanzler
Der Chef der Bundesregierung. Er (oder sie) bestimmt die Richtlinien der Politik und trägt die Verantwortung dafür.

Bundespräsident
Das Staatsoberhaupt der Bundesrepublik. Er repräsentiert Deutschland nach außen. Außerdem gehören zu seinen Aufgaben die Ernennung und Entlassung der höchsten Staatsbeamten und die Unterzeichnung der vom Bundestag verabschiedeten Gesetze.

Bundesrat
Über den Bundesrat wirken die Länder an der Gesetzgebung des Bundes mit. Er muss bei Gesetzen, die Länderinteressen berühren oder die Verfassung ändern, zustimmen, damit diese in Kraft treten können. Bei anderen Gesetzen kann er Einspruch erheben, der aber vom Bundestag überstimmt werden kann.

Bundestag
Name des deutschen Parlaments, s. dort

Bundesverfassungsgericht
Höchstes deutsches Gericht mit Sitz in Karlsruhe. Das Bundesverfassungsgericht (BVerfG) wacht darüber, dass alle deutschen Parlamente, Regierungen und Gerichte das Grundgesetz einhalten. Jeder Bürger kann eine Verfassungsbeschwerde beim Bundesverfassungsgericht einreichen.

Chancengleichheit
Nicht alle Mitglieder einer Gesellschaft haben die gleichen Startbedingungen ins Leben. Durch Unterstützung soll sichergestellt werden, dass dennoch alle theoretisch die gleichen Möglichkeiten haben, ihre Ziele zu erreichen, und nicht aufgrund von Herkunft, Einkommen o. Ä. benachteiligt bleiben.

Datenschutz
Bezeichnung für den Schutz von (v. a. personenbezogenen) Daten vor Missbrauch und geht zurück auf das Recht jedes Menschen auf informationelle Selbstbestimmung (Art. 2, Abs.1 GG). Die Bedeutung des Datenschutzes nimmt stark zu, da technisch die Datenverarbeitung, -erfassung, -speicherung... immer einfacher wird (siehe auch Informationstechnologie).

Demografischer Wandel
Bezeichnung dafür, wenn sich die Altersstruktur einer Bevölkerung, also die Zusammensetzung einer Gesellschaft von Alten und Jungen ändert. In Deutschland und vielen anderen entwickelten Ländern werden immer weniger Kinder geboren, sodass die Bevölkerung durchschnittlich älter wird.

Demokratie
Das Wort stammt aus dem Griechischen, bedeutet Herrschaft des Volkes und ist die Staatsform der Bundesrepublik Deutschland. Die Beteiligung aller Bürgerinnen und Bürger an allen Abstimmungen kann nur in sehr kleinen Staatsgesellschaften verwirklicht werden (direkte Demokratie). Wo dies nicht möglich ist, wählt das Volk Vertreter (Repräsentanten), die für das Volk handeln (repräsentative Demokratie).

Föderalismus
Gliederung eines Staates in Gliedstaaten (in der Bundesrepublik Deutschland die Bundesländer) mit eigener Verfassung, Regierung und Parlament. Bezeichnet auch das Bestreben, die Rechte der Gliedstaaten zu wahren.

Generationenvertrag
Bezeichnung für das Grundprinzip der gesetzlichen Rentenversicherung, nach dem der heute arbeitende Teil der Gesellschaft für die Rentenzahlungen an den nicht mehr arbeitenden Teil aufkommt.

Gentechnik
Methode zur direkten Veränderung von Erbinformationen. Der Begriff umfasst die Veränderung und Neuzusammensetzung von DNA-Einheiten im Reagenzglas, auch über Artgrenzen hinweg.

Gesellschaft
Eine Gesellschaft bezeichnet einen relativ dauerhaften Verbund von Gemeinschaften/Gruppen, die innerhalb einer politischen und wirtschaftlichen Ordnung leben und gemeinsame Normen und Werte teilen.

Globalisierung
Die wachsende Verflechtung der Weltwirtschaft, ermöglicht u. a. durch die Ausweitung der Kommunikationsmedien und enge Verkehrsverbindungen. Die Globalisierung bewirkt auch in einigen Bereichen eine Vereinheitlichung der Lebensstile.

Informationsgesellschaft
Bezeichnet eine Gesellschaft, in der die Bedeutung von Informationen sehr groß und die Fähigkeit, mit diesen umgehen zu können (finden, auswählen, kritisch bewerten...) sehr wichtig ist. Mit dem Begriff kann auch die Bedeutung der Informationstechnologie für wirtschaftliche Entwicklungen gemeint sein.

Informationstechnologie
Im Bereich der Informationsübermittlung entwickelt sich die Technik sehr schnell weiter. Dadurch ist dies ein interessantes und zukunftsträchtiges Berufsfeld. Die Entwicklung hat auch Einfluss auf viele andere Berufsbilder und löst zugleich Diskussionen über die Grenzen und die Schutzbedürftigkeit von Daten aus (siehe auch Datenschutz).

Kabinett
Der Kanzler, die Minister und politische Beamte (Staatssekretäre).

Koalition
Zusammenschluss zweier oder mehrerer Parteien, die gemeinsam eine Regierung bilden und Gesetzentwürfe ausarbeiten.

Kommerzialisierung
Beschreibt einen Prozess in dem wirtschaftliche Interessen an Bedeutung gewinnen. Bei den Medien setzte dieser mit der Zulassung der Privatsender ein. Diese müssen nicht mehr den Informationsauftrag der öffentlich-rechtlichen Sender erfüllen und können ihr Programm entsprechend frei gestalten und an Kundeninteressen orientieren.

Konstruktives Misstrauensvotum
Der Bundestag kann den Bundeskanzler nur durch die Wahl eines neuen Kanzlers (konstruktiv!) zum Rücktritt zwingen.

Massenmedien
Sammelbezeichnung für Presse, Rundfunk, Fernsehen und Internet. Allgemein Kommunikationsmittel, mit denen Informationen durch Schrift, Ton oder Bild einseitig an ein sehr breites Publikum übermittelt werden können.

Medien, Neue
Verfahren und Mittel (Medien), die mithilfe neuer Technologien neuartige Formen der Informationserfassung, Informationsspeicherung... ermöglichen. Früher wurden erst Radio, dann Fernsehen so bezeichnet, heute sind in der Regel elektronische, digitale und interaktive Medien gemeint.

Opposition
Alle Personen und Gruppen, die der Regierung im Parlament gegenüberstehen und sie kritisieren.

Parlament
Die Versammlung der vom Volk gewählten Abgeordneten. Das Parlament regt Gesetze an, bewilligt sie und kontrolliert die Regierung. In einer parlamentarischen Demokratie nimmt vor allem die Opposition die Kontrollfunktion wahr, da die Mehrheit im Parlament die Regierung trägt.

Parteien
Politische Gruppen, die über einen längeren Zeitraum Einfluss auf die politische Willensbildung nehmen. Sie sind bereit, in Parlamenten und Regierungen Verantwortung zu übernehmen.

Peergroup
Gruppe von gleichaltrigen, die sich durch innerlich und äußerlich abgestimmtes Verhalten auszeichnet.

Politikverdrossenheit
Negative Einstellung von Bürgern gegenüber Politik, die häufig eine mangelnde Beteiligung am politischen Prozess nach sich zieht (z.B. nicht wählen gehen). In Demokratien, die auf die Beteiligung der Bürger bauen, ein großes Problem.

Pressefreiheit
Garantie für die freie Berichterstattung und Veröffentlichung von Informationen und Meinungen. Sie ist im deutschen Grundgesetz festgeschrieben (Art. 5 GG) und gilt als Grundlage der Demokratie, da sich die Bürger nur mithilfe der Informationen an politischen Entscheidungen beteiligen können.

Rechtsextremismus
Politische Einstellung, die sich gegen die demokratische Ordnung des Staates stellt und gesellschaftliche Vielfalt ablehnt. Rassismus basiert auf Intoleranz und Vorurteilen (z.B. gegen Ausländer und Minderheiten), fördert autoritäres Verhalten und verherrlicht Macht und Gewalt.

Schlüsselqualifikationen
Qualifikationen für das Berufsleben, die nicht das Fachwissen betreffen, sondern den Umgang mit Fachwissen ermöglichen. Sie zielen z. B. auf den zwischenmenschlichen Umgang (Kommunikationsfähigkeit, Kooperationsfähigkeit...) oder die individuelle Haltung (Leistungsbereitschaft, Flexibilität...).

Solidarität
Prinzip der Zusammengehörigkeit, das gegenseitige Mitverantwortung und Mitverpflichtung festlegt. Es liegt beispielsweise dem deutschen Sozialversicherungssystem zugrunde.

Sozialstaat
Bezeichnung für einen Staat, der seinen Bürgern ein Existenzminimum sichert, wenn sie in Not geraten sind, und für einen gerechten Ausgleich zwischen Reichen und Bedürftigen sorgt. In Deutschland geschieht dies z. B. durch die Sozialversicherungspflicht und durch staatliche Unterstützung, wie die Sozialhilfe, Kindergeld oder Ausbildungs- und Arbeitsförderung.

Sozialversicherungssystem
Bezeichnung für die Gesamtheit gesetzlicher Pflichtversicherungen in Deutschland (Arbeitslosen-, Renten-, Kranken-, Pflege und Unfallversicherung). Die Sozialversicherung versichert den Einzelnen gegen Risiken für seine Existenz. Sie ist organisiert nach dem Solidarprinzip. Sozialversicherungspflichtig sind alle abhängig Beschäftigten. Die Versicherungsbeiträge teilen sich Arbeitgeber und Arbeitnehmer.

Strukturwandel
Veränderungen der wertmäßigen Beiträge der einzelnen Wirtschaftssektoren (Land- und Forstwirtschaft, verarbeitendes Gewerbe und Dienstleistungen) zur Wirtschaftsleistung eines Landes.
Der Anteil des Dienstleistungsbereichs nimmt dabei in Deutschland ständig zu. Beschleunigt und verstärkt wird der Strukturwandel durch neue Technologien sowie den zunehmenden internationalen Wettbewerb.

Teamarbeit
Die Bereitschaft und Fähigkeit, im Team arbeiten zu können, gilt als eine zentrale Qualifikation von Mitarbeitern und wird mittlerweile in vielen Berufen verlangt.

Wahlen
Stimmabgabe einer Wählerschaft, wodurch Personen in Ämter berufen werden. In Demokratien werden die wichtigsten Staatsämter durch Wahlen besetzt. Demokratische Wahlen müssen die Bedingungen allgemein, frei, gleich und geheim erfüllen.

Werbung
Werbung wird als Bekanntmachung von Gütern oder Dienstleistungen verstanden, mit der Absicht, beim Konsumenten eine Kaufhandlung auszulösen.

Register

Die zentrale Fundstelle eines Begriffs ist **fett** gedruckt.

Abgeordnete 21, **34** f., 36
Alterspyramide **144**, 147
Altersstruktur **144**, 147, 162
Altersvorsorge, private 149, **159**, 161
Äquivalenzprinzip **153**, 156
Arbeit **112** f., 116
Arbeitslosengeld I **153**, 171
Arbeitslosengeld II (ALG II, umgangssprachl. Hartz IV) **171**, 174
Arbeitslosenversicherung 151, **153**
Armut 159, **171** ff.
Aufenthaltserlaubnis 165
Ausbildung 94, 114, **118**
Außenhandel **135** f.
automatisierte Fertigung **115** f.

Berichterstattung, freie **86**, 92
Beruf **112** f., 116
Berufswahl **114** ff., 120 f.
Bevölkerung **143** ff.
Bildung **118**, 162 f., 170, 173
Biotechnik **129**
Bruttolohn 153, **156** f.
Bundeskanzler **32** f., 36
Bundesland **43**, 44
Bundespräsident **38**, 42
Bundesrat 38, **44** f.
Bundesregierung **33**, 38
Bundesstaat 46, **50**, 150
Bundestag 26 f., **34**, 38
Bundestagswahl 22 ff., **31**, 33
Bundesverfassungsgericht **39**, 41 f.
Bündnis 90/Die Grünen 17
Bürgerinitiative 19, **66**, 69

CDU (Christlich Demokratische Union Deutschlands) 17
Chancengleichheit **170**
Chancenungleichheit **174**
Clique 54, **57** f.
Computersucht **95** f., 103
CSU (Christlich Soziale Union) 17

Daten, private **128**
Datenmissbrauch **128**, 132
Datenschutz **128**
Demografie **144**
demografischer Wandel **145** f., 159, 162 f.
Demokratie **9** ff., **16**, 107, 110
– repräsentative **31**
Demonstration **69** f., 107
DIE LINKE 17
Dienstleistung **93**, 116
Dienstleistungsgesellschaft 116

Ehrenamt **63** f., 67
Einbürgerungstest **165**
Einschaltquote **86** f., 92
Engagement 63, **66** f.
– politisches **12** f., 68, 70
Erststimme **26** f., 31
Erwerbspersonen **113**
Erwerbstätige **113** f., 116, 166
Exekutive **32**, 36, 50
Exporte 135

Facebook **24**, 74, 128
Fachqualifikation **118**
Familienpolitik **173**
FDP (Freie Demokratische Partei) 17
Feedback **18**
Finanzierungsproblem 147, **155** f.
Finanzkrise **51**, 159, 161
Finanzmarkt, globaler **137**, 159
Flexibilität **124**
Fließbandarbeit **115**, 116
Föderalismus **44** ff., 49 f.
Fürsorgesystem **156**

Generationenvertrag **153**, 156, **158**
Gentechnik **129** f., 132
Gerechtigkeit 9, **167** f., 170
– soziale **168**, 174
Gesetzesinitiative **42**
Gesetzgebungsprozess **38**, 42

Register

Gesundheitsreform	**162**
Gewalt	75 f., 77, **98** ff., 103
Gewaltenverschränkung	34, **36**
global player	134 f., **140**
globaler Finanzmarkt	**137**
Globalisierung	133, 135, **137 f.**, 140
Grundgesetz	9, **33**, 86, 110, **150**
Gruppendruck	**59**

H
Handel, internationaler	**136**
Hartz IV, siehe: Arbeitslosengeld II	
Hessen	**46**, 49

I
Informationsflut	**95**
Informationsgesellschaft	83, **94**, 124
Informationstechnologie	**94**
Integration	**163** f.
Interessengruppen	**19**
internationaler Handel	**136**
Internet	24, **82** ff., 85, 98

J
Job	**113**
Judikative	**50**
Jugendkultur	**56**, 60

K
Kabinett	**32**, 36
Kanzlerdemokratie	**36**
Karriere	**122**
Killerspiele	**100** f., 103
Kinderarmut	**172** ff.
Kinderwahlrecht	**28**
Kommerzialisierung	83, **88**
Kommunikation	58, 82, **93** f.
Kommunikationswege	**140**
Krankenversicherung (KV), gesetzliche	151, **154**

L
Landesliste	**28**
Landesregierung	**44**
Landesverfassung	**46** f.
Landflucht	**145**
Landtag	**46** f., 73
Landtagswahlen	**44**
Legislative	**36**, 50
Legislaturperiode	**31**
Legitimität	**131**

M
Machiavelli, Niccolò	9, 11
Machtbegrenzung	**45** f.

Markenware	**60** f., 89
Marktwirtschaft, soziale	**52**
Massenmedien	**80**, 84 ff., 92
Medienkonsum	**80**, 96 f., 102
Mehrheitswahl, relative	**26**
Migrationshintergrund	**162** f., 174
Mobbing	**66**, 77, 99

N
Neue Medien	**103**

Ö
Öffentlich-rechtliche Sender	**87** f., 92

P
Parlament	**34**, 36
Partei	**14** f., 19, 69
Parteiendemokratie	**14**, 19
Parteiensystem	**15**, 19
Parteimitglieder	**16**
Partizipation	**68**
Peergroup	**58**, 60
Pflegeversicherung	151, **153** f.
PISA-Studie	**170**
Platon	**9**, 11
Plenarsitzung	**34**
Politeia	**9**
Politikverdrossenheit	**69** f., 78
politische Willensbildung	**14**, 19
politisches Engagement	12 f., **68** f., 70
Praktikum	**120**, 124
Pressefreiheit	104, **106** f., 110
Privatsphäre	**128**
Propaganda	74, **104**

R
Rassismus	**77**
Rechtsextremismus	**73** f., 76, 78
Rechtsextremisten	**73** ff.
Regierung	**34**
Rente	145, **159**
Rentenversicherung	151, **153**, 161
repräsentative Demokratie	**31**
Richtlinienkompetenz	**36**
Riester-Rente	**159**
Rundfunkgebühren	**92**

S
Sachurteil	**131**
Schülerfirma	**125** f.
Schülerzeitung	**108** f.
Schulhof-CDs	**75**
Selbstverwirklichung	**116**, 123

soft skills	94
Solidargemeinschaft	**149**, 154
Solidarität	**148** f.
Solidarprinzip	156
soziale Gerechtigkeit	**168**, 174
Soziale Marktwirtschaft	52
soziale Sicherung	150, **158**
Sozialpolitik	174
Sozialpraktikum	64
Sozialstaat	**149** f., 156, 159, 166
Sozialversicherung	**151** ff.
Sozialversicherungssystem	**151**, 155 ff.
SPD (Sozialdemokratische Partei Deutschlands)	17
Staatsbürgerschaft	165
Staatsform	**10** f.
Staatsoberhaupt	42
Stammwähler	**24** f.

T
Teamfähigkeit	118
Thüringen	**47** ff.
Twitter	**24**, 79

U
Umfrage	71
Umlageverfahren	**153**, 156
Unfallversicherung	**151**, 155
Urheberrecht	108

V
Verfassungsbeschwerde	39, **41** f.
Verhältniswahl	26
Vermittlungsausschuss	38, **42**
vermögenswirksame Leistungen	157
Verteilungsgerechtigkeit	149
Visualisierung	139
Volksparteien	**15** f.
Volkssouveränität	20

W
Wahlberechtigte	21
Wahlbeteiligung	16, **25** f., 78
Wahlen	**20** ff., 31
Wahlkampf	**23** f., 31
Wahlkreis	27
Wahlrecht	26
– aktives	22, 31
– passives	22, 31
Wahlrechtsgrundsätze	21, 31
Wahlsystem	20
Wechselwähler	**24** f.
Werbung	61 f., **89** f., 134
Werturteil	131
Willensbildung, politische	**14**, 19
Wirtschaftsordnung	**51** f.
Wissensgesellschaft	127

Y
YouTube	**24**, 79

Z
Zeitarbeit	119
Zeitung	**81** f., 85
Zensur	**86**, 92, 107, 110
Zivilcourage	76
Zivilgesellschaft	69
Zukunft	54, **142**, 163
Zuwanderung	**162**, 164, 166
Zweitstimme	**26**, 31, 33

Bildnachweis

AP / John Moore, Frankfurt – S. 105; AP / Winfried Rothermel, Frankfurt – S. 41; Archiv der sozialen Demokratie der Friedrich-Ebert-Stiftung, Bonn – S. 27; Archiv für Kunst und Geschichte, Berlin – S. 115; Argum / Christian Lehsten, München – S. 63

Bauer Media Group, Hamburg – S. 61; Bergmoser + Höller Verlag AG, Aachen – S. 21, 26, 39, 46; Christian Betz, Zapfendorf – S. 142; Sepp Buchegger / CCC, www.c5.net – S. 30; Bundesverband deutscher Banken e.V., Berlin – S. 136

Jürgen Christ, Köln – S. 56; Corbis GmbH, Düsseldorf – S. 142

Das Fotoarchiv / Achim Pohl, Essen – S. 63; Der Spiegel, Hamburg – S. 20; dpa Infografik, Hamburg – S. 15, 33, 56, 69, 114, 115, 143 (2), 170, 172; dpa Picture-Alliance / Oliver Berg, Frankfurt – S. 163; dpa Picture-Alliance / Gero Breloer, Frankfurt – S. 141; dpa Picture-Alliance / epa Diego Azubel, Frankfurt – S. 105; dpa Picture-Alliance / epa Alessandro Di Meo, Frankfurt – S. 105; dpa Picture-Alliance / epa Maxim Shipenkov, Frankfurt – S. 105; dpa Picture-Alliance / Frederik von Erichsen, Frankfurt – S. 13; dpa Picture-Alliance / Holger Hollemann, Frankfurt – S. 23; dpa Picture-Alliance / Daniel Karmann, Frankfurt – S. 134; dpa Picture-Alliance / Sven Simon, Frankfurt – S. 115; dpa Picture-Alliance / Julian Stratenschulte, Frankfurt – S. 79; dpa Picture-Alliance / Rolf Vennenbernd, Frankfurt – S. 173; dpa Picture-Alliance / Rick Wood, Frankfurt – S. 161; dpa Picture-Alliance / Zentralbild Jens Wolf, Frankfurt – S. 73; dpa Picture-Alliance, Frankfurt – S. 7, 23, 37 (2)

Evangelische Gesellschaft, Stuttgart / www.one-week-no-media.de – S. 102

Kai Felmy, Oberursel – S. 51

Karl Gerd / CCC, www.c5.net – S. 127; Greenpeace e.V. / Frederic Krieger, Hamburg – S. 12

Gerrit Hahn, Berlin – S. 65; Horst Haitzinger / CCC, www.c5.net – S. 30, 130; Haus der Geschichte der Bundesrepublik Deutschland / Jupp Wolter, Bonn – S. 158; E. Hotz – S. 30; http://www.adidas.de – S. 133; http://www.internetworldstats.com – S. 83; http://www.ocregister.com – S. 95; http://www.wikipedia.org / Sebastian Bergmann – S. 111

IPON / Stefan Boness, Berlin – S. 23; iStockphoto, Calgary – S. 54 (2)

JIM-Studien 2000/2008 – S. 80; JIM-Studien 2005, 2008 – S. 84

Landeszentrale für politische Bildung Baden-Württemberg / Uli Gleis, Stuttgart – S. 10

McMeel Publishing, Kansas City / USA – S. 68; Dirk Meissner, Köln – S. 115; Gerhard Mester / CCC, www.c5.net – S. 30 (2), 86; Münchner Institut für Medienwissenschaft und Content, München – S. 98

Palazzo Vecchio, Florenz – S. 9; Martin Perscheid © Distr. Bulls, Frankfurt – S. 89; Thomas Plassmann / CCC, www.c5.net – S. 43, 164; Photothek.net / Gudrun Senger, Radevormwald – S. 34; Presse- und Informationsamt der Bundesregierung – Bundespresseamt, Berlin – S. 170

Roger Schmidt, Brunsbüttel – S. 25, 145; Senkenberg Forschungsinstitut und Naturmuseum, Frankfurt – S. 49; Berndt A. Skott, Düsseldorf – S. 30; Statistisches Bundesamt, Wiesbaden – S. 135, 144; Jules Stauber / CCC, www.c5.net – S. 148; Stuttgarter Zeitung / Heiss – S. 56

teamwork / Karwasz, Hamburg – S. 74; TNS Infratest Sozialforschung, München – S. 66; Hans Traxler, Frankfurt – S. 167

Ullstein-Bild, Berlin – S. 104, 157; united communications GmbH / www.united.de – S. 26

Vario images GmbH / Sabine Koldeweyh, Köln – S. 94; Verlagsarchiv – S. 63, 105; VISUM / Stefan Boness, Hamburg – S. 23, 53

Thomas Willemsen, Stadtlohn – S. 63